ぜんぶ理屈で

阿川イチロヲ

英語が あたまから 分かるよう になる本

英文解釈のための
文法活用マニュアル

アルク
www.alc.co.jp

はじめに

まず、何より本書を手に取っていただきありがとうございます！

本書のコンセプトは
『**英語があたまから分かるようになる本〜英文解釈のための文法活用マニュアル**』
というタイトルが示すとおりですが、ところで、皆さんは次のうちのどちらのタイプでしょうか？

ヽ(゜3゜)ノ　タイトルにひかれて**「なんとな〜く」**手に取ってみた。
ヽ(´▽｀)/　前作**「英文法のトリセツ」シリーズが気に入ったから**、手に取ってみた♪

って、いや、**別にどちらのタイプの方でも大丈夫**ですよ。もちろん。
ただ、本書はボクにとっては **2年ぶりの新刊**ということで、前シリーズからだいぶ間が開いてしまった分、

「初めまして」という方と「お久しぶり」という方のどちらにも十分に満足してもらえるもの！

という点を強く意識して書いたというのをアピールしたくて（笑）。

実際、**中学2年生以上**なら十分に理解できる内容である一方で、**偏差値60以上**の高校生や大学**受験生**、**TOEIC® テスト**や**英検**などの受験者、**多読に挑戦中の方**など、どなたにも満足してもらえるものに仕上がったと自負しています。

とにかく、たとえ**初めて出合う英文**であっても、英文法の知識をフル活用することで、**意味と構造をあたまから論理的に理解していける実力**を身につけられるもの！

では、そんな**本書の特徴を具体的に示す例**をいくつか。

- まず、**分かりやすい言葉で**「基本の用語」や「文法知識」**をざっと確認するところからスタート！**

- 使用する英文（課題文）は、**新たにそこで学習するテーマを除き、その時点までに学習していない文法項目を一切含まない**！
→ 例えば、ほかの多くの書籍と違って「(to) 不定詞」の話をしていない段階の英文なのに「(to) 不定詞」が紛れ込んでいるといったことが、ない。

- **すでに学習した内容**に関しては、使用する英文（課題文）に**どんどん織り交ぜ、**参照ページも明示**することで、**自然と復習**ができ**内容が定着**するようにしている**！

- 各時点までに学習した内容を組み合わせることによって、**可能性として考えられる**ありとあらゆるパターン**を網羅**！

- 「**あまり良い英文とは言えないが、**現実には出合う**ことがある」といったものもあえて掲載することで、**あらゆる英文に対応できる**ようにする！

- ニュース記事などだけでなく、現実には**初歩的な英文でも非常に良く出てくる**にもかかわらず、**文法書などでの扱いがいい加減なことが多い**「同格」と「挿入」について、p.100 ぐらいまでにしっかりマスターできる！

まあ、より詳しくは、ぜひ中身をご覧いただければ。
多くの人には、おそらく**最初の 100 ページぐらいを読んだだけでも新しい世界が開けたような気がしてもらえる**んじゃないかと思います。
そして、**最後まで**読み終わったとき**には、**驚くほど英語力が上がっている**のを実感してもらえること請け合いですから♪

2009 年春　阿川イチロヲ

目次

はじめに ———————————————————————————— 002
目次 —————————————————————————————— 004
凡例　～本書で使用する記号一覧～ ———————————————— 012

STEP 00　序章　本題に入る前に。　　　　　　　　013

「名詞」と「形容詞」、「冠詞」、「代名詞」について ——————————— 014
「名詞」と「前置詞」の関係について ——————————————— 016
英文の「基本のカタチ」について　その1 ————————————— 018
英文の「基本のカタチ」について　その2 ————————————— 024
英文の「基本のカタチ」と「おまけ要素」　その1 —————————— 026
英文の「基本のカタチ」と「おまけ要素」　その2 —————————— 029
英文の「実際のカタチ」 ——————————————————— 031
「文の核になる動詞（＝述語動詞）」のカタチ ———————————— 034
「2語以上で1セット」というカタチのいろいろ ——————————— 036
「副詞」と M副 ——————————————————————— 040

● 英文のとらえ方の基本姿勢9カ条！ ——————————————— 042

STEP 01　基本パーツのみでできている文の傾向と対策。　045

「基礎知識」の確認♪ ———————————————————— 046
1.「動詞」？「名詞」？「形容詞」？「前置詞」？ ——————————— 048
　POINT 1-1　見た目が同じ単語のとらえ方　その1 ————————— 048
　POINT 1-2　見た目が同じ単語のとらえ方　その2 ————————— 049
2.「副詞」の入るカタチ　「副詞」と M副 —————————————— 050
　POINT 2-1　文頭に -ly というカタチの語がある場合 ———————— 050
　POINT 2-2　文頭が 時を表す語句 の場合 ———————————— 052

| POINT 2-3 | 文頭が 副詞＋形容詞＋... という並びの場合 | 053 |
| POINT 2-4 | 「be動詞」の後ろに「副詞」がある場合 | 054 |

3.〈前置詞＋名詞〉のとらえ方 — 056

POINT 3-1	文頭が〈前置詞＋名詞〉の場合	056
POINT 3-2	「動詞」より前に 名①＋〈前＋名②〉がある場合	058
POINT 3-3	「be動詞」の後ろに〈前置詞＋名詞〉がある場合	060
POINT 3-4	「一般動詞」の後ろに〈前置詞＋名詞〉がある場合	061
POINT 3-5	「動詞」より後ろにある 名①＋〈前＋名②〉の解釈	062

4.【there＋be動詞＋名詞 というカタチ】— 064

| POINT 4-1 | 【there＋be動詞＋名詞】というカタチについて | 064 |
| POINT 4-2 | 【there＋live/seem/go＋名詞】のようなカタチ | 065 |

5. SVOO、SVOCと〈前置詞＋名詞〉— 066

POINT 5-1	giveやtellなどを見掛けたら	066
POINT 5-2	makeやkeep、callなどを見掛けたら	068
POINT 5-3	makeには特に注意	069
POINT 5-4	SVOOと〈前置詞＋名詞〉	070
POINT 5-5	SVOCと〈前置詞＋名詞〉	071

6.〈前置詞＋名詞〉と「挿入」— 072

POINT 6-1	M副に当たる要素が「挿入」されたカタチ	072
POINT 6-2	名①＋〈前＋名②〉のようなカタチの解釈	074
POINT 6-3	M副として使うカタチのいろいろ	076
POINT 6-4	「疑問詞」の後ろに入るon earthなど	078
POINT 6-5	おまけで使う-selfというカタチや、強調のdoなど	079

7.〈前置詞＋名詞〉などが重なるカタチ — 080

POINT 7-1	「主語」の前にM副が複数あるカタチ その1	080
POINT 7-2	「主語」の前にM副が複数あるカタチ その2	081
POINT 7-3	〈前置詞＋名詞〉が連続するカタチ その1	082
POINT 7-4	〈前置詞＋名詞〉が連続するカタチ その2	084

8.「同格」というカタチ — 086

POINT 8-1	名①＋,名②,... と、「名詞」が連続するカタチ その1	086
POINT 8-2	名①＋,名②,... と、「名詞」が連続するカタチ その2	088
POINT 8-3	「同格」と「挿入」の区別	089
POINT 8-4	いろんなところに出てくる「同格」の関係 その1	090

| POINT 8-5 | いろんなところに出てくる「同格」の関係　その2 | 091 |
| POINT 8-6 | いろんなところに出てくる「同格」の関係　その3 | 092 |

9. 意味的に「同格」？　というカタチ — 094

POINT 9-1	「同格」と同じ意味を表すカタチ	094
POINT 9-2	名①＋名②... と名詞が連続するカタチ	095
POINT 9-3	M副っぽいけど、意味的には「同格」？	096
POINT 9-4	意味的に「同格」っぽい 名①＋of＋名②	097
POINT 9-5	副＋〈前＋名〉というつながりの解釈と「同格」	098
POINT 9-6	such と as に注意	099

10. 〈名詞＋of〉というカタチと「数量」や「否定語」など — 100

POINT 10-1	例外的な 名①＋of＋名② というカタチ	100
POINT 10-2	some などが入る文のとらえ方	104
POINT 10-3	anything や something と形容詞	105
POINT 10-4	not と very や always などの組み合わせに注意	106
POINT 10-5	no が入る文のまとめ方	107
POINT 10-6	none の入るカタチ	108
POINT 10-7	seldom や few などが入る文	109

P.45 の英文の確認♪ — 110

STEP 01 基本パーツのみでできている文の傾向と対策。英文総ざらえ♪ — 112

STEP 02 〈to＋動詞の原形＋...〉というカタチが入る文の傾向と対策。 119

「to＋動詞の原形」というカタチのとらえ方 — 120

11. 述語動詞の前の〈to＋ど原＋...〉 — 126

POINT 11-1	文頭に〈to＋ど原＋...〉がある場合　その1	126
POINT 11-2	文頭に〈to＋ど原＋...〉がある場合　その2	128
POINT 11-3	〈to＋ど原＋...〉の代わりの it	129
POINT 11-4	述語動詞より前の〈to＋ど原＋...〉　その1	130
POINT 11-5	述語動詞より前の〈to＋ど原＋...〉　その2	131

12. 動詞の後ろの〈to＋ど原＋...〉 — 132

| POINT 12-1 | 一般動詞の後ろに〈to＋ど原＋...〉がある場合　その1 | 132 |

POINT 12-2	一般動詞の後ろに〈to＋ど原＋...〉がある場合　その2	134
POINT 12-3	be動詞の後ろに〈to＋ど原＋...〉がある場合	136
POINT 12-4	前置詞っぽい語の後ろに〈to＋ど原＋...〉がある場合	137

13. 形容詞の後ろの〈to＋ど原＋...〉 — 138

| POINT 13-1 | 形容詞の後ろに〈to＋ど原＋...〉がある場合　その1 | 138 |
| POINT 13-2 | 形容詞の後ろに〈to＋ど原＋...〉がある場合　その2 | 140 |

14. 名詞の後ろの〈to＋ど原＋...〉 — 142

| POINT 14-1 | 名詞の後ろに〈to＋ど原＋...〉がある場合　その1 | 142 |
| POINT 14-2 | 名詞の後ろに〈to＋ど原＋...〉がある場合　その2 | 144 |

15. 〈to＋be＋...〉というカタチ — 148

| POINT 15-1 | 〈to＋be＋...〉というカタチ　その1 | 148 |
| POINT 15-2 | 〈to＋be＋...〉というカタチ　その2 | 149 |

16. 〈to＋ど原＋...〉とほかの語句の組み合わせ — 150

POINT 16-1	notと〈to＋ど原＋...〉の組み合わせ	150
POINT 16-2	in orderとso asと〈to＋ど原＋...〉　その1	152
POINT 16-3	in orderとso asと〈to＋ど原＋...〉　その2	153
POINT 16-4	so＋形／副＋as＋to＋ど原 というカタチ	154
POINT 16-5	neverやonlyと〈to＋ど原＋...〉	155
POINT 16-6	enoughと〈to＋ど原＋...〉	156
POINT 16-7	tooと〈to＋ど原＋...〉	158
POINT 16-8	副詞と〈to＋ど原＋...〉	158

17. 〈to＋ど原＋...〉とSVOC　その1 — 160

POINT 17-1	askやallowなどに続く 名＋〈to＋ど原＋...〉	160
POINT 17-2	make、have、letなどとSVOC（使役動詞）	162
POINT 17-3	helpとSVOC	164
POINT 17-4	see、hear、feelなどとSVOC（知覚動詞）	164
POINT 17-5	thinkやknowと〈to＋ど原＋...〉とSVOC	166
POINT 17-6	〈to＋ど原＋...〉とこれまでの内容が合わさると？	167

18. 〈to＋ど原＋...〉とSVOC　その2 — 168

| POINT 18-1 | 無生物主語と〈to＋ど原＋...〉とSVOC | 168 |
| POINT 18-2 | make＋it＋形／名＋〈to＋ど原＋...〉というカタチ | 170 |

19. 〈to＋ど原＋...〉と意味上の主語　その1 — 172

| POINT 19-1 | 〈to＋ど原＋...〉の前にある for＋名 の解釈 | 172 |

POINT 19-2	文頭の for ＋ 名 ＋〈to ＋ ど原 ＋ ...〉の解釈と形容詞	174
POINT 19-3	in order と〈to ＋ ど原 ＋ ...〉と意味上の主語	176
POINT 19-4	enough と〈to ＋ ど原 ＋ ...〉と意味上の主語	177
POINT 19-5	too と〈to ＋ ど原 ＋ ...〉と意味上の主語	178
POINT 19-6	make ＋ it ＋ 形 ／ 名 ＋〈to ＋ ど原 ＋ ...〉と意味上の主語	178

20.〈to ＋ ど原 ＋ ...〉と意味上の主語　その 2 — 180

POINT 20-1	動詞の後ろの〈to ＋ ど原 ＋ ...〉と意味上の主語	180
POINT 20-2	there と〈to ＋ ど原 ＋ ...〉	182
POINT 20-3	it ＋ is ＋ 形 ＋ of ＋ 名 ＋〈to ＋ ど原 ＋ ...〉のカタチ	183

STEP 02　〈to ＋動詞の原形 ＋ ...〉というカタチが入る文の傾向と対策。英文総ざらえ♪ — 184

STEP 03　〈動詞 ing ＋ ...〉というカタチが入る文の傾向と対策。　191

「動詞 ing」というカタチのとらえ方 — 192
21. 述語動詞の前の〈ど ing ＋ ...〉 — 200

| POINT 21-1 | 文頭の〈ど ing ＋ ...〉は、2 つの可能性！ | 200 |
| POINT 21-2 | 文頭の〈ど ing ＋ ...〉と、SVOC ⇔ M詞 ＋ SVC | 202 |

22. not と being と it — 204

POINT 22-1	not と〈ど ing ＋ ...〉の組み合わせ	204
POINT 22-2	〈being ＋ ...〉というカタチについて	206
POINT 22-3	〈ど ing ＋ ...〉と形式主語の it の関係	207

23. 動詞の後ろの〈ど ing ＋ ...〉 — 208

POINT 23-1	be 動詞の後ろの〈ど ing ＋ ...〉	208
POINT 23-2	be 動詞 ＋ going ＋ to ＋ ど原 というカタチ	209
POINT 23-3	一般動詞の後ろの〈ど ing ＋ ...〉と〈to ＋ ど原 ＋ ...〉	210
POINT 23-4	一般動詞と〈to ＋ ど原 ＋ ...〉と〈ど ing ＋ ...〉の相性	214

24. 前置詞の後ろの〈ど ing ＋ ...〉 — 216

POINT 24-1	前置詞の後ろに〈ど ing ＋ ...〉がある場合の基本	216
POINT 24-2	名 ＋〈of ＋ ど ing ＋ ...〉という組み合わせ	217
POINT 24-3	動 ＋ 前 ＋〈ど ing ＋ ...〉という組み合わせ	218
POINT 24-4	これまでのおさらい	219

| POINT 24-5 | 形＋前＋〈どing＋...〉というカタチ　その1 | 220 |
| POINT 24-6 | 形＋前＋〈どing＋...〉というカタチ　その2 | 220 |

25. 所有格の後ろの〈どing＋...〉 — 222

POINT 25-1	所有格と〈どing＋...〉　文頭の場合　その1	222
POINT 25-2	所有格と〈どing＋...〉　文頭の場合　その2	223
POINT 25-3	所有格と〈どing＋...〉　動詞や前置詞の後ろの場合	224
POINT 25-4	所有格と〈どing＋...〉の後ろの前置詞	226
POINT 25-5	冠詞と〈どing＋...〉の後ろの前置詞	227

26. 名詞の後ろの〈どing＋...〉 — 228

POINT 26-1	名詞の後ろに〈どing＋...〉がある場合の基本	228
POINT 26-2	いろいろなところに出てくる 名＋〈どing＋...〉	230
POINT 26-3	名詞の後ろに〈not＋どing＋...〉がある場合	231

27. 名詞＋〈どing＋...〉こんな場合は注意　その1 — 232

POINT 27-1	SVOCがOKな動詞の後ろの 名＋〈どing＋...〉	232
POINT 27-2	知覚動詞の後ろの 名＋〈どing＋...〉	234
POINT 27-3	haveなどの後ろの 名＋〈どing＋...〉	236
POINT 27-4	makeやletの後ろの構造には特に注意	238
POINT 27-5	名(O)＋〈どing＋...〉(C)の 名(O)に注意	239

28. 名詞＋〈どing＋...〉こんな場合は注意　その2 — 240

POINT 28-1	「名が…すること」とまとめる 名＋〈どing＋...〉	240
POINT 28-2	〈名's＋どing＋...〉＝名＋〈どing＋...〉	242
POINT 28-3	2通りの解釈が考えられる 名＋〈どing＋...〉	244
POINT 28-4	there being ...というカタチ	245
POINT 28-5	同じ意味を表すカタチのいろいろ	246
POINT 28-6	「名が…すること」タイプの 名 もやっぱり……	247

29. コンマの後ろの〈どing＋...〉など — 248

POINT 29-1	S＋V＋〈どing＋...〉というカタチのとらえ方	248
POINT 29-2	コンマで挟まれた〈どing＋...〉のとらえ方	249
POINT 29-3	名詞と〈どing＋...〉の間のコンマの有無による差	250
POINT 29-4	名詞と〈どing＋...〉の間にコンマがなくても……	251

30. 〈どing＋...〉とその他いろいろ — 252

| POINT 30-1 | 副詞と〈どing＋...〉　その1 | 252 |
| POINT 30-2 | 副詞と〈どing＋...〉　その2 | 253 |

| POINT 30-3 | make＋it＋形＋〈どing＋...〉のようなカタチ | 254 |
| POINT 30-4 | M形やM副の働きをする〈形＋前＋...〉など | 254 |

「どing」を使う重要表現など ──── 256

STEP 03 〈動詞ing＋...〉というカタチが入る文の傾向と対策。英文総ざらえ♪ ──── 260

STEP 04 「過去分詞」＆「過去形」っぽいカタチが入る文の傾向と対策。 267

「過去分詞」というカタチのとらえ方 ──── 268
31.「過去形っぽいカタチ」と「過去分詞」 ──── 276
POINT 31-1	「過去形」？　それとも「過去分詞」？	276
POINT 31-2	「過去分詞」の後ろから抜けた名詞は……？	278
POINT 31-3	形容詞化した「過去分詞」　その1	279
POINT 31-4	形容詞化した「過去分詞」　その2	280
POINT 31-5	一般動詞の後ろに続く過去形っぽいカタチ	281

32. haveと「過去分詞」の組み合わせ ──── 282
POINT 32-1	haveの後ろの過去形っぽいカタチ	282
POINT 32-2	〈had＋過去分詞〉というカタチ	283
POINT 32-3	助＋〈have＋過去分詞〉という組み合わせ	284
POINT 32-4	〈have＋been〉というカタチ	286
POINT 32-5	〈have＋been〉と「受動」や「進行」のニュアンス	287

33.「過去分詞」の後ろに続くカタチ ──── 288
POINT 33-1	SVOOタイプの動詞の「過去分詞」の後ろ	288
POINT 33-2	SVOCタイプの動詞の「過去分詞」の後ろ	290
POINT 33-3	決まり文句的表現の動詞が「過去分詞」の場合	291
POINT 33-4	SVOCとtold＋〈to＋ど原＋...〉のようなカタチ	292
POINT 33-5	SVOCとmade＋〈to＋ど原＋...〉のようなカタチ	294
POINT 33-6	SVOCとseen＋〈to＋ど原＋...〉のようなカタチ	296

34. よく使う〈過去分詞＋...〉の1セット ──── 298
POINT 34-1	「気持ちを…する／させる」動詞とその「過去分詞」	298
POINT 34-2	1セット感覚で使う〈過去分詞＋前＋...〉	300
POINT 34-3	「(形容詞化した)過去分詞」と〈to＋ど原＋...〉	302

| POINT 34-4 | knowやsay、thinkの「過去分詞」と〈to＋ど原＋...〉 | 302 |

35. 名詞の後ろの〈過去分詞＋...〉 — 304

POINT 35-1	名詞の後ろに過去分詞っぽいカタチ がある場合の基本	304
POINT 35-2	いろいろなところに出てくる〈名＋〈過去分詞＋...〉	306
POINT 35-3	名詞の後ろに〈not＋過去分詞＋...〉がある場合	307

36. 名詞＋〈過去分詞＋...〉とSVOC — 308

POINT 36-1	SVOCがOKな動詞の後ろの〈名＋〈過去分詞＋...〉	308
POINT 36-2	知覚動詞の後ろの〈名＋〈過去分詞＋...〉	310
POINT 36-3	haveやgetの後ろの〈名＋〈過去分詞＋...〉	312
POINT 36-4	makeの後ろの〈名＋〈過去分詞＋...〉	314
POINT 36-5	wantの後ろの〈名＋〈過去分詞＋...〉	315

37. M副の働きをする〈過去分詞＋...〉 — 316

POINT 37-1	文頭が 過去分詞っぽいカタチ なら	316
POINT 37-2	コンマの後ろの〈過去分詞＋...〉とM副	318
POINT 37-3	名詞と〈過去分詞＋...〉の間のコンマの有無による差	320
POINT 37-4	名詞と〈過去分詞＋...〉の間にコンマがなくても……	321

38. 〈どing〉、〈to＋ど原〉と「過去分詞」 その1 — 322

POINT 38-1	〈being＋過去分詞＋...〉というカタチ	322
POINT 38-2	文頭が〈being＋過去分詞＋...〉の場合	324
POINT 38-3	〈being＋過去分詞＋...〉とnotや意味上の主語	325
POINT 38-4	〈to＋be＋過去分詞〉というカタチ	326

39. 〈どing〉、〈to＋ど原〉と「過去分詞」 その2 — 328

POINT 39-1	〈to＋have＋過去分詞＋...〉というカタチ	328
POINT 39-2	〈having＋過去分詞〉というカタチ	330
POINT 39-3	〈to＋have＋been＋...〉と〈having＋been＋...〉その1	332
POINT 39-4	〈to＋have＋been＋...〉と〈having＋been＋...〉その2	333

40. 注意すべき「過去分詞」を使う表現など — 334

POINT 40-1	副詞と〈過去分詞＋...〉	334
POINT 40-2	those＋〈過去分詞＋...〉というカタチなど	335
POINT 40-3	used to ...というカタチ その1	336
POINT 40-4	used to ...というカタチ その2	337
POINT 40-5	pay attention to ...のようなカタチ その1	338
POINT 40-6	pay attention to ...のようなカタチ その2	338

POINT 40-7	「受動」の意味ではない〈be動詞＋過去分詞〉	340
POINT 40-8	comeやarrive、fallなどの「過去分詞」その1	341
POINT 40-9	comeやarrive、fallなどの「過去分詞」その2	342
POINT 40-10	注意すべき〈have＋過去分詞〉のカタチ	342

STEP 04 「過去分詞」＆「過去形」っぽいカタチが入る文の傾向と対策。英文総ざらえ♪ ── 344

あとがき ── 353

凡例　～本書で使用する記号一覧～

Q	学習するポイントを含む英文	
POINT 1-1	英語をあたまから理解するためのポイント解説	
メモメモ✏	ポイント解説のまとめ	
ex.	例文を表す	
名	名詞（句）	
動	動詞（句）	
形	形容詞（句）	
副	副詞（句）	
助	助動詞	
前	前置詞	
名's	名詞の所有格	
S	主語	
V	動詞	
O	目的語	
C	補語	
M形	形容詞的修飾語	
M副	副詞的修飾語	
☐	名詞／名詞句（＝主に 名＋M形 で1セットのカタチ）を表す	
【　】	基本のカタチにあたる部分を明示するときに使用	
〈　〉	意味的なまとまりを持った1セットの部分を明示するときに使用	
▨	存在するはずの語句の抜けを表す	

STEP 00

序章
本題に入る前に。

この本のコンセプトは
「**英文のとらえ方を基礎の基礎から身につけていく！**」
というもの。
でも、そのためにまずはその大前提となる**「基礎の基礎知識（文法用語や定義）」の確認が不可欠**ということで、そこからスタート。

これからのすべての話の大前提！

……とはいえ、まあ、最初ですから。ここは読み流すくらいの気持ちでも OK、**気楽にどうぞ♪**
実際、序章のくせして量も結構ありますし、**本書独自の定義の部分や後半の「副詞」の使い方のあたりは正直なところ少しややこしいと思いますので。**
そして、もっと先、本編に入ってから、**気が向いたときやふと思い出したときにでもあらためて読み直してもらえれば、頭の中がすっきりクリアに整理される**こと請け合いです！！

(*°∀°)=3 「名詞」と「形容詞」、「冠詞」、「代名詞」について

1. 「名詞」は、例えば boy や book などのように「もの」を表す語で、英文を作る上でもっとも基本的なパーツのひとつ。

多くの場合、前に**「冠詞（＝a/the）」**か、冠詞と似た働きをする my/your/this などを置いた**〈a/the/my ＋名詞〉**というカタチで使う。

例えば、次のような感じ。

ex. the topic ⇔ （その）話題
ex. my sister ⇔ 私の姉

2. 「形容詞」は、もの（＝名詞）の様子を説明する（≒修飾する）言葉で、many politicians（多くの政治家たち）のように、説明したい名詞の前に置いて使う。**名詞に冠詞などが付く場合は、a poor boy（かわいそうな男の子）のように、形容詞は冠詞と名詞の間に入る**感じ。

このような組み合わせでは、核になるのは名詞の方で形容詞はあくまでおまけ。つまり、**〈a/the/my ＋ 形 ＋ 名〉という「1セットで名詞1個分」の働き**である点に注意！

＊形容詞は「補語」として be 動詞の後ろなどに続けることもあるけど、「補語」という用語やこの使い方については、p.20 参照。

3. 「私」や「彼」といった意味を表す I や he のような語を**「代名詞」**と言うけど、次の点に注意。

● 同じ「私」でも、文の「主語」として使う場合（＝「私『は』」という意味の場合）は I、動詞や前置詞の後ろに続ける場合は me、というふうに、カタチに使い分けがある！

● my や his など、「…の」と物の所有者を示すカタチ（＝所有格）に関しては、「代名詞」と言っても、例えば my sister のような感じで「冠詞」と同じようにほかの名詞の前に置いて使う！

●**代名詞には「冠詞」や「形容詞」は付けることができず**、使うとしたら単独で使うのが決まり。

例えば、次のようなカタチは、日本語の感覚からはありそうな気がするかもしれないけど、ありえないカタチ！

ex. ×　beautiful they　⇔　美しい彼ら
ex. ×　your nice it　　⇔　あなたのステキなそれ

とはいえ、長い文などで beautiful they のように**形容詞と代名詞がたまたま並ぶということはありうる**。

ex. Because their daughter became beautiful they were delighted.
　　　娘がとても美しくなったので、彼らは喜びました。

だけど、たとえこうなっていても、両者の間には大きな意味的区切りがあって、直接的なつながりはない（＝「美しい彼ら」のようにつなげてとらえるのは間違い）。

(*°∀°)=3 「名詞」と「前置詞」の関係について

1. **「前置詞（＝on、under、about など）」は、「…の上／…の下／…に関して」**といった感じで、物の位置関係や方向性などを表す語。
必ず名詞と組み合わせて（＝名詞の前に前置詞を置いた〈前置詞＋名詞〉という1セットのカタチで）使うのが大きな特徴。
具体的には次のとおり。

ex. 机の上で／机の上にいる／机の上の　⇔　on the desk
ex. 大きな木の下で／大きな木の下にいる／大きな木の下の
　　　　　　　　　　　　　　　　　　　⇔　under the big tree
ex. 彼らに関して（は）／彼らに関しての　⇔　about them

2. この〈前置詞＋名詞〉というカタチには、大きく分けて以下の2通りの使い方があるので要注意！

● 〈前置詞＋名詞〉の使い方　その1
まずは、1セットでほかの「名詞」を説明（＝修飾）する。
ただし、**〈前置詞＋名詞〉に関しては、普通の形容詞とは違って説明（修飾）対象となる名詞の前ではなく、後ろに置くところに注意！**

日本語と英語の対応関係を示すと、次のようになる。

日本語：〈名詞②の上の／名詞②の上にいる／名詞②の後の〉＋名詞①
　　　　　　　　　　　　⇕
英語：　名詞①＋〈前置詞（＝on/after など）＋名詞②〉

具体的に見てみると、次のような感じ。

ex. 〈奈良にいる〉＋ 私の姉
→ 〇　my sister 〈in Nara〉
→ ×　〈in Nara〉 my sister
→ ×　my 〈in Nara〉 sister

ex. 〈机の上の〉＋ かわいいネコ
→ ○ a cute cat 〈on the desk〉
→ × 〈on the desk〉 cute cat
→ × a 〈on the desk〉 cute cat

ex. 〈大きな木の下にいる〉＋ 小さな女の子たち
→ ○ little girls 〈under the big tree〉
→ × 〈under the big tree〉 little girls
→ × little 〈under the big tree〉 girls

この 名詞＋〈前置詞＋名詞〉 というカタチでは、核になるのは一番前の名詞の方で、後ろに続く〈前置詞＋名詞〉はあくまでおまけ。
つまり、**名詞＋〈前置詞＋名詞〉** という全体で名詞1個分の働きをするカタチという点に注意。

〈前置詞＋名詞〉の使い方　その2
英文の「基本のカタチ」に対して、その枠の外か内部に「おまけ要素」として付け足す感じの使い方（詳しくは p.29 ～で）。

ex. 私たちは〈公園で〉テニスをしました。
→ 【 We played tennis 】〈in the park〉.
→ 〈In the park〉【 we played tennis 】.

〈前置詞＋名詞〉の使い方　その3
文の補語として be 動詞の後ろに続ける（詳しくは p.20 ～で）。

(*°∀°)=3　英文の「基本のカタチ」について　その１

1. 英文を構成する一番の基本要素は「名詞」と「動詞」。

普通、英文には、**文の核になるものとして必ずひとつ「動詞」が入る。**
この英文の**「核になる動詞」を「述語動詞」と呼ぶこともあり、その左側には「主語」**に当たる「名詞(句)」（=『…は／が』に当たる「名詞(句)」）が入る。
また、文構造を考える場合には、よく**「主語」をS、「(述語)動詞」をV**という記号で表す。

ということで、英文の一番基本のカタチを示すと次のような感じ。

【　　名　詞　　＋　　動　詞　　】
　　＝主語 (S)　　　＝述語動詞 (V)

2. 英語の「動詞」には大きく分けて**「一般動詞」と「be 動詞」の2種類**がある。

文の核になるもの（＝述語動詞）として、「一般動詞」と「be 動詞」のどちらが入るかは、文の**「述語（＝日本語で言えば文末の「。」の前に入る要素）」が何か**による。

●文の「述語」が、swim（泳ぐ）、eat（食べる）のように、「一般動詞」を使って表しそうな内容なら、もちろんそのまま「一般動詞」が入る。

ex.　　Dolphins　　　swim　　　in the ocean.　　イルカは　海を　泳ぎます。
　　　　名詞（＝主語(S)）　一般動詞(V)

● 文の「述語」が、teacher（教師）、cute（かわいい）のように、名詞や形容詞など、「一般動詞」以外の語句を使って表しそうな内容なら、必ず「be 動詞」が入って、その後ろに意味的に「述語」に当たる「名詞」や「形容詞」などが続く。

ex.　Chihiro　　　is　　　cute.　　チヒロは　かわいいです。
　　　名詞（＝主語(S)）　be 動詞(V)

一般には、英文の核になる「一般動詞」や「be 動詞」はどちらもまとめて「述語動詞」と呼ぶことが多い。でも、**「be 動詞」については、それ自体が「述語」というより、後ろに続く語句が「述語」に当たることを示す記号みたいなもの**という点に注意。

なお、原則として、「接続詞」などを使わない限り英文には「核になる動詞」は１コだけしか入らない。

3.　「動詞」から後ろにどんな要素が続くかは、どんな動詞を使うかにより決まる。

具体的に確認すると次のような感じ。

● **「be 動詞」が入る文の「後ろのカタチ」と意味関係**

♯.　**「be 動詞」の後ろには、「名詞」や「形容詞」、〈前置詞＋名詞〉のカタチなど、とにかく「一般動詞」以外のいろんな語句**が続く。
　「be 動詞」の後ろに続く語句は、意味的には文の「述語」に当たり、日本語と比べると、「S は　…（だ）。」という感じで、文末の「。」の前に入るような内容に対応する感じ。

ex. Her sister is a teacher.　　彼女の姉は　教師です。
ex. Chihiro is cute.　　チヒロは　かわいいです。
ex. They are 〈in the room〉.　　彼らは〈部屋の中〉です。／彼らは〈部屋にいます〉。

♯. 一般に、**「be 動詞」の後ろに続き意味的に文の「述語」に当たる語句**のことを **「補語」**と呼び、**C という記号で表す**ことが多い。
　この「be動詞」を使う S V C という構造の文では、**S（主語）**と**C（補語）**のあいだには、基本的に **S ＝ C** の関係が成り立つと言える。

ex. Her sister　　is　　a teacher.　　彼女の姉は　教師です。
　　　 (S)　　　　＝　　　(C)

ex. Chihiro　　is　　cute.　　　　　　チヒロは　かわいいです。
　　　 (S)　　　＝　　(C)

　なお、一般的には、be動詞の後ろに続く要素であっても〈前置詞＋名詞〉のカタチや「過去分詞」などについては「補語 (C)」と呼ばない。
　が、本書では **be 動詞の後ろに続く要素であれば、それらも含めて「補語 (C)」と定義**してこの後の話を進めていくので注意！！

ex. They　　are　　〈in the room〉.　　彼らは〈部屋の中〉です。
　　　 (S)　　　＝　　　(C)

● **「一般動詞」が入る文の「後ろのカタチ」と意味関係**
「一般動詞」は、主に「…する」のように動作を表す語で、**後ろには基本的に「…を／に」にあたる「名詞」**が続く。
が、次の点に注意。

♯. ほとんどの**「一般動詞」は、後ろに直接「…を／に」にあたる「名詞」を続けることができ、そうするのが普通**だけど、それだけでなく、**後ろに「前置詞（＝ at や on、to など）」を入れてから「名詞」を続けることもできる。**

ex. The monkey rides the bike.　　そのサルは自転車に乗ります。
ex. The monkey rides on the bike.　そのサルは自転車に乗ります。

なお、**「一般動詞」の後ろに「前置詞」ナシで入り、日本語にすると「…を／に」に当たる（＝動作が及ぶ対象に当たる）「名詞」**のことを、特に**「目的語」**と呼ぶこともある（記号で表すと **O** ）。

一方、意味的に「…を／に」となっても、「前置詞」の後ろに続く「名詞」に関しては「目的語 (O)」とは言わない（ときに「前置詞の目的語」と呼ぶこともあるが、本書ではこの呼び方は不採用）。

ex. The monkey rides the bike.
→ the bike は「目的語 (O)」！

ex. The monkey rides on the bike.
→ the bike は「目的語 (O)」と呼ばない！

♯．ただし、中には arrive（到着する）や listen（聴く）のように、**後ろに「名詞」を続けるには、「前置詞」が必ず必要**という「一般動詞」もある。

ex. 彼女はそのバーに着きました。
→　○　She arrived at the bar.
→　×　She arrived the bar.

♯．また、中には discuss …（…を話し合う）、enjoy …（…を楽しむ）のように、**必ず後ろに「前置詞」ナシで直接「…を／に」に当たる「名詞」を続けないとダメ**な「一般動詞」もある。

ex. 私たちはパーティーを楽しみました。
→　○　We enjoyed the party.
→　×　We enjoyed at the party.

一般に、「一般動詞」の後ろに「前置詞」なしで直接「…を／に」に当たる「名詞」(＝目的語)が続く文を「ＳＶＯの文」と言い、「一般動詞」の直後に「前置詞」が入ってから「名詞」が続く文などを「ＳＶの文」と言う。

#. 中には get や feel、remain、seem のように、**後ろに主に「形容詞」を続けて、「be動詞」を使う場合と同じような意味関係を表せる「一般動詞」**もある。
意味関係から考えて、このタイプの「一般動詞」の後ろに続く要素についても**「補語(C)」**と言う。

ex. She　　　got　　　angry.　　彼女は怒りました。
　　　(S)　　　 ＝ 　　　(C)

#. 中には、give や tell、teach、buy などのように、**後ろに「人を指す名詞(O1)」、「ものを指す名詞(O2)」という順に目的語となる「名詞」を2個並べ、「『人(O1)』に『もの(O2)』を…する」という意味関係を表せる「一般動詞」**もある。

ex. I gave　　the girl　　a book.　　私はその女の子に本をあげました。
　　　　　　　　(O1)　　　(O2)

このようなカタチの文を、一般には「ＳＶＯＯの文」と言う。
ＳＶＯＯのカタチが可能な動詞は、基本的に、

I gave　　a book　　to　　the girl.

のように、動詞の直後に「ものを指す名詞」をもってきて、その後ろに「前置詞」(主に to か for)を入れてから「人を指す名詞」を続けた ＳＶＯ のカタチにしてもほぼ同じ意味を表せる。

♯. 中には、make や keep、call のように、**後ろに「…を／に」に当たる「名詞 (O)」と、その「名詞 (O)」を「補足説明する語句」を並べられる「一般動詞」**もある。この**「前の『名詞 (O)』を『補足説明する語句』」**も**「補語 (C)」**と呼び、意味は基本的に**「O を C（の状態）にする」**という感じ。

ex. He made　　me　　angry.
　　　　　　　　(O)　　(C)

彼は私を怒った状態にしました。 ＝ 私を怒らせました。

ex. We call　　Hiroshi　　Hiropon.
　　　　　　　　(O)　　　　(C)

ボクたちはヒロシをヒロポンと呼んでいます。

このようなカタチの文を、一般には「ＳＶＯＣの文」と言い、ＯとＣの間で、「ＯがＣだ」、つまり「O＝C（の状態）」という関係（＝意味的には「主語」と「述語」の関係）が成り立つところがポイント。
ＳＶＯＣの文では、**「名詞 (O)」を「補足説明する語句 (C)」としては、「形容詞」が多い**が、「動詞 (V)」に応じて「名詞」やそれ以外の語句になることもある。

4. 次のような用語の分類基準の違いにくれぐれも注意！

●「名詞」や「動詞」、「形容詞」といった用語（＝「品詞」）
→ 文を作る作らないという以前に、もともとそれぞれの単語自体が持っている共通の特徴や性質、働きを示す言葉。

●「主語」や「補語」、「目的語」といった用語
→ 「名詞」や「動詞」、「形容詞」などが、実際の文の中でどんな立場関係や役割なのかを示す言葉。

(*ﾟ∀ﾟ)=3　英文の「基本のカタチ」について　その２

1. ここまでに考えた**「英文の基本のカタチ」（以下、「基本のカタチ」）** の主なものについて整理すると次のようになる。

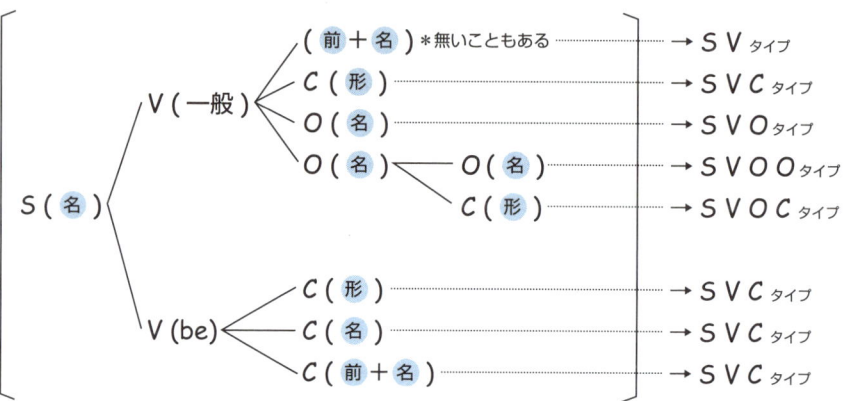

＊ 名 ＝名詞（句）、 形 ＝形容詞（句）、 前 ＝前置詞、一般＝一般動詞、be ＝ be 動詞

2. p.16 ～で確認したとおり、**すべての「名詞」は後ろに〈前置詞＋名詞〉を付けた 名 ＋〈 前 ＋ 名 〉という１セットのカタチになりうる。**
従って、以上の「基本のカタチ」は次のようになりうると言える。

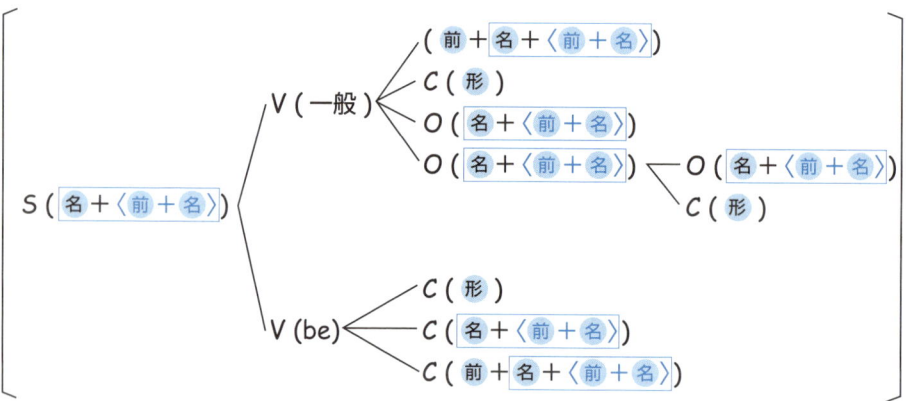

具体的に見てみると、次のような感じ。

ex. 【 The students 〈in Japan〉　are　busy 】.
　　　【 S (名 + 〈 前 + 名 〉) + V (動) + C (形)】のカタチ
　　　〈日本の〉学生 は忙しいです。

ex. 【 Volunteers 〈in the city〉　discussed　the topic 〈of the day〉 】.
　　　【 S (名 + 〈 前 + 名 〉) + V (動) + O (名 + 〈 前 + 名 〉)】のカタチ
　　　〈市の〉ボランティアたち が 〈最近の〉話題 を話し合いました。

ex. 【 Volunteers 〈in my town〉 gave poor children 〈on the street〉
　　　food 〈with good nutrition〉 】.
　　　【 S (名 + 〈 前 + 名 〉) + V (動) + O (名 + 〈 前 + 名 〉) + O (名 + 〈 前 + 名 〉)】のカタチ
　　　〈私の町の〉ボランティアたち が 〈路上の〉貧しい子供たち に
　　　〈栄養のある〉食べ物 を与えました。

(*ﾟ∀ﾟ)=3　英文の「基本のカタチ」と「おまけ要素」その１

1. p.24で確認した**「基本のカタチ」**に対して、その枠の外（＝**「基本のカタチ」の前か後ろ**）か内部（＝**主に動詞の前後**）には、分類上**「副詞」**となっている語を**「おまけ要素」**として追加することができる。

つまり、実際の英文は次のようなカタチになりうる。

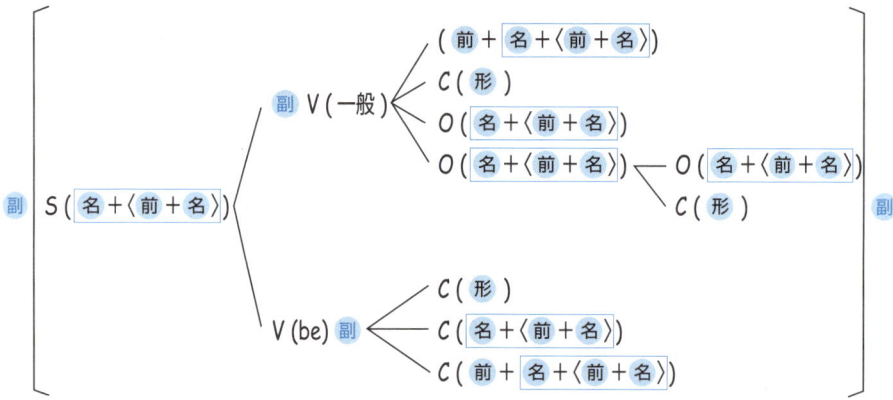

＊「基本のカタチ」の内部に入る「副詞」については、**「一般動詞を使う場合は『一般動詞の前』」**、**「be 動詞を使う場合は『be 動詞の後ろ』」**が基本。

ただし、ひと言で副詞と言っても細かな意味や働きなどを考えるとかなりいろいろなタイプがあり、どの位置に入れるのが一般的かは副詞ごとに違っている。

2. おまけ要素として使える副詞の代表と位置は次のような感じ。

● -ly という語尾で終わる語の大部分
ex. finally（ついに／最後には）、probably（おそらく）、surprisingly（驚いたことに／驚くほど）、strangely（奇妙なことに／奇妙なほど）、unfortunately（不運なことに／あいにく）など
位置は、意味に応じていろいろありうる。

●「時を表す語句」の多く
ex. yesterday（昨日）、today（今日）、now（今／今日）など
位置は「基本のカタチ」に対して、その枠の前か後ろが基本。

●「場所を表す語句」の一部
ex. there（そこに／そこで）、here（ここに／ここへ）、home（家に／家で）、abroad（外国に／外国で）など
位置は「基本のカタチ」に対して、その枠の後ろが基本。

●その他
ex. always（いつも）、often（よく）、also（…もまた）など
位置は「基本のカタチ」に対して、その枠の内部が基本。

3. 文に**「おまけ要素」として副詞が入る場合のとらえ方**は次のとおり。

●「基本のカタチ」に対して、その枠の前なら
→ 意味的には、**全体の内容に対しての前置き**というイメージ／意味のことが多い。日本語としてまとめるなら**その副詞を後ろの語句とは直接つなげない（＝独立させる）**のが基本。

ex. Yesterday【I saw that famous musician〈from Chile〉】.
昨日、私は あの有名な〈チリ出身の〉ミュージシャン を見ました。

- ●「**内部（＝動詞の前後）**」なら
- → 意味的には、**動詞を修飾する、もしくは前後から独立した意味になる**。あまり考えすぎず、英語の流れのまま前から意味をとらえていけば大丈夫。
  日本語としてまとめる場合は、主語の次あたりに入れるのが基本だけど、動詞に直接つなげてもよい。

> **ex.**【I finally saw that famous musician〈from Chile〉】.
> 私は、［ついに］あの有名な〈チリ出身の〉ミュージシャンを［ついに］見ました。

> **ex.**【It is probably his mistake】.
> それは、おそらく彼の間違いです。

- ●「**基本のカタチ**」に対して、**その枠の後ろ**なら
- → 意味的なつながりとしてはいろいろな可能性がありうるが、あまり考えすぎず、英語の流れのまま前から意味をとらえていけば大丈夫。
  日本語にする場合は、主語の次あたりでまとめるのが基本。

> **ex.**【I saw that famous musician〈from Chile〉】there.
> 私は、そこであの有名な〈チリ出身の〉ミュージシャンを見ました。

……ちなみに、以上すべての位置に副詞が入った次のような文も、ごく普通にありうる。

> **ex.** Yesterday【I finally saw that famous musician〈from Chile〉】there.
> 昨日、私はついに、そこであの有名な〈チリ出身の〉ミュージシャンを見ました。

4. 主に語尾が -ly の副詞に関しては、**もうひとつ、名詞以外の語句の前か後ろ（原則として前）に置いてそれらを修飾するという使い方**もあるが、この使い方については p.40 〜で。

(*ﾟ∀ﾟ)=3　英文の「基本のカタチ」と「おまけ要素」その２

1. p.16 ～で触れたとおり、〈前置詞＋名詞〉というカタチには「補語(C)」として be 動詞の後ろに続ける以外に、もう 2 通りの使い方がある。

ひとつは**「名詞」の後ろに置いて１セットで後ろから前の名詞を説明（＝修飾）する使い方**（働きとしては「形容詞」の働き）。

ex. a cute cat 〈on the desk〉 ⇔ 〈机の上の〉かわいいネコ

そしてもうひとつは、**「基本のカタチ」に対して、その枠の外（＝「基本のカタチ」の前か後ろ）か内部（＝主に動詞の前後）に「おまけ要素」として追加する**という、**「副詞」**と同じような使い方。

つまり、p.26 の一覧の「副詞」が入る部分に、代わりに〈前置詞＋名詞〉が入った次のようなカタチがありうるということ。

$$\langle 前+名 \rangle\ S(名+\langle 前+名 \rangle) \begin{cases} \langle 前+名 \rangle V(一般) \begin{cases} (前+名+\langle 前+名 \rangle) \\ C(形) \\ O(名+\langle 前+名 \rangle) \\ O(名+\langle 前+名 \rangle) - O(名+\langle 前+名 \rangle) \\ C(形) \end{cases} \\ V(be)\langle 前+名 \rangle \begin{cases} C(形) \\ C(名+\langle 前+名 \rangle) \\ C(前+名+\langle 前+名 \rangle) \end{cases} \end{cases} \langle 前+名 \rangle$$

……ただし、〈前置詞＋名詞〉を「副詞」と同じように「おまけ要素」として追加する場合、位置は**「基本のカタチ」の枠の外**が基本。

ex. 【We played tennis】〈in the park〉.
　= 〈In the park〉【we played tennis】.
　私たちは公園でテニスをしました。

ex. 〈In the morning〉
　【 volunteers 〈in my town〉 gave poor children food 】
　〈in the park〉.
　〈前+名〉+【S(名+〈前+名〉)+V(動)+O(名)+O(名)】+〈前+名〉.のカタチ
　午前中、ボクの町のボランティアたちが、公園でかわいそうな子どもたちに食べ物を与えました。

2. 〈前置詞＋名詞〉を「副詞」と同じように「おまけ要素」として追加する場合、位置は「基本のカタチ」の枠の外が基本とはいえ、例えば

for example（例えば）、in fact（実際／実は）、in a sense（ある意味）、in general（一般的に／概して）、of course（もちろん）

などのような**独立性の強い決まり文句的な表現**に関しては、内部（＝主に動詞の前後）に入れることも多い。

ex. He is, in a sense, a genius.
　彼は、ある意味、天才です。

ex. My friend, in fact, told me the same story.
　私の友達が、実際、私に同じ話をしました。

このように、**文中に独立性が強い（＝前後の語句とのつながりが薄い）1セットの表現を割り込ませること**を一般的に**「挿入」**と言う。
文中に〈前置詞＋名詞〉などを挿入する場合、「独立性が強いおまけ要素が割り込んだだけ」というのを示す意味でも、その**前後は「コンマ（ , ）や「ダッシュ（ ― ）」などで区切る**のが一般的。
意味をとらえる際は、コンマやダッシュなどのところでひと呼吸置くようなイメージを持つと良い（詳しくはp.72〜）。

(*ﾟ∀ﾟ)=3　英文の「実際のカタチ」

1. これまでに確認したとおり、〈前置詞＋名詞〉は、**「名詞」の後ろに置いて 1セットで後ろから前の名詞を説明（＝修飾）する要素**として使える。

ex. volunteers 〈in my town〉 ⇔ 〈私の町の〉ボランティア

また、「副詞」と〈前置詞＋名詞〉は、どちらも**「基本のカタチ」に対してその枠の外（＝「基本のカタチ」の前か後ろ）か内部（＝主に動詞の前後）に「おまけ要素」** として追加できる。

ex. Sometimes she is angry.
　　　ときどき、彼女は怒っています。

ex. My friend, in fact, told me the same story.
　　　私の友達が、実際、私に同じ話をしました。

……でも、実はこのほかにも、これらと同じような使い方ができるカタチ、つまり、**1セットで後ろから前の名詞を説明（＝修飾）したり、「基本のカタチ」に対して「おまけ要素」として追加できるカタチ**というのがたくさんある！！
詳しくは後で順に見ていくとして、例えば「(to)不定詞」や「現在分詞」、「従属接続詞」と呼ばれるものを使った次のようなカタチなど。

ex. 〈to buy a house〉　←「(to)不定詞」を使った1セット
　　→ 日本語にすると「あなたが忙しいならば」など。

ex. 〈listening to music〉←「現在分詞」を使った1セット
　　→ 日本語にすると「音楽を聞きながら」など。

ex. 〈if you are busy〉　←「従属接続詞」を使った1セット
　　→ 日本語にすると「家を買うために」など。

2. このような1セットのカタチについては、次の点に注意！

● 一般には、**「1セットで後ろから前の名詞を説明（＝修飾）する」**という同じ働きの要素でも、見た目の違いなどから**「形容詞句」、「形容詞節」、あるいは「関係詞節」などと細かく分類する**ことが多くめんどくさい！

● 一般には、**「『基本のカタチ』に対してのおまけ」**という同じ働きの要素であっても、見た目の違いなどから**「副詞句」、「分詞構文」、「副詞節」**などと細かく分類することが多くめんどくさい！

……その一方で、働きを考えた場合に**「1セットで後ろから前の名詞を説明（＝修飾）する要素」**と**「『基本のカタチ』に対してのおまけ要素」**という違いがあっても、**記号ではどちらも単に M と表すだけ**なのが一般的だから、本当に紛らわしい！！！

＊M は「修飾語」という意味の modifier の略。

3. 以上を踏まえ、本書では**次のような独自の用語を定義し使用する**！

● **1セットで後ろから前の名詞を説明（＝修飾）する要素**は、働きとしては形容詞と同じというところから、**すべて M形 と呼ぶ**！

● **「基本のカタチ」に対して、その枠の前か後ろ、もしくは内部（＝主に動詞の前後）に入る「おまけ要素」**は、働きとしては副詞と同じというところから、**すべて M副 と呼ぶ**！

＊実際の品詞が「形容詞」や「副詞」であっても、以上の定義を満たさないもの（＝例えば large houses という組み合わせの large のように、前から後ろの名詞を修飾する形容詞や、副詞の中でも p.40 〜で示すような後ろの形容詞などを修飾するもの）に関しては M形、M副 とは呼ばず、単に「形容詞」「副詞」と呼ぶので注意。

逆に、実際の品詞が「形容詞」や「副詞」で以上の定義を満たすものに対しては、「この形容詞は M形 の働き」「この副詞は M副 の働き」といった呼び方をする。

4. 定義に従って整理し直すと、英文の「実際のカタチ」は次のようなカタチと言える。

$$
(M_{副})\left[S(名 + (M_{形})) \begin{cases} (M_{副})\,V(一般) \begin{cases} (前 + 名 + (M_{形})) \\ C(形) \\ O(名 + (M_{形})) \\ O(名 + (M_{形})) \begin{cases} O(名 + (M_{形})) \\ C(形) \end{cases} \end{cases} \\ V(be)(M_{副}) \begin{cases} C(形) \\ C(名 + (M_{形})) \\ C(前 + 名 + (M_{形})) \end{cases} \end{cases} \right] (M_{副})
$$

* M形 ＝ 1セットで後ろから前の名詞を説明（＝修飾）する要素。
* M副 ＝「基本のカタチ」に対してその枠の前か後ろ、もしくは内部（＝主に動詞の前後）に入る「おまけ要素」。
   → 意味的には、枠の前なら文全体に対しての前置き、内部なら動詞の修飾か前後から独立した意味、枠の後ろならいろいろ。

どんなに複雑に見える英文も、基本的には以上のカタチの派生形と言える！
具体的には本編で少しずつ確認するが、そのためにも、**取りあえず M形 や M副 といった定義だけは頭に入れておくこと！**

(*°∀°)=3 「文の核になる動詞（＝述語動詞）」のカタチ

1. **「文の核になる動詞（＝述語動詞）」** は、「時制（≒時間）」や「…できる／…すべき」といったニュアンスの有無などによって、**2語以上の組み合わせになる**ことがある。

● 「be動詞」の場合、**基本は is/am/are/was/were のような「現在形」や「過去形」の1語**だけど、それ以外に次のような組み合わせがアリ。

can be や should be など　＊「助動詞」が入るカタチ
ex. Children should be at home at night.
　　子供は夜、家にいるべきです。

have been と has been　＊いわゆる「現在完了」
ex. It has been hot since last month.
　　先月からずっと暑いです。

had been　＊いわゆる「過去完了」
ex. He had been sick until two days ago.
　　彼は2日前までずっと病気でした。

should have been など　＊「助動詞」＋「過去」か「助動詞」＋「現在完了」のニュアンス
ex. You should have been quiet!
　　キミは静かにしているべきだったのに！

● 「一般動詞」の場合、**基本は eat(s)、live(s) や ate、looked など「現在形」や「過去形」の1語**だけど、ほかに次のような組み合わせがアリ。

can eat や should live など　＊「助動詞」が入るカタチ
ex. You can eat anything in the fridge.
　　冷蔵庫にあるどんなものでも食べていいです。

have eaten や has lived など　＊いわゆる「現在完了」

ex. They have lived in Yamaguchi for 30 years.
　　　彼らは 30 年ずっと山口に住んでいます。

had eaten や had lived　＊いわゆる「過去完了」

ex. He had eaten snake before then.
　　　彼はその時点より前にヘビを食べたことがありました。

should have lived など　＊「助動詞」＋「過去」か「助動詞」＋「現在完了」のニュアンス

ex. You should have told him the truth!
　　　キミは彼に真実を伝えるべきだったのに！

2. 「文の核になる動詞（＝述語動詞）」が 2 語以上の組み合わせで、なおかつ文中に not や already のような「副詞」が入る場合は、位置に注意。

原則として、その「述語動詞」の**組み合わせの最初にくる語の次。**

ex. He cannot be stupid.　　　← can と be の間！
　　　あいつがアホなはずがありません。

ex. I have already been home.　← have と been の間！
　　　私はすでに家に戻っています。

ex. You should not have believed her. ← should と have の間！
　　　お前は彼女を信じるべきじゃなかったのに。

(*ﾟ∀ﾟ)=3　「文の核になる動詞（＝述語動詞）」のカタチ　｜　035

(*°∀°)=3 「2語以上で1セット」というカタチのいろいろ

1. 動詞の中には**ほかの語句と組み合わせることで特定の意味を表す1セットのカタチ**を作れるものがある。

このようなカタチを**「句動詞（phrasal verb）」**と呼ぶこともあり、特に make や get、take、have、put、go、come、do のような基本的な動詞と、on や in、off、up、out、with のような語の組み合わせが多い。

例えば次のようなものなど。

take care of ...	…に気をつける／…の世話をする（＝ look after ...）
bring up ...	…を育てる（＝ raise）
go on (with ...)	続く／…を続ける（＝ continue）
carry out ...	…を実行する
come up with ...	…を思いつく
come about	起こる／発生する（＝ occur / happen）
turn up	現れる／姿を現す（＝ appear）
make / figure out ...	…を理解する（＝ understand）
put off ...	…を延期する（＝ postpone）
do away with ...	…を廃止する（＝ abolish）
keep up with ...	…に（遅れず）ついて行く
look up to ...	…を尊敬する（＝ respect）
call on ...	…を訪ねる／訪問する（＝ visit）
get over ...	…を克服する（＝ overcome）

ex. Saori called on me last night.
　　サヲリが昨夜ボクを訪ねてきました。

ひとつひとつの語の**本質的な意味（＝最近はやりの core image）**を考えれば、「なるほど」という感じのものが多いけど、そもそもその**ひとつひとつの語の本質的な意味があやふやな人も多い**のが現実。
なので、そういったものを扱っている書籍（『話せる英単語ネットワーク　動詞編』『同　前置詞編』［アルク］など）も参考に。

2. ほかの語句との組み合わせで特定の意味を表す1セットのカタチとしては、動詞以外の語句を組み合わせた表現というのもたくさんある。

例えば、次のようなものなど。

apart/aside from ...	…は別として／…から離れて／…を除き
as to ...	…について／…に関して（= about）
due to ...	…という理由で／…が原因で（= because of ...）
instead of ...	…の代わりに／…ではなく
by way of ...	…経由で（= via）
in spite of ...	…にもかかわらず（= despite）
in front of ...	…の正面に／…の正面の

これらは、1セットで M形 として使うものもあるけど、どちらかと言えば M副 として使うことが多い。

念のためもう一度、M形 と M副 の定義を確認すると次のような感じ。

◆ M形 ＝ 1セットで後ろから前の名詞を説明（＝修飾）する要素
＊一般的には、「形容詞句」「形容詞節」などと呼ばれるもので、記号では単にMと表記されること多い。

◆ M副 ＝「基本のカタチ」に対して、その枠の前か後ろ、もしくは内部（＝主に動詞の前後）に入る「おまけ要素」
＊一般的には、「副詞句」「副詞節」などと呼ばれるもので、記号では単にMと表記されることが多い。

ex. We went to Greece 〈by way of Bulgaria〉.
　　＊〈by way of ...〉が M副
　　ボクたちは〈ブルガリア経由で〉ギリシャに行きました。

ex. The building 〈in front of my house〉 is the city library.
　　＊〈in front of ...〉が M形
　　〈私の家の正面の〉建物は、市立図書館です。

3. 形容詞の中にも、**決まった前置詞との組み合わせで特定の意味を表す1セットのカタチ**を作れるものがある。

代表的なカタチとしては、次のようなものなど。

bad/poor at ...	…が下手（な）／苦手（な）
good at ...	…が上手（な）／得意（な）
different from / to ...	…と違う／異なっている
full of ...	…でいっぱい（な）
familiar with ...	…をよく知っている／…に詳しい …によく知られている
happy about ...	…に満足している
late for ...	…に遅れている／遅刻する
nice to ...	…に親切（な）
popular with ...	…に人気がある
ready for ...	…の準備ができている

この**〈形＋前＋...〉という組み合わせ**は、基本的には**「補語(C)」**として使う。
つまり、普通は **be動詞の後ろに続けて使う。**

ex. She was 〈good at tennis〉.
　　彼女は〈テニスが上手〉でした。
　　＊日本語にすると、この〈形＋前＋...〉で表す部分が文末に来る感じ。

また、一般動詞の中でも、get や become、feel、remain、seem などは、be動詞と同じ S V C の意味関係を表せるので、これらの後ろに**「補語(C)」**として続けることもできるし、make や keep などを使う S V O C のカタチの**「補語(C)」**としても使える。

ex. She became 〈poor at tennis〉.
　　彼女は〈テニスが下手〉になりました。

ex. The train accident made him 〈late for the meeting〉.
　　列車事故が、彼を〈会議に遅刻〉させました。

さらに、この〈形＋前＋ ...〉のカタチは、1セットで M形 もしくは M副 としても使える。

● M形 として使える
＝ 名＋〈形＋前＋ ...〉 という感じで、名詞の後ろに続けて、**後ろから前の名詞を修飾する要素**として使えるということ。

ex. an opinion〈different from mine〉
　　〈私のとは違う〉意見

● M副 として使える
＝「基本のカタチ」に対して、その枠の前か後ろ、もしくは内部（＝主に動詞の前後）に**「おまけ要素」として追加する感じで使える**ということ。

ex. 〈Popular with many customers〉, the man gets a high salary.
　　〈多くの客に人気があるので〉、その男は良い給料をもらっています。

だけど、この使い方について詳しくは p.254 ～で。

(*゜∀゜)=3 「2語以上で1セット」というカタチのいろいろ | 039

(*ﾟ∀ﾟ)=3 「副詞」とⓂ️副

1. すでに述べたとおり、**分類上、「副詞」となっている語**には、大きく分けて2通りの使い方がある。

ひとつは、ここまでにⓂ️副と定義した使い方。
つまり、「基本のカタチ」に対して、その枠の前か後ろ、もしくは内部（＝主に動詞の前後）に**「おまけ要素」として追加する**という使い方（詳しくはp.32～を参照）。

そしてもうひとつは、例えば**形容詞や副詞など名詞以外の語句の前か後ろ（原則として前）に置いてそれらを修飾する**という使い方。
言い換えるなら、**副詞がほかの語句と一緒になって1セットのカタチ**を作る使い方で、語尾が -ly の副詞の多くはこの使い方が可能。

例えば次のような感じ。

- **ex.** very nice　　　　　⇔　とても　ステキな
- **ex.** surprisingly expensive ⇔　驚くほど　高価な
  * 〈副詞＋形容詞〉の1セット

- **ex.** very easily　　　⇔　とても　簡単に
- **ex.** surprisingly well ⇔　驚くほど　上手に
  * 〈副詞＋副詞〉の1セット

日本語としてまとめるなら、以上からも分かるように、**前の副詞をそのまま後ろの形容詞や副詞などにつなげる感じ**でOK。

ちなみに、副詞の中でも使用頻度の高い very（とても）はこの使い方しかしない。

2. 「副詞がほかの語句と一緒になった 1 セット」の**働きや使い方は、一緒になる語句次第**。

つまり、次のとおり。

● very nice や surprisingly expensive のような〈**副詞＋形容詞**〉という 1 セットなら
→**形容詞と同じになる**。be 動詞の後ろに続けたり（＝「補語 (C)」として使ったり）、名詞と組み合わせて〈**(a/the/my＋) 副詞＋形容詞＋名詞**〉という大きな名詞 1 個分のカタチを作ったりする。

ex. Shinji is 〈very nice to his friends〉.
　　シンジは、〈友達にとても親切〉です。
　　　＊ very と p.38 の〈nice to ...〉を合わせたカタチ

ex. Ryuma bought 〈a surprisingly expensive car〉.
　　リュウマは、〈驚くほど高価な車〉を買いました。

● very easily や surprisingly well なら
→ M として使うのが普通なので、「基本のカタチ」に対して、その枠の前か後ろなどに追加する（どの位置が普通かは一緒になる副詞次第）。

ex. Kentaro plays the guitar 〈surprisingly well〉.
　　ケンタロウは、〈驚くほど上手に〉ギターを弾きます。

3. なお、中には only（ただ…だけ）や even（…でさえ）のように、例外的に名詞の前や後ろに置いて、名詞を修飾できる「副詞」というのもある。

英文のとらえ方の基本姿勢9カ条！

英文を読んだり聞いたりする際に、
常に意識すべきことは次の9つ！

1. **英文の出だしのパターンは基本的に同じカタチ**で、**「動詞」から後ろの部分はどんな「動詞」が使われるか**によって決まってくる（p.33の図参照）。

2. 常に、英文の「実際のカタチ（p.33の図参照）」を念頭に、**「主語」と「（述語）動詞」に当たるものがどれか？** と考えながら読む。

3. とにかく、**前（文頭）から意味のつながりと切れ目を意識**し、（2～10単語くらいを目安に）斜線を入れたりカッコでくくる感じで意味をとらえていく。

4. **意味のつながりと切れ目を見分ける目印**としては、「動詞」の種類や「前置詞」、「接続詞」などがあるけど、**「名詞」が連続する部分**も大きな区切りなので要注意！

5. 仮に、文中に the や a、my などがある場合、それは **1 セットで「名詞1個分」の働きをする** 名（＋Ⅿ形） **というカタチの始まりを示す目印**とも言える。

6. **「動詞」の種類によって、後ろのカタチを予測**する。
例えば、give なら「前置詞」ナシで「名詞」が2個続くとか、make なら「make ＋ O ＋ C」のカタチとか think なら「think ＋ 〈(that) S ＋ V〉」とか。

7. fly（飛ぶ／ハエ）や talk（話す／話）、cold（冷たい／風邪）のように、**同じカタチのままで「動詞」としても「名詞」としても使える、あるいは「形容詞」としても「名詞」としても使える**という単語も多いので、注意。

8. 文中に「動詞＋ing」や「to ＋動詞の原形＋ ...」のようなカタチ、「従属接続詞」、「疑問詞」などを見掛けたときには、必ず、〈ど ing ＋ ...〉、〈to ＋ど原 ＋ ...〉、〈従属接続詞＋S＋V〉、〈疑問詞＋S＋V〉といった**1セットのカタチ**を予測し、その**1セットの終わり（＝意味のまとまりの区切り）の部分がどこかを意識**する（→ 詳しくは STEP 01 以降で）。

9. **英語は、説明の語句を後ろに付け足す（＝前にある語を、後ろの語句が説明する）カタチが基本の言語**という点をしっかり意識すること。（一方、日本語は英語と逆で、説明の語句は前に置く言語なので、日本語と英語では語順が逆になることが多い）

STEP 01

基本パーツのみで できている文の 傾向と対策。

ここで言う**「基本パーツ」**は、動詞、名詞、前置詞、形容詞、副詞などのこと。
つまり、「不定詞」や「関係代名詞」、「従属接続詞」なんてめんどくさそうな要素は出てこない**基本中の基本**の文ばかり。

……と言っても、これくらいにはなるんです。

In a sense, his trip to the little village in a country in Africa last summer made the life of Ivan, a young doctor from Ukraine, totally different from the life of his co-workers in his hometown.

思わず　ガクガクブルブル　みたいな？（笑）
基本をなめてはいけません。
では、**じっくり＆しっかり＆みっちり＆まったり**とやっていきましょう。

＊この英文の説明はp.110〜へ。

「基礎知識」の確認♪

1. 英文は**「主語 (S)」「述語動詞 (V)」「目的語 (O)」「補語 (C)」**といった「構成要素」を骨格として成り立つ。

そして、このような**「構成要素」になるのは「名詞」や「動詞」「形容詞」といった「単語」や「2 語以上で意味的なまとまりを持つ 1 セットのカタチ」**などだけど、用語の分類基準の違いにくれぐれも注意！

● 「名詞」や「動詞」、「形容詞」といった用語（=「品詞」）
→ 文を作る作らないという以前に、もともとそれぞれの単語自体が持っている共通の特徴や性質、働きを示す言葉。

● 「主語 (S)」「述語動詞 (V)」「目的語 (O)」「補語 (C)」といった用語
→ 「名詞」や「動詞」「形容詞」「2 語以上で 1 セットのカタチ」などが、実際の文の中でどんな立場関係や役割なのかを示す言葉。

2. 英文の構造を考えるに当たって、本書では「主語 (S)」「述語動詞 (V)」「目的語 (O)」「補語 (C)」といった用語に加え、以下のような**独自の用語を定義し使用する**ので注意。

● M形
　= 1 セットで後ろから前の名詞を説明（=修飾）する要素

＊基本的に、「一般には『形容詞句』『形容詞節』などと呼ばれ、記号では単に M と表記されるもの」に対応する。例えば〈前置詞＋名詞〉という 1 セットなど。

＊ 名詞＋〈前置詞＋名詞〉 のような 名 ＋ M形 というカタチ全体では「名詞 1 個分」の働きで、文の「主語 (S)」や「目的語 (O)」などになる。

ex. your book 〈on the table〉　⇔　〈机の上の〉あなたの本
　　　　名 ＋ M形

● M副

＝ＳＶＯやＳＶＯＣといった**「基本のカタチ」に対して、その枠の前か後ろ、もしくは内部（＝主に動詞の前後）に入る**「おまけ要素」

＊基本的に、「一般には『副詞』『副詞句』『副詞節』などと呼ばれ、記号では単に M と表記されるもの」に対応する。例えば「副詞」や〈前置詞＋名詞〉などだけど、「副詞」の中でも特に後ろの形容詞などを修飾するもの（p.40 〜参照）に関しては M副 とは呼ばないので注意。

＊意味やニュアンスは、枠の前なら文全体に対しての前置き、内部なら動詞の修飾か前後から独立した意味、枠の後ろならものによりけり。

3. 定義に従って英文の「実際のカタチ」について整理すると、大体次のようになる。

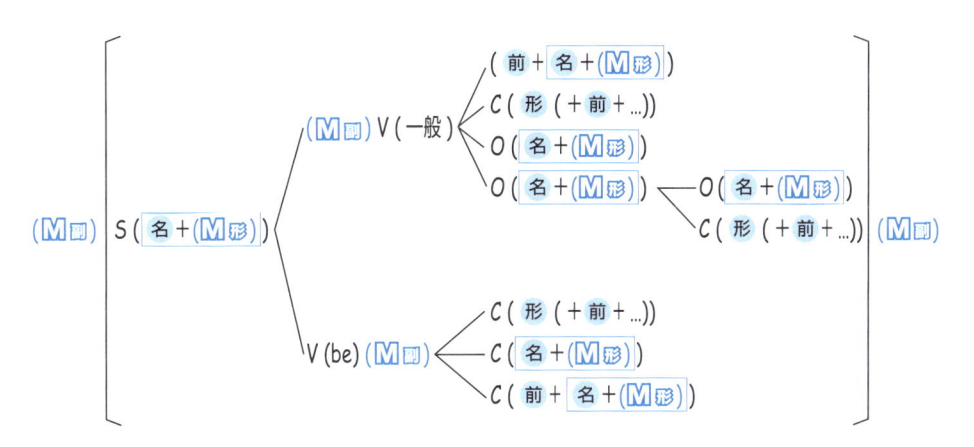

$$\left[(M副) \; S(名+(M形)) \begin{cases} (M副) V(一般) \begin{cases} (前+名+(M形)) \\ C(形(+前+\ldots)) \\ O(名+(M形)) \\ O(名+(M形)) \begin{matrix} O(名+(M形)) \\ C(形(+前+\ldots)) \end{matrix} \end{cases} \\ V(be)(M副) \begin{cases} C(形(+前+\ldots)) \\ C(名+(M形)) \\ C(前+名+(M形)) \end{cases} \end{cases} (M副) \right]$$

一見、複雑に見える英文であっても、基本的には以上のカタチの派生形と言える（具体的には本文中にて少しずつ）。

ex. Sometimes, my friend 〈in Chiba〉 visits me 〈with his wife〉.
　　　　M副　　　　S(名＋M形)　　　　　＋ V(一般) ＋ O(名) ＋　　M副
　　　ときどき、〈千葉にいる〉友達 が〈奥さんと一緒に〉私を訪ねてきます。

(*°∀°)=3　1.「動詞」？「名詞」？「形容詞」？「前置詞」？

Q
1-1-A.　The writer plays soccer every day.
1-1-B.　The writer's plays are very popular.

＊ writer（作家／著者）

POINT 1-1　見た目が同じ単語のとらえ方　その1

多くの単語は、同じカタチのままで動詞や名詞、形容詞など複数の品詞として使えるので、意味や文の構造を考える際にはしっかり注意！

【名詞（＝主語(S)）＋（述語）動詞(V)（＋その他）】 という英文の基本のカタチを考えた場合、1-1-A では、The writer が「文の主語にあたる名詞」で、plays が「文の核になる動詞（＝述語動詞）」というのはさすがに余裕のはず。

では、1-1-B はどうでしょう？　出だしは 1-1-A とそっくりだけど……考え方を思いっきり丁寧に確認すると次のような感じ。

まず、the writer's というカタチに関しては、次のふたつの可能性が考えられるところに注意！！

1．名詞の「所有格（＝『…の』という意味を表すカタチ）」
2．the writer is や the writer has のようなカタチの「短縮形」

仮に、名詞の **「所有格」なら後ろには普通必ず名詞が続く**はずだし、is や has の短縮形だとしても、その後ろに動詞の原形や三単原の -s が付いたカタチが続くということはありませんよね？

つまり、the writer's の後ろの plays は**動詞っぽくても動詞ではない**というわけ。そして、さらに plays の後ろを見ると動詞としてしか使わない are があるけど、英文の中に **「核になる動詞（＝述語動詞）」は 1 コだけ**のはず。

以上から、1-1-B の the writer's は所有格、後ろの plays は「劇／芝居／遊び／試合運び」といった意味の名詞で〈the writer's plays〉という**1セット**で**「文の主語」**というのが分かるわけですね。

参考訳
1-1-A. その作家は毎日サッカーをします。
1-1-B. その作家の劇はとても人気があります。

Q

1-2-A. That cute boy likes you.
1-2-B. She likes a cute boy like you.

POINT 1-2 見た目が同じ単語のとらえ方　その2

like といえば「…が好き／…を好む」という意味の一般動詞！ ……として使うだけでなく、**「…のような」**という意味を表す**「前置詞」**としても非常によく使うというのはきっと皆さんご存じのはず。

1-2-B には 2 つの like があるけど、考え方は次のとおり。
最初の like は、絶対に主語としてしか使わない she の後ろにあるということと、語尾に -s が付いていることからもちろん動詞。
一方、2 番目の like は a cute boy という単数名詞の後ろにあるのに語尾に -s が付いてない！

ということで、こちらは「…のような」という意味の前置詞。 ……って、いくらなんでも簡単過ぎ？ まあ、最初ですから（笑）。

なお、この場合 like you の部分は M形 （＝a cute boy like you で1セット）という解釈と、M副 という解釈の2通りが考えられるけど、この辺りについては、**POINT 3-5** （p.62 〜）で。

参考訳
1-2-A. あのかわいい男の子は、君が好きです。
1-2-B. 彼女は君のようなかわいい男の子が好きです。　＊ like you を M形 と解釈
　　　　彼女は、君と同じように、かわいい男の子が好きです。　＊ like you を M副 と解釈

(*°∀°)=3　2.「副詞」の入るカタチ　「副詞」と M副

Q
2-1. Unfortunately my students don't like my favorite band.

* unfortunately（残念なことに）、favorite（お気に入りの／一番好きな）

POINT 2-1　文頭に -ly というカタチの語がある場合

2-1 は、文頭が Unfortunately で、その後ろに my students という名詞が続くカタチですね。

語尾が -ly の語といえば、ほぼ間違いなく「副詞」でしたが（p.27 参照）……ここでとっても大事な注意点。

メモメモ

❶ **「副詞」は普通、文の「主語」になれない！**

❷ **「主語」になれるのは「名詞」か「1 セットで名詞の働きをする語句」！**

❸ たとえ、**文中に 副 + 名 というつながりが出てきても、
両者の間には意味的な区切りがある！**

ということで、この 2-1 の Unfortunately と my students の間には区切りアリ！
主語は当然 my students で、その前の Unfortunately は……主語に当たる名詞より前にある副詞ということで、働きとしては M副 。

「…… M副 ってなんだっけ？」

と思った人はこれまでの内容を読み直し！　な〜んて厳しいことは言いませんから、ご安心を。
もう一度確認すると、**「英文の『基本のカタチ』に対して、その枠の前か後ろ、もしくは内部（＝主に動詞の前後）に入る『おまけ要素』」**でしたよね？

英文の基本のカタチは【名詞（＝主語(S)）＋(述語)動詞(V)（＋その他）】だとはいえ、実際のところ**「主語に当たる名詞」の前**にはこんな感じで**「おまけ要素（＝ M副 ）」**が入ることが多いんです。

で、このように主語より前に入る M副 は、大体の場合、**全体の内容に対しての前置き**という感じ。
日本語にまとめる場合は、そのまま前から順に進めて、**「残念なことに、私の生徒たちは…」**のように M副 に当たる部分と主語に当たる部分のあいだに読点を打って区切りを入れるイメージと思っておくといい感じ♪

実際、英語でも、**主語より前に M副 に当たる要素が入る場合**は、区切りを分かりやすくするため、Unfortunately, my students ... のような感じで、**両者の間にコンマを打つことが多い**です。

この辺をあいまいにしたまま、「『残念な』私の生徒たち」や「私の『不幸な』生徒たち」といった感じで、 M副 に当たる副詞を後ろの名詞と直接つなげるようなとらえ方をする人がいますが、**これは間違い**なので気をつけるように！

なお、副詞の中にはperhaps（おそらく／ひょっとすると）のように、語尾が-lyじゃないものもありましたよね？
でも、いずれにせよ、**文が副詞で始まっていたらかなりの確率で M副 の働き**で、その後ろに「主語に当たる名詞」が続きます。

ちゃんと心の準備をすること。

参考訳
2-1. 残念なことに、私の生徒たちは私のお気に入りのバンドが好きではありません。

Q

2-2-A. Yesterday was her boyfriend's birthday.
2-2-B. Yesterday I went to the city library.

POINT 2-2 文頭が時を表す語句の場合

2-2-A と 2-2-B はどちらも Yesterday で始まる文ですが……このように**文頭が yesterday や today、these days、this morning のような「時を表す語句」の場合**は後ろに注目！

● 2-2-A のように、「時を表す語句」の**後ろに続くのが「動詞」**なら
→ **「時を表す語句」が「文の主語」！**
＊まとめ方は「昨日は」「今日は」という感じで OK。

● 2-2-B のように、「時を表す語句」の**後ろに続くのが「名詞」**なら
→ **「時を表す語句」は M副 で、後ろの名詞が文の主語！**
＊まとめ方は、やはり「昨日 (は)、」「最近 (では)、」のように区切るイメージで、「は」や「では」などの助詞については、付けても付けなくても OK。

こんなふうに、実は 2 通りの可能性があるんです。

理由は、**「時を表す語句」の多くは、「副詞」としても「名詞」としても使える**から。と言っても、まあここは、まとめ方にビミョーに差があるというのを頭に入れておくくらいで特に問題なし。

参考訳
2-2-A． 昨日は彼女のカレシの誕生日でした。
2-2-B． 昨日 (は)、私は市立図書館に行きました。

Q

2-3-A. Probably difficult textbooks are not good for the students.
2-3-B. Extremely difficult textbooks are not good for students.

* probably（多分／おそらく）、textbooks（教科書）、extremely（極端に）

POINT 2-3 文頭が副詞＋形容詞＋ ... という並びの場合

2-3-A と 2-3-B は、どちらも同じ 副 ＋ 形 ＋ 名 ... という構造で始まる文ですが……
つながりのとらえ方が大きく違うところに注意！

2-3-A は文頭の Probably が「**おまけ要素（= M副 ）**」の働きで、その後ろの difficult textbooks が１セットで「主語に当たる名詞」。
だから、「**おそらく、難しい教科書は…**」という感じにまとめれば OK！

一方、2-3-B の文頭の Extremely に関しては M副 の働きではなく、「**後ろの形容詞 difficult と一緒になって**、さらに後ろの名詞 textbooks と１セットを作る副詞」なのです（p.40 参照）。
つまり、〈**Extremely difficult textbooks**〉という１セットが「文の主語に当たる名詞」で、まとめるなら「**極端に難しい教科書は…**」という感じ。

「……見た目が同じ構造なのになぜ？　どうやって見分けるの？」って？

それはもう、副詞自体の意味や後ろの語句との組み合わせ次第……と言っても、副 ＋ 形 ＋ 名 という構造で、副詞が M副 という場合は、**副詞と形容詞のあいだにコンマが入るのが普通**で、この 2-3-A のようにコンマが入らないのに M副 ということはマレ。
逆に、**コンマがなければ後ろの形容詞につながる副詞**という感じ。
だって、そうじゃないと分かりにくいから。。。

参考訳
2-3-A. おそらく、難しい教科書はその生徒たちにとって良くありません。
2-3-B. 極端に難しい教科書は、生徒たちにとって良くありません。

Q

2-4-A.　We are hungry now.
2-4-B.　She was here this morning.
2-4-C.　It is probably his mistake.
2-4-D.　Our dog is usually quiet.

POINT 2-4　「be 動詞」の後ろに「副詞」がある場合

2-4-A 〜 D はどれも、be 動詞を使った文だけど、be 動詞を使った文というところで思い出してほしい、というか覚えてないとまずいのは、次の定義！

● be 動詞の後ろに続き、意味的に文の述語に当たる語句のことを**「補語 (C)」**と呼ぶ

● be 動詞を使う文（＝ S V C の文）では、**S（主語）と C（補語）の間には S ＝ C の関係**が成り立つ（日本語と比べると**「S は C（だ）。」**という感じで**「補語 (C)」は文末の「。」の前に入るような内容に対応**する）。

＊本書での定義は、一般的な定義とは少し違うところに注意（p.20 参照）

2-4-A の、we ＝ hungry、we ≠ now いう関係からも分かるように、普通、**be 動詞のすぐ後ろに続く語句が「補語 (C)」**です。

……でも、2-4-B 〜 D のように、**be 動詞のすぐ後ろの語が「副詞」の場合**は注意！このような場合は、実は「副詞」の種類によって、これから示すように**とらえ方にバリエーション**があるんです！！
……が。ここは読んだ結果として、逆に頭が混乱する人もいるかもしれないところ。だから、読んで**「……？？？」と思った人は、気にせず、すっきり忘れて**そのままさわやかな気分で p.56 へどうぞ！

● 2-4-B のように、**be 動詞の後ろが、場所を表す副詞**などなら
→ その**副詞が補語**（she ＝ here）という感じ

● 2-4-C のように、**副詞の後ろが名詞（句）**なら
→ **副詞の後ろの名詞（句）が補語**（it ＝ his mistake）と考えるのが普通

● 2-4-D のように、usually など**「頻度を表す副詞」**などの後ろに**「形容詞」**や**〈前置詞＋名詞〉が続くカタチ**なら
→ **副詞の後ろの語句だけが補語**（our dog = quiet）と考えるのが普通だけど、**副詞と後ろの語句が１セットで補語**（our dog = usually quiet）のようにも考えられる

まあ、実際問題としては、それほど気にしすぎなくても大丈夫。

なお、副詞の中でも strangely や surprisingly など一部、位置関係や組み合わせによって次のような感じで**解釈に違いが出るもの**があるので注意。

ex.1 Surprisingly (enough), the musician was rich.
（本当に）驚いたことに、そのミュージシャンは金持ちでした。

ex.2 The musician was surprisingly rich.
そのミュージシャンは驚くほどの金持ちでした。

「何が違うわけ？」と思ったかもしれないけど、**ex.1** のように、**後ろに形容詞や副詞が来ない**なら（enough が後ろにおまけで付くことはあるけど）、**文全体を修飾**する感じ（つまり、「驚いたことに、金持ちだった」＝「『金持ちだったという事実』に驚いた」ということ）。

一方、**ex.2** のように、**後ろに形容詞や副詞が来る**なら、あくまで**後ろの形容詞や副詞を修飾する**感じ（つまり、「驚くほどの金持ちだった」「金持ちレベルが驚くほど（＝ very）だった」というニュアンス）。
ex.1 のようなカタチを **ex.2** のような意味にとらえたり、あるいは **ex.2** を **ex.1** のようにとらえたりするのは、たとえできそうでも原則としてナシ！

参考訳
2-4-A. 私たちはいま、お腹がすいています。
2-4-B. 彼女は今朝、そこにいました。
2-4-C. それはおそらく彼の間違いです。
2-4-D. 私たちの犬は大体いつもおとなしいです。

(*°∀°)=3　3.〈前置詞＋名詞〉のとらえ方

Q
3-1. After school students should go home directly.

＊directly（直接／まっすぐ）

POINT 3-1　文頭が〈前置詞＋名詞〉の場合

3-1は文頭が After school という〈前置詞＋名詞〉で始まっているところに注目！……してもらったところで、とっても大事な注意点。

❶ **前置詞の付いた名詞（＝〈前置詞＋名詞〉のカタチ）は、文の主語になれない！**

❷ 基本的に、**「文の核になる動詞（＝述語動詞）」よりも前（＝左側）にある「前置詞の付かない名詞」が文の主語！**

❸ **文頭が〈前置詞＋名詞〉なら、それは必ず「おまけ要素（＝ M詞 ）」で、〈 前 ＋ 名① 〉＋ 名② ... のように、後ろには名詞が連続する部分が出てくるが、その名詞の連続部分が意味の区切りで、後ろの 名② が文の主語！**

以上から、この 3-1 の after school と students の間には区切りがあって、**after school が 1 セットで M詞 に当たり、students が主語**ということが分かりますね？

＊通常、区切りを判断する際には、the や a、my などのような「1 セットで名詞 1 個分」というカタチの始まりを示す語が大きな目印になるけど、ここではそれがないため少し分かりにくいところに注意！

日本語にまとめるなら、**「放課後（には）、学生は…」** という感じ。

文頭の M動 に当たる要素は、「副詞」だろうが〈前置詞＋名詞〉だろうが**全体の内容に対しての前置き**という感じが強いので、このように、**読点を打って文をいったん区切るようなイメージ**でとらえるのがオススメです。

実際、英語でも、**主語より前に** M動 **に当たる要素が入る場合**は、主語に当たる名詞との区切りを分かりやすくするため、After school, students …のような感じで、**両者の間にコンマを打つことが多い**です。

ちなみに、文中に〈 前＋名① 〉＋ 名② のようなカタチがある場合に、次のように、〈 前＋名① 〉を前から後ろの 名② に対してつなげる感じのとらえ方はナシ！

ex. 〈after school〉students
→ ✕ 〈放課後の〉学生

たとえ、**日本語として**なんとなく意味が通るとしても、ダメ！！

なお、**主語の次には「文の核になる動詞（＝述語動詞）」が続く**ということを考えれば、仮に文が〈 前＋名① 〉＋ 名②（＝ S）... となるのなら……

当然、次には「述語動詞」が来るはず！

と予測できるというのも、もちろん余裕？
ここでは、should go という２語が１セットの述語動詞ですね。

こんなふうに、英文を理解する際には前に**ある構造から後ろの構造や展開を予測する、つまり心の準備をする**というのがとっても大事！

参考訳
3-1. 放課後（には）、学生はまっすぐ家に帰るべきです。

Q 3-2. The people in this village hate the industrial development.

＊village（村）、hate（嫌っている／嫌悪する）、industrial development（産業の発展）

POINT 3-2 「動詞」より前に 名①＋〈 前＋名② 〉がある場合

今度は文頭が The people という前置詞の付かない名詞！
つまり、**「文の核になる動詞（＝述語動詞）」よりも前（＝左側）にある、「前置詞の付かない名詞」**だから、これが**文の主語**！（→ **POINT 3-1** [p.56～]）

主語と来れば、次には動詞が来るはず……ですが、ここでは

The people　　in this village　　　hate ...
　名①　　　＋　〈 前＋名② 〉　＋　　動 ...

という感じで、動詞の hate が来る前（＝ The people と hate の間）に **in this village** という 〈前置詞＋名詞〉 が入ってる！

……と意識したところで、とっても大事な注意点。

> メモメモ
>
> 動詞よりも前にある 名①＋〈 前＋名② 〉というつながりで、
> 名① と 〈 前＋名② 〉 の間にコンマがなければ、〈 前＋名② 〉 は
> まず間違いなく M形 の働き！

これまでにも確認したとおり、「**M形＝後ろから前の名詞を修飾する要素**」で、名＋M形 という1セットで「名詞1個分」の働きなので……、

ここでは The people 〈in this village〉 というカタチが**1セットで文の主語**ということですね。

この The people ⟨in this village⟩ のような、**名詞の後ろに** M形 **に当たる〈前置詞＋名詞〉が付いたカタチ**のまとめ方（＝日本語の表現との対応関係）は、大体次のような感じ。

● 名①＋〈 前 ＋ 名② 〉　⇔　〈 名② の中の／名② にいる〉＋ 名①

だから The people ⟨in this village⟩ なら**「〈この村の〉人たち」**とまとめればいいんだけど、ここでは**この１セットが文の主語**ということなので、さらに後ろに「は／が」を補って、**「〈この村の〉人たち『は／が』」**とすればバッチリ！

ちなみに、there や here、then などは分類上「副詞」となっている語だけど、ときに名詞の後ろに置いて M形 っぽい使い方をすることもあります。

ex. People here speak French.
　　ここの人たちはフランス語を話します。

参考訳
3-2. この村の人たちは、産業の発展を嫌っています。

Q

3-3-A. The flower from him is on your table.
3-3-B. Now, I am, in fact, very busy!

POINT 3-3 「be 動詞」の後ろに〈前置詞＋名詞〉がある場合

3-3-A の出だしの The flower from him は、**POINT 3-2**（p.58～）で確認したばかりの**「名詞の後ろに M形 に当たる〈前置詞＋名詞〉が付いたカタチ」**。
なので、The flower〈from him〉という 1 セットで文の主語というのは問題ないですね？
そして、その後ろに続く is が「述語動詞」で、さらに後ろには on your table という〈前置詞＋名詞〉が続いているということで……この on your table が**1 セットで「補語 (C)」**（「補語」について詳しくは p.20 参照）。

で、このように〈前置詞＋名詞〉の 1 セットが「補語」という場合は、**「…は、〈あなたの机の上〉だ。／〈机の上に〉ある。」**といった感じにまとめれば OK！

一方、3-3-B は出だしの Now が M副 なのは問題ないとして、am という be 動詞の後ろに in fact という〈前置詞＋名詞〉が続いていますが……、in fact の前後にはコンマがあるという点と、**in fact は「実際／実は」という意味の決まり文句としてよく使う**という点に注意！

実は、この 3-3-B の in fact に関しては補語ではなく M副 で、その後ろの very busy が補語なんです！ ……けどまあ、こんなカタチに関して詳しくは **POINT 6-1**（p.72～）にて。

なお、ときに**「形容詞」と同じ意味で〈of ＋抽象名詞〉というカタチ**を使うことがあります。be 動詞の後ろにこのカタチが続いている場合なんかは、戸惑わないように注意！

ex. Love is important. ＝ Love is of importance. 愛は大切です。

参考訳
3-3-A. 彼からの花は、あなたの机の上ですよ。／あなたの机の上にあります。
3-3-B. いま、私は、実際とても忙しいです。

Q

3-4. In winter, birds from Siberia wait for spring here.

*Siberia（シベリア）

POINT 3-4 「一般動詞」の後ろに〈前置詞＋名詞〉がある場合

出だしの In winter が M副 で、その後ろの bird〈from Siberia〉が 1 セットで文の主語。

もうさすがに問題……あった人は **POINT 3-1**（p.56 ～）があなたを呼んでいる！

で、この 3-4 の述語動詞は wait で、その後ろに for spring という〈前置詞＋名詞〉が続いていますが……きっと、みなさんこのカタチについては、

wait for ... という **1 セットで「…を待つ」**という意味！

って感じで覚えてますよね？　それでいいんです♪

このように**一般動詞の後ろに前置詞が続くカタチ**に関しては、普通、**一般動詞と前置詞との結び付きが強い**感じ（＝〈一般動詞＋前置詞＋名詞〉で 1 セットという感じ）のものが多いのが特徴なのです。

……とはいえ、例えば I know, in fact, ... のように、**動詞の後ろに決まり文句的な〈前置詞＋名詞〉などが続く場合**は…… **POINT 6-2**（p.74 ～）で。

参考訳
3-4. 冬には、シベリアからの鳥たちが、ここで春を待ちます。

Q

3-5-A. Did you play tennis in the new park?
3-5-B. Do you like the teachers at your school?
3-5-C. Did he see the fairy in the forest?

＊fairy（妖精）、forest（森）

POINT 3-5 「動詞」より後ろにある 名①＋〈 前＋名② 〉の解釈

3-5-A〜Cは、よく見るとどれも動詞の後ろが … tennis〈in the new park〉、… teachers〈at your school〉、… the fairy〈in the forest〉という感じで 名①＋〈 前＋名② 〉**というつながり**になっているところに注目！

……してもらったところで、とっても大事な注意点。

メモメモ✏️

❶ 動詞よりも後ろにある 名①＋〈 前＋名② 〉というつながりで、名① と 〈 前＋名② 〉の間にコンマがなければ、〈 前＋名② 〉は Ⓜ形 **の働きのことも**あれば、Ⓜ副 **の働きのことも**ある！

❷ それぞれの場合の**まとめ方（＝日本語との対応関係）**を確認すると、次のような感じ。

　● 〈 前＋名② 〉が Ⓜ形 なら
　名①＋〈 前＋名② 〉で 1 セットなので、「〈 名②の／名②にいる＋名① 」のように、〈 前＋名② 〉を 名①に**つなげる**ようにすれば OK！

　● 〈 前＋名② 〉が Ⓜ副 なら
　名①と 〈 前＋名② 〉の間には**直接的なつながりがない**ので、「 名②で（は）／に（は）」などのように、〈 前＋名② 〉を 名①とは**区切るイメージ**で。

　＊普通、日本語では名詞と名詞の間に「の」を入れ「…の〜」とすると前後のつながりが強い感じになり、「…で（は）〜」や「…に（は）〜」とすると前後のつながりが弱い（区切れる）感じになる。

ここで、「……でも、そもそも M形 と M副 って何？」なんて思った人はもちろん論外（p.32へ強制送還）として、「…… M形 と M副 のどっちかを見分ける基準は？」と思った人も多いかも。

答えはずばり、

「前後の語句の組み合わせ次第で、M形 と M副 のどちらかにしか解釈できない場合もあれば、M形 と M副 のどちらにも解釈できる場合もある」

としか言いようがありませんっ！

実際に確認してみましょう。

3-5-A の Did you play tennis in the new park? の場合、in the new park は M副 と解釈する（＝「新しい公園で、テニスを…」とまとめる）のが自然！（「新しい公園のテニス」だと不自然）

3-5-B の Did you like the teachers at your school? の場合、at your school は M形 と解釈する（＝「あなたの学校の先生」とまとめる）のが自然！（「あなたの学校で（は）／に（は）、先生を…」だとビミョー）

3-5-C の Did he see the fairy in the forest? の場合、in the forest は M副（＝「森で、妖精を…」）という解釈と、M形（＝「森の妖精」）という解釈のどちらも可能！ でも、どちらかというと M副 と解釈する方が自然。

ちなみに、前置詞の中でもofを使った 名①＋〈of＋名②〉のカタチなら、〈of＋名②〉は M形 の働きということが多いです。

参考訳
3-5-A. あなたは新しい公園でテニスをしましたか？
3-5-B. あなたはあなたの学校の先生たちが好きですか？
3-5-C. 彼は森で妖精を見ましたか？／彼は森の妖精を見ましたか？

(*°∀°)=3　4.【there ＋ be 動詞＋名詞】というカタチ

Q
4-1-A.　There are some good hospitals in this town.
4-1-B.　In those days, there were some good hospitals there.

* in those days（当時／あのころ）

POINT 4-1　【there ＋ be 動詞＋名詞】というカタチについて

4-1-A は、There are ... というカタチで文が始まっていますが、これまでにも確認したとおり there は「副詞」。
そして、**「副詞」といえば、文の主語にはならないはず**（→ POINT 2-1 [p.50～]）。
また、4-1-B の文頭の In those days は決まり文句的な表現だけど、in という前置詞が付いていることからも分かるとおり、M副 の働き。
そして、後ろには 4-1-A と同じように there ＋ be 動詞 ... というカタチ。

「……これってつまり、どちらの文にも主語に当たるものが無いってこと？」 と思ったところで、とっても大事な注意点。

メモメモ

---

❶ 英語では**「ものが『ある・いる』」**と、ものの**「存在」**を述べる際には、
　【there＋be 動詞＋名詞（＝存在しているもの）】という文のカタチをよく使う！
　* be 動詞の前に入る there は、「そこに／そこで」という意味を持たず、単に「ものがある・ないという話をしますよ〜」というのを示す記号の感覚。

❷【there ＋ be 動詞＋名詞】のカタチも、英文の**「基本のカタチ」のひとつ**
　で、**be 動詞の後ろに続く名詞（＝存在しているもの）が主語**に当たる！

❸【there ＋ be 動詞＋名詞】のカタチに対しても
　（M副）【there ＋ be 動詞（M副）＋名詞】（M副）
　のように、M副 に当たる要素が入る可能性がある！

STEP01　基本パーツのみでできている文の傾向と対策。

ということで、問題解決♪

POINT 3-1 （p.56〜）で、**「文頭が〈前置詞＋名詞〉の場合、後ろには名詞が連続する部分が出てきて、その後ろの名詞が文の主語」**と述べたけど、4-1-Bのように、**名詞の代わりに**この【there＋be動詞＋名詞】のカタチが出てくることもあるってことですね。

> 参考訳
> 4-1-A. この町にはいくつかの良い病院があります。
> 4-1-B. 当時（は）、そこに（は）いくつかの良い病院がありました。

Q
4-2. In fact, there live many poor people in the U.S.

POINT 4-2 【there＋live/seem/go＋名詞】のようなカタチ
この4-2も【there＋be動詞＋名詞】のカタチかと思いきや、**thereの後ろがbe動詞ではなく一般動詞のlive**！

これは、一般動詞の中でもliveやstay、seem、go、comeなど「存在」や「移動」などを表す「自動詞（＝本来、前置詞を使わないと後ろに名詞を続けられない動詞）」にのみ許される、【there＋be動詞＋名詞】の派生形。

だから、この【there＋live/seem/go＋名詞】のようなカタチでも、**主語は一般動詞の後ろに続く名詞**というところに注意です！

実はこのパターンは、文が長くなると頻出するので覚えておいて損はありません！

> 参考訳
> 4-2. 実は、アメリカには、たくさんの貧しい人が住んでいます。

(*゜∀゜)=3　5．ＳＶＯＯ、ＳＶＯＣと〈前置詞＋名詞〉

Q
5-1-A.　My father gave my sister a red car a week ago.
5-1-B.　A week ago, my father gave a red car to my sister.

＊ a week ago（1週間前）

POINT 5-1　give や tell などを見掛けたら

5-1-A と 5-1-B はどちらも述語動詞が give の過去形の gave ですが……
give といえば、**後ろに 人 ＋ もの のように「前置詞」ナシで名詞を2個続けて、「人(O1) に もの(O2) を…する」という意味を表すカタチ**（＝いわゆるＳＶＯＯのカタチ）がアリな動詞！
というところで、とっても大事な注意点。

→ メモメモ

動詞の中でも、**give（与える）、tell（伝える／言う）、teach（教える）、show（見せる）、send（送る）、lend（貸す）、buy（買う）、bring（持って来る）** などを見掛けた場合は要注意！

●動詞のすぐ後ろが**「人を指す名詞」**なら、前置詞ナシで**「ものを指す名詞」**が続く **give ＋ 人 ＋ もの** のようなカタチで、**「人に もの を…する」という意味**と予測する！

●動詞のすぐ後ろが**「ものを指す名詞」**なら、前置詞（主に to か for）が入ってから「人を指す名詞」が続く **give/buy ＋ もの ＋ to/for ＋ 人** のような**カタチ**を予測する！
＊意味的には、こちらも「人に もの を…する」という感じ。

●動詞のすぐ後ろが**「ものを指す名詞」**でも、前置詞ナシでさらに**名詞が続くのなら**、**give ＋ もの(O1) ＋ もの(O2)** で
「もの(O1) に もの(O2) を…する」という意味と解釈する！

こんな感じで、give や tell などを見たときは**しっかり心の準備をする**こと。
そのうち、無意識のうちに反応できるようになりますから。

また、慣れてくると、これらの基本的な語以外の動詞であっても、**後ろの構造からこの「 人 (O1) に もの (O2) を…する」のような意味関係が予測できたりする**ようにもなるので、英文を理解するのがぐっとラクになります。

ちなみに、a week ago（1週間前）のような、**… ago という表現**は、**カタチ的には名詞っぽい**けど「時を表す表現」ということで、M として使うのが普通です。
そんなわけで、5-1-A では文末、5-1-B では文頭に入ってるんですね。

参考訳
5-1-A. 私の父は、1週間前、姉に赤い車を与えました。
5-1-B. 1週間前、私の父は、赤い車を姉に与えました。

Q

5-2. Finally the boys in my class made the teachers angry.

POINT 5-2 make や keep、call などを見掛けたら

文頭のFinallyが M副 、その後ろのthe boys in my classが、 名 + M形 という1セットで文の主語というのは、さすがにいくらなんでも問題ないはず。

そして、その後ろのmadeが述語動詞というのも問題ないと思うけど……
makeといえば、**後ろに「…を」にあたる「名詞 (O)」**と、**その「名詞 (O)」の様子を「補足説明する語句＝補語 (C)」を並べるカタチ**（＝いわゆるＳＶＯＣのカタチ）」がアリな動詞！

というところで、とっても大事な注意点。

> メモメモ

> 動詞の中でも、**make、keep、call、name、leave、let などを見掛けた場合は、常に make ＋ 名 (O) ＋ 形／名 (C) のようなカタチで、**
> **「(Sが) O を C（の状態）に…する」という意味関係**
> **(＝ＳＶＯＣのカタチ) かも、と予測する！**
> ＊「名詞 (O)」を「補足説明する語句＝補語 (C)」」としてどんな語句が使われるかは、動詞ごとに決まっているけど、基本的には「形容詞」や「名詞」。
> ＊OとCの間には、「OがCだ」、つまり「O＝C（の状態）」という関係（＝意味的には「主語」と「述語」の関係）が成り立つ。

この5-2もmadeの後ろに続くのが **teachers（＝名詞）＋ angry（＝形容詞）** というカタチで、意味関係も teachers ＝ angry（「先生」が「怒っている（状態）」）となっていることから、ＳＶＯＣのカタチですね。
初めのうちは、ＯとＣの区切りが分かりにくいかもしれないけど、すぐに慣れるので大丈夫！

参考訳
5-2. ついに、私のクラスの男の子たちは、先生たちを怒らせました。

Q

5-3-A.　The president made her daughters secretary.
5-3-B.　Last week, she made her daughters cute hats.

* president（社長）、secretary（秘書）

POINT 5-3　make には特に要注意

5-3-A と 5-3-B はどちらも述語動詞が made で、その後ろに、前置詞ナシで名詞が 2 個続くカタチというのは大丈夫？
いずれも 2 個目の名詞には the などが付いてないため区切りが分かりにくかったかも（特に 5-3-B の her daughters と cute hats の間の区切り）。

でもまあ、何はともあれ、5-3-A と 5-3-B は基本的に同じ make ＋ 名 ＋ 名 という構造なわけです……が、実は、**make は Ｓ Ｖ Ｏ Ｏ と Ｓ Ｖ Ｏ Ｃ の両方のカタチがアリな動詞**！　ということで、次のように解釈が違ったり。

5-3-A は**「娘たちを秘書にした」**という Ｓ Ｖ Ｏ Ｃ の意味関係！
5-3-B は**「娘たちに帽子を作ってやった」**という Ｓ Ｖ Ｏ Ｏ の意味関係！

この違いは、**意味的に自然か不自然か**という点で判断するしかありません！
もし、make のすぐ後ろの名詞に続くのが**「形容詞」**なら Ｓ Ｖ Ｏ Ｃ のカタチとすぐ分かるけど、5-3-B のように the などが付かない〈形容詞＋名詞〉が続く場合は、気をつけていても**かなり紛らわしい！**（涙）

参考訳
5-3-A.　その社長は、自分の娘たちを秘書にしました。
5-3-B.　先週、彼女は娘たちにかわいい帽子を作ってあげました。

Q

5-4. This morning, my mother sent my sister in Nara some packages.

＊package（荷物／小包）

POINT 5-4　ＳＶＯＯと〈前置詞＋名詞〉

文頭のThis morningは、後ろにmy motherという名詞があることからも **M副** で、my motherが主語、述語動詞はsendの過去形sentですね。

sendと言えば**ＳＶＯＯのカタチがアリな動詞**だから、 **POINT 5-1** （p.66〜）の注意点を意識しながら後ろを見てみると、**すぐ後ろにはmy sister**という**「人を指す名詞」**。
だったら、**続くのは前置詞ナシで「ものを指す名詞」**でしょ？　と思いつつ、さらに後ろを見てみると……、

なぜか ... sent my sister in Nara ... って感じで**〈前置詞＋名詞〉が続くカタチ**だし！
というところで、とっても大事な注意点。

↓ メモメモ

> giveや tell、show、sendなどのように、**ＳＶＯＯのカタチがアリな動詞**の後ろで、「人を指す名詞」と「ものを指す名詞」の間に〈 前＋名 〉が入る場合、この〈 前＋名 〉は、前の名詞を修飾する **M形** の働き！
>
> つまり、give/tell/send ＋ 名 ＋ **M形** ＋ 名 のようなカタチ。

なので、この5-4なら ... sent my sister 〈in Nara〉 some packages で「〈奈良にいる〉姉 に いくつかの小包 を送った」という感じ。

……この「人を指す名詞」と「ものを指す名詞」の間に〈 前＋名 〉が入るカタチでは、**意味のつながりと区切り**が分かりにくい感じがするかもしれないけど、**目安になるのはやはり名詞の連続部分**！

この 5-4 の例なら Nara と some packages の間ですね。

> 参考訳
> 5-4. 今朝、私の母が、奈良にいる姉にいくつかの小包を送りました。

Q

5-5. Of course you should keep the water in the tank clean.

* tank（水槽／タンク）

POINT 5-5　ＳＶＯＣと〈前置詞＋名詞〉

文頭の Of course は「もちろん」という意味の決まり文句的な表現だけど、これはもちろん M副 で、主語は you、そして、述語動詞は should keep。

だけど、keep と言えばＳＶＯＣのカタチがアリな動詞！
というところで、とっても大事な注意点。

メモメモ

> keep や make などのように、ＳＶＯＣのカタチがアリな動詞の後ろで、名(O) と 形／名(C) の間に〈 前＋名 〉が入る場合、この〈 前＋名 〉は、前の 名(O) を修飾する M形 の働き！
>
> つまり、keep/make＋ 名 ＋ M副 ＋ 形／名(C) のようなカタチ。

なので、この 5-5 なら … keep the water 〈in the tank〉 clean で「〈水槽の中の〉水 を きれい(な状態) にしておく」という感じですね。

このカタチについては、**keep や make などを見た時点であらかじめＳＶＯＣのカタチを予測**できていないと、意味のつながりを見失ってしまいがちなので、要注意。

> 参考訳
> 5-5. もちろん、あなたは水槽の中の水をきれいにしておくべきです。

(*°∀°)=3　6.〈前置詞＋名詞〉と「挿入」

> **Q**
> 6-1.　The girl was, of course, very sad.

POINT 6-1　M副 に当たる要素が「挿入」されたカタチ

これまでに何度か確認したとおり、**be 動詞の後ろに続く語句**と言えば、普通は**「補語 (C)」**！　と言ったところで、

「……補語ってなんだっけ？」

な〜んて、この期に及んでまだそんなことを思ってしまった人には **POINT 2-4** (p.54〜) を再確認してもらうとして。6-1 を見てみると be 動詞の後ろには of course という〈前置詞＋名詞〉がありますね。

では、これが「補語 (C)」かというと、この of course に関しては「補語 (C)」ではなくて、**前後の語句とのつながりが薄い「おまけ要素（＝ M副 ）」** という感じなんです。実際の補語はさらに後ろの very sad。

ここでポイントになるのは、**of course は「もちろん、当然」という意味の決まり文句的な表現**という点と、**前後にコンマがある**という点。

ってところで、とっても大事な注意点！

メモメモ

❶〈 前 ＋ 名 〉の中でも、**in a sense** や **in fact**、**of course** のような
独立性の強い決まり文句的表現は、「おまけ要素（＝ M副 ）」として
「基本のカタチ」の枠の内部（＝主に動詞の前後）**に入れる**（入っている）
ことも多い！
＊「基本のカタチ」の枠の外（＝文頭や文末など）に入れることも、もちろんある。

STEP01　基本パーツのみでできている文の傾向と対策。

❷ 文の内部に**独立性が強い（＝前後の語句とのつながりが薄い）1セットの表現**を割り込ませることを一般的に「**挿入**」と言う！

❸ 「**おまけ要素（＝ M ）**」に当たる〈 前 ＋ 名 〉などを文の内部に入れる（＝挿入する）場合、「**独立性が強いおまけ要素が割り込んだだけ**」というの**を示す**意味でも、その**前後は「コンマ (,)」や「ダッシュ (—)」などで区切る**のが一般的。

つまり、この 6-1 も M にあたる of course が挿入されたカタチというわけですが、さらにさらに次の点に注意。

● 日本語にする場合は**「その女の子は、もちろん、……」という感じでそのまま前から進めて、挿入部分を読点で区切るようなイメージ**。
＊実際には区切らなくてもいいけど、ひと呼吸おくようなイメージが必要ということ。

● M に当たる〈 前 ＋ 名 〉などを**挿入する位置**は「動詞の前後」と言っても、be 動詞を使う文なら 6-1 のように **be 動詞の後ろ**、一般動詞を使う文なら**一般動詞の前**が普通。

● M に当たる〈 前 ＋ 名 〉などを挿入する場合、前後はコンマなどで区切るのが普通といっても、**実際には区切られていない英文も多く、結構分かりにくかったりする**。

> **ex.** The guitarist is *in a sense* a genius.
> そのギタリストは、**ある意味**、天才です。

参考訳
6-1. その女の子は、もちろん、とても悲しかったです。

Q

6-2-A. My friend from Canada, in fact, told me the same story.
6-2-B. His effort in a sense helped many animals.

＊ the same story（同じ話）、effort（努力）

POINT 6-2 名①＋〈 前 ＋ 名② 〉のようなカタチの解釈

6-2-A も、in fact（実際、実は）という**決まり文句的な表現**がコンマで挟まれるカタチで入ってる！

ということで、**POINT 6-1**（p.72 〜）で確認した **M副 に当たる〈 前 ＋ 名 〉を文の内部に挿入したカタチ**。述語動詞は told で、全体は**「人 (O1) にもの (O2) を伝える」**という S V O O の文というのは余裕ですよね？

この 6-2-A では**述語動詞の told が一般動詞**ということで、**in fact が一般動詞の前**に入ってますが、**POINT 3-4**（p.61）で軽く触れた I know, in fact, … というカタチのように、M副 に当たる要素を一般動詞の後ろに入れることも、無くはありません。

一方、6-2-B はどうでしょう？
His effort が主語というのは問題ないと思うけど……

その後ろの in a sense って、M副 の働き？ それとも M形 の働き？？

in a sense が M副 として**文の内部に挿入することが多い決まり文句的表現**ということを思えば、M副 っぽい。
けど、名①＋〈 前 ＋ 名② 〉＋動 … という構造で、**名①と〈 前 ＋ 名② 〉の間にコンマがない**ことを思えば M形 っぽいし……。

というところで、名①＋〈 前 ＋ 名② 〉のようなカタチの解釈について整理しておきましょう。

右ページのメモメモ内を見て思わず本書を閉じたくなった人も、ちょっとだけ我慢して。（笑）

> メモメモ

❶ **動詞よりも前にある** 名①+〈 前 + 名② 〉というつながりで、
名①と〈 前 + 名② 〉の間に**コンマがなければ**、〈 前 + 名② 〉は
原則として **M形の働き**！
……ただし、**コンマがなくても**〈 前 + 名② 〉が **in fact** など、
決まり文句的な表現の場合は、普通 **M副の働き**と解釈する！

❷ **動詞よりも後ろにある** 名①+〈 前 + 名② 〉というつながりで、
名①と〈 前 + 名② 〉の間に**コンマがなければ**、〈 前 + 名② 〉は
M形の働きのこともあれば、**M副の働き**のこともある！

❸ **動詞よりも前でも後ろでも** 名①+〈 前 + 名② 〉というつながりで、
名①と〈 前 + 名② 〉の間に**コンマがあるのなら**、〈 前 + 名② 〉は
M副の働きと解釈する！

❹ **コンマの後ろにある**〈 前 + 名 〉というカタチは、たとえ**文中の**
どの位置にあるとしても、普通 **M副の働き**！

* 〈 前 + 名② 〉が M形 に当たる場合と M副 に当たる場合のそれぞれのまとめ方について、
詳しくは **POINT 3-5** （p.62 〜）参照。

そんなわけで、❶の後半で説明したとおり、この 6-2-B の His effort *in a sense* helped ... の *in a sense* に関しては決まり文句的表現ということで **M副の働き**と考え、「**彼の努力が、ある意味、…**」という感じでまとめるのが正解！

「〈**感覚の中の**〉彼の努力が…」とか「彼の〈**意味の中の**〉努力が…」など、*in a sense* の部分を **M形** っぽくとらえたようなまとめ方はナシですよ！

参考訳
6-2-A. 私のカナダ出身の友達が、実際、私に同じ話をしました。
6-2-B. 彼の努力が、ある意味、多くの動物を救ったのです。

Q

6-3. People in North Korea are, by and large, poor and hungry.

＊North Korea（北朝鮮）、by and large（概して／一般的に／全般的に見て）

POINT 6-3　M副として使うカタチのいろいろ

この 6-3 の by and large というのは、語注にもあるとおり**「概して／一般的に／全般的に見て」**という意味の表現です。

ここでは、be 動詞の後ろにコンマで挟まれて入っていることから、この by and large を**文中に挿入**したカタチというのは問題ないと思うけど……

よく考えてみたら、この by and large って、〈前置詞＋名詞〉というカタチじゃないですよね？

実は、1 セットで M副 として使う決まり文句的な表現の中には、この by and large のように、〈前置詞＋名詞〉のカタチではないものもあるんです！
そんなものも含めて、M副 として使うことが多い表現というのを次のページに示しておきますので参考に（ついでに STEP 00 の p.37 のリストも合わせて参照すると、なお良し）♪

と言っても、とても一度に覚えられるものじゃないので、取りあえずはさらっと流して、また気が向いたときや気になったときに見る感じでどうぞ。

参考訳
6-3. 北朝鮮の人たちは、全般的に見て、貧しくお腹をすかせています。

1セットで M副 として使うことが多い表現

as it were	いわば
so to say/speak	
in other words	言い換えると
as a (general) rule	概して／一般的に／全般的に見て
by and large	
on the whole	
in general	
generally speaking	
in short/brief	要するに／手短に言えば
to make a long story short	
frankly (speaking)	率直に言うと／ぶっちゃけ
to be frank (with you)	
in fact	実際は／実は
as a matter of fact	
to tell (you) the truth	実を言うと／正直に言うと／正直なところ
to be honest	
for sure	確かに／確実に
to be sure	
at (long) last	ついに／最後には
in the end	
in a sense/manner	ある意味
as a result	結果として／結果的に
on the other hand	一方で（反対に）
on the contrary	それどころか／逆に
to begin/start with	まずは／第一に
first of all	
in the first place	
by the way	ところで
for example/instance	例えば
of course	もちろん／当然
after all	結局／やはり
by accident	偶然
all of a sudden	突然
at least *	最低でも／少なくとも

＊数量を表す語句の前に置いて、前から後の語句を修飾することも多い

Q

6-4. Where on earth did you go with him last night?

POINT 6-4 「疑問詞」の後ろに入る on earth など

この文は Where という疑問詞で始まってるし、最後には「？」が付いてるしで、**疑問詞を使う疑問文**というのは問題ないはず。
……でも、

「……この Where の後ろの on earth って何？」

って気がしません？
これは、文字通り「地球のどこ？」と聞いているわけではなくて、**「まったく／いったい＋どこで」**という感じで、**疑問詞の内容を強調する**語句。

このように、疑問詞の後ろには、ときに**疑問詞が表す内容を強調する**ために on earth のような語句を置いて〈**疑問詞＋ on earth**〉のようなカタチにすることがあるんです。

このほかに**同じような使い方をする語句**として、the hell、in the world、ever などがあります（ever は疑問詞と -ever をくっ付けた whatever や wherever のようなカタチをこの意味で使うことも）。

日本語にする場合は、少しニュアンスが出しにくいですが、意味を解釈する場合は**「力が込もってるんだな〜」**というのが分かればそれで良し。

使い方がかなり限られる表現ですけど、一応、**「挿入」といえば「挿入」という感じの表現**なので、ついでにここで扱ってみたのでした。

参考訳
6-4. お前は昨日の夜アイツと一体どこに行ったんだ？（怒）

Q

6-5-A. Surprisingly, the famous artist himself wrote me back!
6-5-B. He did write me back!

* write ... back（…に返事を書く）

POINT 6-5 おまけで使う -self というカタチや、強調の do など

6-5-A は、文頭の Surprisingly は M副 で、主語はもちろんその後ろの the famous artist ですが……今度はその**主語の後ろに himself ってカタチ**が入ってます！……どんな意味？　って**「まさにその有名なアーティスト自身が」**みたいな感じで、**主語に当たる名詞を強調する**意味。

このように、**名詞の後ろ**には、**その名詞を強調する感じで、-self というカタチを追加する**ことがあるんです（主語以外の名詞に対して使うこともあります）。
位置は基本的には強調したい名詞のすぐ後ろですが（そうしないと分かりにくいので）、**ときに文末など離れた位置に入る**こともあるので注意！

6-5-B はどうでしょう？
今度は、write という**動詞の前に did という語**が入っていますが……**否定の not は入ってない**ので、**誤植？？**　と思った人もいるかもしれないけど、これで OK！　実は、これって**動詞の内容を強調する際のカタチ**！

これも日本語にする際はなかなかニュアンスを出しにくいですが、一応、

〈**do/does/did ＋動詞の原形**〉で**「本当に／実際に…する／した」**

という感じと思っておけば大丈夫。
意味の解釈という点では、**「力が込もってるんだな〜」**というのが分かれば、それで良し♪

参考訳
6-5-A. 驚いたことに、その有名なアーティスト自身が、私に返事を書いてきました。
6-5-B. 彼が、本当に私に返事を書いたんです！

(*°∀°)=3　7.〈前置詞＋名詞〉などが重なるカタチ

Q
7-1.　Suddenly, in the art museum the girl kicked her boyfriend.

* suddenly（突然／急に）、(art) museum（美術館）

POINT 7-1　「主語」の前に M副 が複数あるカタチ　その1

文の出だしの構造を確認すると、

Suddenly,　in the art museum　　the girl ...
　副　　＋　〈前＋名〉　　　＋　名＋...

というつながり。文頭の副詞 Suddenly は後ろにコンマもあるし、もちろん M副 の働きです。
また、その後ろの in the art museum もコンマの後ろにある〈前置詞＋名詞〉ということで、POINT 6-2（p.74〜）で確認したとおり M副 の働き！

そして、その後ろにコンマはないけど、the が目印となるので the art museum と the girl の間が区切り！　そして、the girl が述語動詞より前（＝左側）にある「前置詞の付かない名詞」ということで文の主語！

……以上から分かるのは、**主語の前には M副 に当たる要素が複数入ることがある**ということ！　しかも、理屈上は何個でも！！

でも、こんな場合も理解の仕方はこれまでと同じで大丈夫。

つまり、「**突然、美術館で、その女の子は…**」というふうに、**前から区切っていくようなイメージで考えればいい**ってこと。

なお、ここでは 副＋〈 前＋名 〉 というつながりで、副詞と〈前置詞＋名詞〉の間に**コンマがある**ので、それぞれが独立した M副 という感じだったけど、仮に**間にコンマがない場合は注意**が必要！

080　｜　**STEP01**　基本パーツのみでできている文の傾向と対策。

実は、副詞と〈前置詞＋名詞〉の間の意味関係には大きく分けて3つの可能性が……というのは POINT 9-5 （p.98）で扱うので、ひとまず気にしなくても大丈夫♪

参考訳
7-1 突然、美術館で、その女の子はカレシをけりました。

Q
7-2. For example, in the ocean, turtles often eat plastic bags mistakenly.

* ocean（海）、turtle（カメ）、plastic bag（ビニール袋）、mistakenly（誤って）

POINT 7-2 「主語」の前に M副 が複数あるカタチ　その2

文頭の For example は**「例えば」**という意味の決まり文句的な〈前置詞＋名詞〉で M副 確定というのは問題ないはず。

そして、その後ろに続くのは in the ocean という〈前置詞＋名詞〉だけど、**コンマで挟まれている！**　ということで、 POINT 6-2 （p.74 ～）で確認したとおり、これも M副 確定。その後ろの turtles が主語！
また、文末の mistakenly ももちろん M副 だけど、これは意味的には動詞を修飾する感じ。

こんな感じで、主語の前には副詞や〈前置詞＋名詞〉など、**とにかく M副 に当たる要素が複数入ることがある**んです。

英文を理解する上では、そのことをしっかり頭に入れて、いつも**「前置詞の付かない名詞＝主語 (S)」が出てくるのを根気強く待つ姿勢が大事！**

参考訳
7-2．例えば、海では、カメたちがよく誤ってビニール袋を食べています。

Q
7-3. From a country in Africa the people came to Japan by ship.

POINT 7-3 〈前置詞＋名詞〉が連続するカタチ　その1

この 7-3 の出だしの From a country は**文頭にある**〈**前置詞＋名詞**〉だから、もちろん働きは M副。

そしてその後ろには、これまた in Africa という〈**前置詞＋名詞**〉が続いて

From a country　　in Africa　　…
　〈 前＋名①〉　＋〈 前＋名②〉

というカタチになってます。

ってところで、… a country in Africa の部分に注目！

これって、**動詞よりも前＆コンマなしの** 名①＋〈 前＋名② 〉というつながりですよね？

……だったら、**in Africa は a country を修飾する** M形 **の働き**ということ。

つまり、全体的に見ると、

〈 前＋名① 〉＋〈 前＋名② 〉

というつながりで、**まず**〈 前＋名① 〉**が** M副！

そして、**後ろの**〈 前＋名② 〉**は、**M副 **に当たる**〈 前＋名① 〉**の中の** 名① **を修飾する** M形 **という関係**……

ってところで、とっても大事な注意点。

メモメモ

❶〈 前＋名① 〉＋〈 前＋名② 〉というつながりで、〈 前＋名① 〉が M副、**後ろの**〈 前＋名② 〉が M形 **に当たるなら、あくまで**〈 前＋名① 〉**を中心とした1セット！**

つまり、**働きは**〈 前＋名① 〉＋〈 前＋名② 〉**という全体で** M副 **！**

❷ ときに、M副 に当たる〈 前 ＋ 名① 〉の後ろに、M形 に当たる〈 前 ＋ 名 〉
が複数続いて、

〈 前 ＋ 名① 〉＋〈 前 ＋ 名② 〉＋〈 前 ＋ 名③ 〉＋〈 前 ＋ 名④ 〉＋ …

のようなカタチになることもある。
が、この場合も、あくまで〈 前 ＋ 名① 〉を中心とした１セット！
つまり、**働きは**〈 前 ＋ 名① 〉＋〈 前 ＋ 名② 〉＋〈 前 ＋ 名③ 〉＋ …
という全体で M副 ！

❸ つまり、M副 に当たる〈 前 ＋ 名 〉の後ろに M形 に当たる要素がいくつ
続いても、全体としては M副 の働き！

そんなわけで、この 7-3 は、From a country を中心とした

〈From a country in Africa〉

というカタチが、１セットで M副 の働きで、その後ろの the people が主語。

このようなカタチの意味の取り方としては

「ある国から、（ある国というのは、）アフリカの中のある国なんだけど…、」

のように、普通にそのまま前から進め、内容をどんどん付け足していく感じと思って
おけば OK。
日本語としてすっきりまとめるなら、**「アフリカのある国から、…」**という感じだけ
ど、特に問題ないはず。

参考訳
7-3. アフリカのある国から、その人たちは船で日本にやってきました。

(*ﾟ∀ﾟ)=3　7.〈前置詞＋名詞〉などが重なるカタチ　|　083

Q

7-4. For sure, the songs of his favorite band in Osaka are really emotional.

＊for sure（確かに）、emotional（心にぐっと来る／感傷的［な］）

POINT 7-4 〈前置詞＋名詞〉が連続するカタチ　その2

文頭の For sure は M副 で、その後ろの the songs が主語というのはさすがに余裕として、主語に当たる the songs の後ろを見ると、

... the songs　　 of his favorite band　　 in Osaka　　 are ...
　　名①　　＋　　〈 前＋名② 〉　　＋　〈 前＋名③ 〉

という感じで、**コンマなしで〈前置詞＋名詞〉が2つ続いて**、その後ろに述語動詞の are という構造ですね。
ここから、〈前置詞＋名詞〉はいずれも前の名詞を修飾する M形 の働きだと分かります。
つまり、

名①＋〈 前＋名② 〉＋〈 前＋名③ 〉

というつながりで、名① が主語、〈 前＋名② 〉は主語に当たる 名① を修飾する M形、〈 前＋名③ 〉は 名② を修飾する M形 という関係……ってところで、とっても大事な注意点。

メモメモ

> 主語や目的語に当たる名詞の後ろに M形 に当たる
> 〈 前＋名 〉が2個、3個と続いて、
> 名①＋〈 前＋名② 〉＋〈 前＋名③ 〉＋〈 前＋名④ 〉＋...
> のようになっても、あくまで働きはこれ**全体で主語や目的語**という感じ！

ということで、ここでは the songs of his favorite band in Osaka というカタチが1セットで主語！

意味の取り方としては、やはり**「曲なんだけど、彼の好きなバンドの曲で、そのバンドというのは大阪のバンドで…」**というふうに前から進めて、内容をどんどん付け足していく感じと思っておけばOK。

なお、名詞の後ろに M形 に当たる〈前置詞＋名詞〉が連続する

名①＋〈 前 ＋ 名② 〉＋〈 前 ＋ 名③ 〉＋…

のような関係では、〈前置詞＋名詞〉は直前の名詞を修飾している（＝〈 前 ＋ 名③ 〉なら 名② を修飾している）ことが多いです。
だけど、**直前の名詞よりも前の名詞を修飾する（＝〈 前 ＋ 名③ 〉が 名② ではなく 名① を修飾する）ような関係のこともある**ので注意！

具体的には次の例を参照。

ex. The e-mail from my frind about our reunion in Fukuyama made me very excited!

この場合、from my friend は The e-mail を修飾する M形 。about our reunionは、直前のmy friendではなく The e-mail を修飾する M形 。in Fukuyamaは直前のour reunionを修飾する M形 ってな感じですが、大丈夫？

ちなみに、この英文を日本語にするなら**「(私たちの) 福山での同窓会についての私の友達からのメールは、私をとても興奮させました」**。
とは言え、このように M形 に当たる〈前置詞＋名詞〉がたくさん連続する英文は、なかなか**すっきりしたひとつの文にはまとめにくい**ので注意（→ **POINT 8-6** [p.92]）。

参考訳
7-4. 確かに、彼の好きなその大阪のバンドの曲は、本当に心にぐっと来ます。

(*°∀°)=3　8.「同格」というカタチ

Q

8-1. Chihiro, Saori's mother, looks young and cute!

POINT 8-1　名①＋, 名②, ... と、「名詞」が連続するカタチ　その１

文頭の Chihiro は前に**前置詞の付かない名詞**だから**主語**確定。
で、後ろを見ると

Chihiro　　, Saori's mother,　　looks　　...
　名①　　　+　　　, 名②,　　　　　+　　動

というふうに、**コンマで挟まれるカタチで名詞**があって、その後ろに動詞という構造ですが……**このつながりって何か変**じゃありません？
だって、ここまでの内容を思い出すと、**主語に当たる名詞と述語動詞の間に入るもの**としては、

「M副 に当たる副詞」か、「M形 か M副 に当たる〈前置詞＋名詞〉」

だけでしたよね？

実は、この 8-1 はここで初登場の**「同格」という関係**になってるんです。
けど、この「同格」というのは、学校の授業や文法書などではテキトーに扱われることが多く、**「何ソレ？」**という人も多い文法知識。

……だ・け・ど！　英語を理解するためには、**必須！！**

言い換えると、これが**ちゃんと理解できれば英語が驚くほど分かる**ようになるし、逆に**理解できてない限りいつまでも消化不良感が残ったまま**という、いわば**最重要項目といっても過言ではない知識**だったり……ということで、さっそく確認！

> メモメモ

❶ 「名詞」の後ろには、

Chihiro , Saori's mother, ...
　名①　　　+　　　,名②,

のような感じで、**前の名詞（＝ 名① ）の言い換えに当たる名詞（＝ 名②）を付け足すことができる！**
このような 名① と 名② の関係を「同格」と言い、
付け足す名詞（＝ 名②）の前後は、基本的にコンマで区切る！

❷ **「同格」部分のとらえ方と、日本語としてのまとめ方**は次のような感じ。

● **とらえ方：… 名①（, ＝ 名②,）のように, 名②, の部分を**
　　　　　　カッコでくくり、イコールで結ぶイメージ

● **日本語：だいたい次のいずれかで OK**
A. 「 名① 、というのは 名② だけど、(その 名①)」
B. 「 名② である／の 名① 」もしくは「 名② 、名① 」

❸ 文中に出てくる**あらゆる名詞が、この 名① ＋, 名②, という同格の関係になっている可能性**がある。

ここでは Chihiro, Saori's mother, が**同格で主語に当たる**わけだから……「**チヒロ、というのはサヲリの母親だけど、(そのチヒロ『は』)** …」とまとめるか、「**サヲリの母親（である／の）チヒロ『は』**…」とまとめれば OK！

参考訳
8-1. チヒロ、というのはサヲリの母親だけど（そのチヒロは）、若くてかわいく見える♪／
　　 サヲリの母親（である／の）チヒロは、若くてかわいく見える♪

(*ﾟ∀ﾟ)=3　8.「同格」というカタチ　｜　087

Q

8-2. *Rilakkuma*, a lovely bear with a zipper, is very popular in Japan.

* bear（クマ）、zipper（ジッパー／チャック）

POINT 8-2 名①＋，名②, … と、「名詞」が連続するカタチ　その２

これまた文頭の *Rilakkuma* が主語確定。で、後ろを見ると

Rilakkuma 　　　, a lovely bear with a zipper,　　　is　…
　名①　　　＋　　　, 名②＋〈 前 ＋ 名③ 〉,　　　＋　動

という感じで、主語に当たる 名① の後ろで 名②＋〈 前 ＋ 名③ 〉というカタチがコンマで挟まれた構造だけど……これはもちろん **名① に対して同格の 名② が 名＋M形 という１セットのカタチ**ということ！

このように、名① ＋ , 名②, という同格の関係では、名② が

名②＋〈 前 ＋ 名③ 〉＋〈 前 ＋ 名④ 〉＋〈 前 ＋ 名⑤ 〉＋...

のような後ろに M形 に当たる〈 前 ＋ 名 〉などが付いた１セットということも多いんです。

なお、この**同格の 名② に対してコンマなしで続く〈 前 ＋ 名 〉は必ず M形 で、あくまで１セットで名詞１個分**（＝ 名①に対しての**同格語句**）ですので（→ **POINT 7-4** [p.84～]）。

この 8-2 の場合、まとめるなら「**リラックマ、というのはジッパーのあるかわいいクマだけど、（そのリラックマ『は』）…**」とするか、「**ジッパーのあるかわいいクマ（である／の）、リラックマ『は』…**」という感じですね。

参考訳
8-2. ジッパーのあるかわいいクマ、リラックマは日本でとても人気があります。

Q

8-3-A. That old guitar, in a sense, made Kentaro a musician.
8-3-B. The cellphone, a must in our time, drastically changed our communication.

＊cellphone（携帯電話）、must（必需品）、our time（現代）、drastically（劇的に）

POINT 8-3 「同格」と「挿入」の区別

8-3-A は That old guitar が主語で、made が述語動詞だけど、その間に M副 に当たる in a sense が挿入されたカタチ。

全体としては、「O を C（の状態）にする」という S V O C の文だけど、made を見た時点で**ちゃんと予測できましたか？　できましたね？？**

一方、8-3-B は The cellphone が主語で、その **The cellphone に対して後ろの a must in our time が**同格。で、さらに M副 に当たる副詞 drastically が入ったカタチですが、**余裕でしたか？　余裕でしたね？？**

「…… must で『必需品』とか、drastically とか単語が難しいんじゃボケ！」

という文句は置いといて、「……なんか『同格』と『 M副 の挿入』って紛らわしい！」と思っている人もいるかも。
でも、そんな人も大丈夫。**コンマで区切られている部分の出だしに注意**すれば、たいていは余裕で区別できますから！

● **同格：コンマで挟まれる部分の出だしが「名詞」**
● **挿入：コンマで挟まれる部分の出だしが「名詞」以外（＝主に前置詞）**

＊「同格」も「挿入」の一種と言えなくもないけど、意味関係がだいぶ違うので、M副 の挿入とは区別して考えるのがポイント。

参考訳
8-3-A. あの古いギターが、ある意味、ケンタロウをミュージシャンにしました。
8-3-B. 現代の必需品である携帯電話は、私たちのコミュニケーション（のあり方）を劇的に変えました。

Q

8-4. As a matter of fact, *unagi*, a snakelike fish in rivers, looks like *anago*, a snakelike fish in the sea.

* snakelike（ヘビのような）

POINT 8-4　いろんなところに出てくる「同格」の関係　その１

文頭の As a matter of fact（実際）は決まり句的な表現で M副 というのを覚えてなかった人は「？」と思ったかもしれないけど（p.76〜参照！）、後ろは

```
… , unagi      , a snakelike fish in rivers,     looks like …
  名①    +      , 名②＋ … ,
```

という感じで、*unagi* が主語に当たる名詞、その *unagi* に対して後ろの **a snakelike fish in rivers** が**同格**というのは問題ないですよね？

で、述語動詞が looks で、その次の**前置詞 like に続く** *anago* と、その後ろの **a snakelike fish in the sea も同格**！

このように、主語以外でも何でも、**とにかく名詞であれば、**名①＋ , 名② , **のように後ろに言い換えに当たる** 名② **が続いた同格の関係になっていることがある**というのは、 POINT 8-1 （p.86〜）で述べた述べたとおりです。

＊この 8-4 では、同格の a snakelike fish in the sea で文が終わるため、最後がコンマでなくピリオドというところにもちょっと注意。

……でも、この 8-4 の文って、よく見てみると、

```
… fact      , unagi ,      a snakelike fish in rivers,
  名   +     , 名 ,   +         名 ＋ … ,
```

という感じで、実は fact と *unagi* の部分についても**見た目からは、同格と見分けのつかない構造**になってる……って思いませんでした？

とはいえ、As a matter of fact が決まり文句的表現であるという点と、**fact が *unagi* の言い換えのはずがない！**　という常識的な知識から、ここに関しては同格ではないと判断する感じです。

> **参考訳**
> 8-4.　実際、川にいるヘビに似た魚であるウナギは、海にいるヘビに似た魚のアナゴに似ています。

Q

8-5. The teacher lent *Ningen-program*, the third album of *The Back Horn*, to his student a week ago.

＊*Ningen-program*(『人間プログラム』)、*The Back Horn*(ザ・バックホーン：バンド名)

POINT 8-5 いろんなところに出てくる「同格」の関係　その2

8-5 は、述語動詞が lent というのを見た瞬間、「 人 に もの を…する」というＳＶＯＯのカタチがアリな動詞！　と気づいて、**後ろのカタチをしっかり予測！！**　……できましたか？　できなかった人は **POINT5-1** (p.66〜) へ GO！

ここでは直後が *Ningen-program*（人間プログラム）という もの (？) なので、後ろは … to ＋ 人 という展開の可能性大。

……と言っても、普通ならここで

「……ってか『人間プログラム』って何？」

という**疑問が芽生える**ところでしょう。
なので、まず**それに答える**べく、

… *Ningen-program* , the third album of *The Back Horn*, to his …
　　名①（＝もの）　　＋　　　, 名②（＝同格語句），

という感じで、言い換えの the third album of *The Back Horn*（ザ・バックホーンの3枚目のアルバム）が同格語句として入り、それから to his student … という to ＋ 人 が続く構造になっているわけですね。

参考訳
8-5. その先生は1週間前、「ザ・バックホーン」の3枚目のアルバムである『人間プログラム』を生徒に貸しました。

Q

8-6. His favorite band from Denmark, a peninsular country in northern Europe, may visit Japan this year!

＊peninsular（半島状の）、northern Europe（北欧／北ヨーロッパ）

POINT 8-6　いろんなところに出てくる「同格」の関係　その３

8-6 は、主語の His favorite band に from Denmark が M形 として続いているというところまでは余裕だと思いますが、
……その M形 に当たる **from Denmark** の **Denmark に対して、a peninsular country in northern Europe というカタチが同格語句**として続いたカタチ！！

こんなカタチは、日本語としてまとめるのもなかなか難しいことが多いので要注意！

例えば、これを普通に**「北欧の半島状の国であるデンマーク出身の彼の大好きなバンドが、今年日本に来るかも」**としてしまうと、まあ分からなくはないけど、少しぎこちなくてビミョー。

このビミョーさは、日本語では「ほかの語を修飾する言葉はすべて前に置くけど、あまりたくさんは置き過ぎない（＝たくさん前に置き過ぎると語句同士の関係が分かりにくくなる）」という事情があるため。

なので、**文の意味を崩さないよう気をつけつつ２つの文に分けたりする（例えば、参考訳のように同格部分を補足として最後に追加したりする）などの工夫**をした方がいいことなども多いんです。

でも、まあこれは**構造がちゃんと把握できているからこそできる**という部分でもあるし、**慣れが必要**なんですけどね。

参考訳
8-6．デンマーク出身の彼の大好きなバンドが、今年日本に来るかもしれません。ちなみに、デンマークというのは北欧にある半島状の国です。

(*°∀°)=3　9. 意味的に「同格」？　というカタチ

Q

9-1.　Chihiro, who is Saori's mother, looks young and cute!

POINT 9-1 「同格」と同じ意味を表すカタチ

あれ？　この文ってどこかで見たような？　と思ったあなたにお送りする、衝撃の事実！

メモメモ

```
Chihiro       , who is Saori's mother,    …
  名①     ＋ ,〈who ＋ be動詞 ＋ 名②〉,
```

のような感じで、**「名詞（＝名①）」の後ろに、コンマで挟まれるカタチで**
〈which/who ＋ be動詞＋ 名②〉という1セットが続く場合、
同格とほとんど同じ意味。

なーんて、ぜんぜん衝撃でも何でもないわけですが（笑）、一応、これは一般に**「関係代名詞の非制限用法」**と呼ばれるカタチのバリエーションのひとつ。
というところで、

「……関係代名詞？？？」

と思わず昔習った文法用語に反応してしまった人も中にはいるかもしれないけど……
取りあえず、**このカタチに関しては、同格と同じニュアンスと思っておけば大丈夫！**

参考訳
9-1.　チヒロ、というのはサヲリの母親だけど、若くてかわいく見えるんです！

STEP01　基本パーツのみでできている文の傾向と対策。

Q

9-2. This morning we saw your student Hideki at the bookstore.

POINT 9-2 名①＋名② ... と名詞が連続するカタチ

文頭の This morning は時を表す表現だから M副 の可能性と主語の可能性があるけど、直後に we が見えているということで M副 確定。

そして、述語動詞の saw の後ろは your student Hideki という**コンマなしで名詞が連続するカタチ**だけど……
実は、この your student と後ろの Hideki も**同格**の関係！

同格の関係でも、**ごく短い組み合わせの場合、**

〈 名①＋名② 〉

という感じで、**間を区切らずただ名詞を並べるだけ**のカタチをよく使います。

このタイプでは、名②として「人名」などの「**固有名詞**」が入ることが多く、意味はそのまま**前から「 名①の＋名② 」という流れ**でとらえるのが基本。

ちなみに、これまでに見てきた「**コンマで区切るタイプの同格**」では、名①**に当たるものが固有名詞などのことが多い**って、気づいてましたか？

参考訳
9-2. 今朝、私たちはその本屋であなたの生徒のヒデキをみましたよ。

Q

9-3. By the way, the girls over there are both very cute, eh?

＊ over there（向こうの／で）、both（両方／どちらも）、... , eh?（…だよね？）

POINT 9-3 M副っぽいけど意味的には「同格」?

出だしの By the way（ところで）が M副 で、後ろの the girls over there が 1 セットで主語（over there は 1 セットで M形 としても M副 としても使う表現だけどここでは位置的に M形）というのは問題ないですね？

で、述語動詞 are の後ろには both という語が続いているけど……実は、この both は、**意味的に主語に対しての同格語（句）**という感じ！

……ただし、あくまで**「意味的に」**というのがポイントで、次のように述語動詞によって入る位置が違うので注意！

- **述語動詞が一般動詞なら「一般動詞の前」！**
- **述語動詞が be 動詞なら「be 動詞の後ろ」！**

つまり、**基本的に文中に入る** M副 と**同じ位置**ってことですね。

なお、both のほかに all（全部／みんな）、each（それぞれ／各…）なども同じような使い方が可能。
いずれもまとめ方としては「**…は『両方とも／すべて／それぞれ』**」という感じで OK です。

参考訳
9-3. ところで、向こうの女の子たちって、どっちもとってもかわいいですよね？

Q

9-4. The people all welcomed the news of the prince's marriage.

＊the people（民衆）、welcome（歓迎する）、marriage（結婚）

POINT 9-4 意味的に「同格」っぽい 名①＋of＋名②

出だしの The people all welcomed ... の部分が **POINT 9-3** で確認したばかりの**意味的に主語と同格**の all が入ったカタチ！

というのは余裕でクリアして、述語動詞 welcomed の後ろに注目すると、

the news　　of the prince's marriage
　名①　　＋　　〈of ＋ 名②〉

という構造。……ってところで、とっても大事な注意点。

> **メモメモ**
>
> 名①＋〈of＋名②〉というカタチの中でも、名①に当たるのが、
> news（ニュース／知らせ）や fact（事実）、idea（考え）、habit（くせ）、city（町／都市）などの場合は次の点に注意！
>
> ● 〈of＋名②〉は１セットで M形 の働きをするカタチではあるけど、名①＝名② という関係（＝意味的に同格）のことが多い！
>
> ● 日本語にまとめる際は「名②の名①」として落ち着きが悪いものは「名②という名①」とすれば落ち着く！
> **ex.** the city of Kyoto　（△　京都の町 ／ ○　京都という町）

ここでも the news ＝ the prince's marriage という関係だから、**「王子の結婚のニュース（＝王子が結婚する／したというニュース）」**という感じ。

参考訳
9-4. 民衆はみんな、王子が結婚する／したというニュースを歓迎しました。

Q

9-5-A. My neighbor's dog always barks noisily before dawn.
9-5-B. Here in Japan, people eat eel, especially in summer.

＊ neighbor（隣人／近所の人）、bark（ほえる）、dawn（夜明け）、eel（ウナギ）

POINT 9-5　副＋〈前＋名〉というつながりの解釈と「同格」

9-5-A と 9-5-B を見てみると、noisily before dawn、here in Japan、especially in summer というふうに、計３つ 副＋前＋名 というつながりがありますが……この 副＋〈前＋名〉というつながりでも、副詞と〈前置詞＋名詞〉が意味的に同格っぽい関係のことがあるんです！

ってことで、ここで 副＋〈前＋名〉というつながりのとらえ方をまとめて確認！ あ、でも、**めんどくさいって人は軽く流しもらっても OK** ですので♪

> メモメモ

文中に 副＋〈前＋名〉というつながりがある場合、次の３つの可能性！

- 9-5-A の noisily before dawn のように、副 と〈前＋名〉の間に特に意味的つながりがない（＝ 副 と〈前＋名〉のそれぞれが独立した M副）タイプ！

- 9-5-B の especially in summer のように、副 が〈前＋名〉を修飾する関係（＝〈副＋前＋名〉という全体で M副）タイプ！

- 9-5-B の here in Japan のように、〈前＋名〉が 副 を具体的に言い換えたもの（＝意味的に同格っぽい関係で、〈副＋前＋名〉という全体で M副）タイプ！

参考訳
9-5-A. 私の近所の人の犬は、いつも夜明け前にうるさくほえます。
9-5-B. ここ日本では、日本人はうなぎを食べます。特に夏に。

Q

9-6. My friend Cindy doesn't like meat, such as beef.

POINT 9-6 such と as に注意

出だしの My friend Cindy が **POINT 9-2** (p.95) で確認した**コンマなしで名詞が連続する**同格というのは問題ないとして、後ろの方の meat, such as beef という部分に注目！
……してもらったところで、とっても大事な注意点。

> メモメモ

> **such と as は「例えば…のような」と具体例を挙げるときによく一緒に使う**けど、**次の点に注意！**
>
> ● 名①＋〈such as ＋名②〉というカタチが基本で、
>   日本語にすると「〈(例えば) 名②のような〉名①」という感じになり、
>   **such as の前後の 名① と 名② は意味的に**同格**っぽい関係！**
> ＊〈such as ＋名②〉の前後はコンマで区切ることもあり、区切りがあれば、「名①、〈例えば 名② など〉」のように後から付け足すようなイメージがぴったり。
>
> ● 同じ意味で、**such＋名①＋〈as＋名②〉**という such と as を
>   **切り離したようなカタチも使う！**
> **ex.** meat such as beef ＝ such meat as beef

ということで、ここでは参考訳のようにまとめるといい感じ。

ちなみに、**前置詞の like を使った 名①＋〈like＋名②〉というカタチも、この such と as を使うカタチと同じようなニュアンス**です。

参考訳
9-6. 私の友達のシンディーは肉が好きではありません。例えば牛肉などのような肉が。

(*°∀°)=3　9. 意味的に「同格」？ というカタチ | 099

(*ﾟ∀ﾟ)=3 10.〈名詞＋of〉というカタチと「数量」や「否定語」など

Q

10-1. After work, the owner of the restaurant drank a glass of wine.

* a glass of ...（グラス1杯の…）

POINT 10-1 例外的な 名①＋of＋名② というカタチ

この文の意味が**「仕事の後、そのレストランのオーナーは、グラス1杯のワインを飲んだ」**だというのは、さすがにもういくらなんでも余裕で分かったはず。メデタシ、メデタシ♪

……と話が終わるわけではなくて、本題はここから。

the owner of the restaurant と a glass of wine というカタチに注目！

これって、どちらも見た目は 名①＋ of ＋ 名② というカタチ。
……つまり、名①＋前＋名② というつながりだけど、普通、文中にこんな 名①＋前＋名② というつながりが出てきたら、

the owner 　　of the restaurant　　レストランのオーナー
　名①　　＋　〈of＋名②〉

という感じで、**前置詞は、まず後ろの 名② と一緒になって1セットのカタチを作っている**と考えるのが原則でしたよね？？

……でも a glass of wine という組み合わせに関しては、とらえ方が違うので注意！どんなふうに違うかというかというと、次のような感じ。

a glass of 　　　wine　　　グラス1杯の　ワイン
〈 名①＋of 〉　＋　名②

STEP01　基本パーツのみでできている文の傾向と対策。

……つまり、**a glass of** という〈 名①＋of 〉が**1セット**で、後ろの 名② を修飾する感じなんです！

このa glass of は、もう**1セットの決まった表現**になってるんだけど、of にはこのa glass of のような〈 名＋of 〉**という1セットで後ろの名詞を修飾する表現**がたくさんあったりします。

で、その多くは、例えばa lot of（たくさんの）やhundreds of（何百もの）などのように、**数量などを表す名詞との組み合わせ**というのが大きな特徴です（詳しくは次ページ参照）。

また、〈 名＋of 〉**で1セット**という感じの表現でも、対応する日本語（＝まとめ方）を考えた場合、大きく分けて次の3タイプがあります（が、これについても詳しくは次ページ参照）。

- **a lot of ...** ⇔ 「たくさんの…」のように、**そのまま前からまとめる感じが基本**というタイプ

- **many of ...s** ⇔ 「…の多く／多くの…」のように、**後ろからまとめる感じが基本だけど、前からまとめることも可能**というタイプ

- **two thirds of ...** ⇔ 「三分の二の…／…の三分の二」のように、**前からまとめる感じが基本だけど、後ろからまとめることも可能**というタイプ

参考訳
10-1．仕事の後、そのレストランのオーナーは、グラス1杯のワインを飲みました。

● a lot of ... のように、〈 名 +of 〉という1セットで
前から後ろの名詞を修飾する感じの表現

1.「数量」系 …… 可算名詞用	
many of ...s	…の多く／多くの…
a couple/few (of) ...s	少しの…／2、3の…
a number of ...s ＊ the number of ...s だと「…の数」なので注意！	多くの…
a large/huge/great/good number of ...s	非常に多くの…
an increasing number of ...s	ますます多くの…
scores/dozens of ...s	何十もの…
hundreds of ...s	何百もの…
thousands of ...s	何千もの…
tens of thousands of ...s	何万もの…
2.「数量」系 …… 不加算名詞用	
a great/good deal of ...	非常に多くの…／大量の…
a large/huge/great/good amount of ...	非常に多くの…／大量の…
a small amount of ...	少量の…／わずかな量の…
a (little) bit of ... = a little (of) ...	少量の…／わずかな量の…
3.「数量」系 …… 加算＆不加算両用	
a lot/lots/plenty of ...	たくさんの…／多くの…
most of ...	…のほとんど／ほとんどの…
a fifth/one-fifth of ...	五分の一の…／…の五分の一
two fifths of ...	五分の二の…／…の五分の二
three-fourths/three quarters of ... ＊ a lot や a great deal、a bit、a little などが動詞を修飾する M としても使う	四分の三の…／…の四分の三
4.「もの」を数える際の「単位」系とその他	
a cup/glass of ...	カップ／グラス1杯の…
two cups/glasses of ...	カップ／グラス2杯の…
a kind of ...	…のようなもの／1種の…
this kind/sort/type of ...	この種（類）の…
a (large/wide) variety of ...s	たくさんの種類の…

では、ここまでのおさらいも兼ねて、**ちょっと難しめ？の例文**をいくつか。

ex. Every year this old museum in Athens has tens of thousands of foreign tourists.
* museum（博物館）、Athens（アテネ）、foreign（外国の）、tourist（観光客）

毎年、アテネのこの古い博物館には、何万人もの外国人観光客が訪れます。

ex. In short, from these kinds of vegetables, such as tomatoes, you can naturally get a lot of vitamin C.
要するに、これらの種類の野菜、例えばトマトなどから、あなたは自然にたくさんのビタミンCを取ることができるのです。

ex. Are Americans all rich and happy? On the contrary, there in fact are a large number of poor and unhappy people in the States.
* on the contrary（それどころか）、the States（アメリカ）

アメリカ人はみんな裕福で幸せでしょうか？　それどころか、アメリカには非常に多くの貧しくて不幸な人がいます。

ex. Interestingly this year at least two-thirds of them sent many of their friends new year's e-mails instead of New Year's cards.
興味深いことに、今年は少なくとも彼らのうち三分の二が友達の多くに年賀状ではなくあけおめメール／年賀メールを送りました。

Q

10-2-A. Some Japanese people don't like their own country, Japan.
10-2-B. Many have believed the bad rumor about the politician.

* ...'s own ～（…自身の～）、rumor（うわさ）、politician（政治家）

POINT 10-2　some などが入る文のとらえ方

10-2-A は Some Japanese people が主語！
ということで、**「何人かの日本人は…」**とした人も多いだろうけど、ここでとっても大事な注意点。
some は**「(数量ははっきりしないけど) いくらか／いくつか」**というニュアンスを表すので……

＞＞＞ メモメモ ＜＜＜

数量などを表す some や other、one など（が付く名詞）が文の主語という場合、次のようにまとめ方を工夫した方が良いことが多い！

● **Some ...** のようなカタチなら
→「…な人／…する人もいる」、「…なもの／…するものもある」

● **Some ... (and) others** ～ のようなカタチなら
→「…な人／…する人もあれば、～な人／～する人もいる」、
　「…なもの／…するものもあれば、～な／～するものもいる」

● **One ... (and) the other(s)** ～ のようなカタチなら
→「ひとつ／ひとりは…で、もう一方は～」

ということで、この 10-2-A は、**「日本人の中には、…という人もいる」**か、**「(中には)…という日本人もいる」**とまとめるといい感じ♪

まあ、訳すのでなく意味を取っていくときには「何人かの日本人」と直訳っぽくとらえて OK ですけど。

ちなみに、最後の … their own country, Japan の部分が同格ってのは余裕ですよね？

続いて、10-2-B ですが……文頭の many の後ろがいきなり have believed という述語動詞！ つまり、**many が主語**ということ。

many や some など**数量を表す語**は、基本的に形容詞として使うことが多いけど、このように**「たくさんの人／もの」**といった意味を表す**名詞**として使うこともあるんです。

> 参考訳
> 10-2-A. 日本人の中には自分たち自身の国、日本が好きでないという人もいます。
> 10-2-B. 多くの人はその政治家に関しての悪いうわさを（ずっといまでも）信じています。

Q
10-3. Is there anything fun around this area?

POINT 10-3 anything や something と形容詞

出だしの Is there という部分を見た瞬間、「ものの存在」について述べる【there + be 動詞＋名詞 (S)】の疑問文って反応できましたよね？

疑問文なので、ここではもちろん there の後ろの anything が主語。

この anything や something などは、**数量を表す any や some に「もの／こと」という意味の -thing がくっ付いてひとつの単語になったもの**（意味は、漠然とした「もの／こと」を指して**「何か／（何か…な）もの」**）だけど、これらに形容詞が付く場合は位置に注意！
10-3 の anything fun のように、**形容詞は something や anything などの後ろ**って決まってるんです！

> 参考訳
> 10-3. この地域周辺に、何か楽しいものはありますか？

Q

10-4-A. That math question was, for sure, not very difficult.
10-4-B. To tell you the truth, their mother Chihiro doesn't always go home directly.

＊ question（問題／質問）、math（数学）、to tell (you) the truth（実を言うと）

POINT 10-4 not と very や always などの組み合わせに注意

10-4-A は That math question が主語、was が述語動詞、for sure（確かに）が M副 で、否定文だから……

「あの数学の問題は、確かに、とても難しくなかった！」

と、まとめたところで**「……ん？」**と思った人も多いはず。

この「とても難しくなかった」という表現って、「簡単だった」という意味のようにも「そこまで難しくなかった」という意味のようにもとれるというか、なんか**そもそも日本語としてビミョー**。

「ってか、お前の日本語もビミョーだよ！」なーんて厳しいツッコミが聞こえたような気もしますが、それはさておき、ここでとっても大事な注意点。

> メモメモ
>
> not と一緒に（＝ not よりも後ろで）very や so、all、every、always、both、quite、only のような語句を使うと、「**非常に／すべて／いつも／どちらも／本当に／ただ…（という）わけではない**」といったニュアンス！

つまり、文全体ではなく、very や all などの意味だけを**部分的に否定する感じ（＝部分否定のニュアンス）**ってことですね。

特に not と always の組み合わせは要注意で、10-4-B は、思わず**「いつもまっすぐ家に帰らない」**なんて誤解してしまいがちだけど、正しくは**「いつもまっすぐ家に帰る（という）わけではない」**ですから！

参考訳
10-4-A. 数学のあの問題は、確かに非常に難しいというほどでは／それほど難しくはありませんでした。
10-4-B. 実を言うと、彼らの母親のチヒロは毎日いつもまっすぐ家に帰るわけではありません。

Q

10-5-A.　Apart from spare change, frankly speaking, I have no money now!
10-5-B.　After all, no one looked after Ali, the little boy without parents.

＊ apart from ...（…はさておき／…は別として）、spare change（小銭）、
frankly speaking（率直に言うと／ぶっちゃけ）、look after ...（…の面倒を見る）

POINT 10-5　no が入る文のまとめ方

10-5-A の Apart from spare change と frankly speaking、10-5-B の After all が M で、10-5-B の Ali, the little boy ... の部分が同格というのは OK？

さて、この 10-5-A と 10-5-B には、どちらも no という語が入っているけど、no は「数量」などが「ゼロ」という意味を表す語ですよね？
だから、no money や nobody、nothing など no がくっ付いた語は直訳すると「ゼロ／円／人／個のもの」という感じ……ってところでとっても大事な注意点！

メモメモ

> no が入る文を日本語にする場合、
> 「…がまったくない。」「少しも…ない。」「だれも／何も…ない。」
> のように、文の最後を「…ない。」とまとめる！

見た目が肯定文でも、日本語にするときは否定文にしないとぎこちなくなる点に注意です。

参考訳
10-5-A.　小銭は別として、率直に言うと、私は今日お金を持っていないんです！
10-5-B.　結局、誰も、親のいない小さな男の子、アリの面倒を見ませんでした。

Q

10-6. None of the girls came up with a good idea within an hour.

* come up with ...（…を思いつく）、within ...（…以内［に］）

POINT 10-6 none の入るカタチ

文頭にはNoneという語がありますが、このnoneは**意味的にはnoと同じ感じ**で、普通 none of ... という1セットで**「…の内の0人／0個」**という意味を表すカタチとして使います。
ということで、ここでは None of the girls という1セットが主語ということだけど……この場合もやっぱりまとめ方に注意！

「…の内の誰も／どれも／ひとつも…ない。」

という感じで、no が入る文と同じく**文の最後を「…ない。」とまとめる感じが基本**ですから！

なお、この文の後ろには within an hour（1時間以内に）という〈前置詞＋名詞〉が M副 として入ってますが、within の使い方にはちょっと注意。
within は**基本的には「…以内に」という意味の前置詞**として使うけど、古い形では「内側／内部」という inside と同じ意味を表す単独の副詞（= M副 ）として使うこともありました！
また、without も**普通は「…なしで」という意味の前置詞**として使うけど、古い形では「外／外部」という outside と同じ意味を表す単独の副詞（= M副 ）として使うことがありました。

古い形とは言え、昔の文学とかを読むときには出合うこともありますので、要注意！

ex. Then, the police went within.　それから、警察が内部に入りました。
ex. It was really cold without.　外は本当に寒かったです。

参考訳
10-6. その女の子たちの誰も1時間以内に良い考えを思いつきませんでした。

Q
10-7-A. The serious student was seldom late for school.
10-7-B. Few workers at this car factory look up to their president.

＊serious（まじめな）、look up to ...（…を尊敬する）、president（社長／大統領）

POINT 10-7　seldom や few などが入る文

10-7-A には seldom という語が入ってますね。
また、10-7-B を見てみると、Few workers at this car factory が主語というのは分かるけど……というところでいきなりとっても大事な注意点。

メモメモ

❶ **seldom、rarely、hardly、scarcely** などは、「**準否定語**」と呼ばれる語で**意味的には否定の not に近く、位置は基本的に文中（＝動詞の前後）！**
出てきたときは、次のように**文末を「…ない。」とまとめる感じが基本！**

- **seldom/rarely**　　　　　　　　めったに…（し）ない。 ＊頻度
- **hardly/scarcely（＋ever）**　　ほとんど…（し）ない。 ＊程度

❷ **few** や **little** は数量（や程度）が「**少し**」という意味を表す語だが、
前に a が付くか付かないかで、次のように**ニュアンスが違う！**

- **a few .../a little (...) のように a が付く**なら**肯定的**！
- **few .../little (...) のように a が付かない**なら**否定的**！
  ＊「ほんの少し／わずかしか…ない。」のように文末を「…ない。」とまとめる感じ。

ということで、まとめ方は参考訳のような感じになりますので♪

参考訳
10-7-A. そのまじめな生徒はめったに学校に遅刻しませんでした。
10-7-B. この自動車工場の従業員のほんのわずかしか、社長を尊敬していません。

p.45 の英文の確認♪

さて、それではここで p.45 で紹介した例文をあらためて見てみましょう。

Q

In a sense, his trip to the little village in a country in Africa last summer made the life of Ivan, a young doctor from Ukraine, totally different from the life of his co-workers in his hometown.

＊village（村）、life（生活／人生）、Ivan（イワン［人名］）、Ukraine（ウクライナ）、totally（まったく／非常に）、co-worker（同僚）、hometown（故郷の町）

どうでしょう？
p.45 の時点では ガクガクブルブル してしまった人でも、ここまでの内容をしっかり身につけたいまとなっては、何とか意味が分かったんじゃないでしょうか？
一応、前から確認していくと……

まず、文頭の In a sense は決まり文句的な M副 ですね。
で、その次の his trip が「（述語動詞より前にある）前置詞の付かない名詞」ということで文の主語。

シンプルなカタチの場合、**主語の後ろには「文の核になる動詞（＝述語動詞）」が来るはず**ですが……この文では後ろに to the little village と in a country、さらに in Africa、そして last summer と合計4つも M形 に当たる要素が続いてようやく述語動詞の made が登場。
つまり、主語が 名 ＋ M形 ＋ M形 ＋ M形 ＋ M形 という長～い1セットということですね。

これを日本語としてひとつにまとめるのは少々無理がありますが（→ **POINT 7-4** ［p.84～］）、あえてまとめるなら「ある意味、昨年の夏のアフリカの中のある国のある村への旅行（＝昨年の夏、アフリカにある国のとある村へ旅行したこと）が、…」といったところ。

STEP01　基本パーツのみでできている文の傾向と対策。

で、述語動詞の made の後ろも複雑な構造ではあるけど、**made を見た時点で可能性として Ｓ Ｖ Ｏ Ｃ のカタチを予測**できていれば、以下のような構造というのが分かると思います。

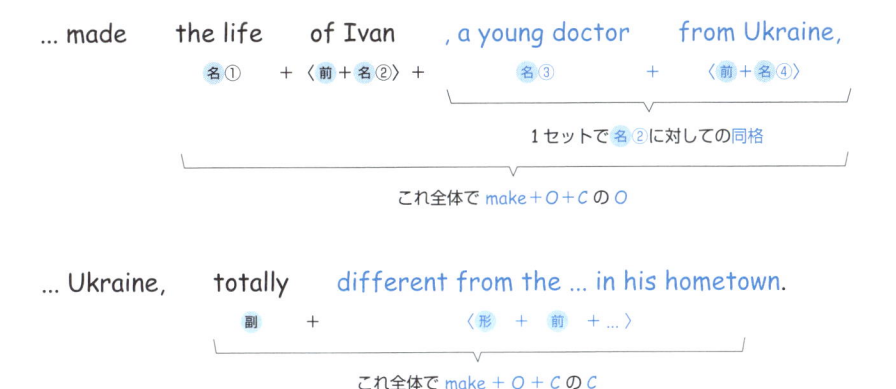

... made　　the life　　of Ivan　　, a young doctor　　from Ukraine,
　　　　　　名①　　＋〈前＋名②〉＋　　名③　　　＋　〈前＋名④〉

　　　　　　　　　　　　　　　　　１セットで名②に対しての同格

　　　　　　　　　これ全体で make＋O＋C の O

... Ukraine,　　totally　　different from the ... in his hometown.
　　　　　　　　副　　＋　　〈形　＋　前　＋ ... 〉

　　　　　　　　これ全体で make ＋ O ＋ C の C

ということで、この部分の意味は「イワンというウクライナ出身の若い医者の人生を、故郷の同僚たちの人生とはまったく違うものにした」といったところ。
で、全部まとめるなら次のような感じですね。

「ある意味、昨年の夏アフリカにある国のとある村へ旅行したことが、イワンというウクライナ出身の若い医者の人生を、故郷の同僚たちの人生とはまったく違うものにしました」

まあ、出だしの his trip の後ろの Ⓜ形 の連続部分もきついだろうし、おそらく made を見た時点で Ｓ Ｖ Ｏ Ｃ のカタチを予測できていなければお手上げ。で、たとえ予測できていたとしてもかなり難しいとは思いますが（笑）、これも慣れですから。

ということで、引き続き頑張っていきましょ～♪

STEP 01 基本パーツのみでできている文の傾向と対策。英文総ざらえ♪

STEP 01 で確認したポイントを、まとめて見てみましょう。

1.「動詞」？「名詞」？「形容詞」？「前置詞」？

POINT 1-1 見た目が同じ単語のとらえ方　その1（→ p.48 〜）

1-1-A.　The writer plays soccer every day.
1-1-B.　The writer's plays are very popular.

POINT 1-2 見た目が同じ単語のとらえ方　その2（→ p.49）

1-2-A.　That cute boy likes you.
1-2-B.　She likes a cute boy like you.

2.「副詞」の入るカタチ　「副詞」と M副

POINT 2-1 文頭に -ly というカタチの語がある場合（→ p.50 〜）

2-1.　Unfortunately my students don't like my favorite band.

POINT 2-2 文頭が時を表す語句の場合（→ p.52）

2-2-A.　Yesterday was her boyfriend's birthday.
2-2-B.　Yesterday I went to the city library.

POINT 2-3 文頭が 副詞＋形容詞＋ ... という並びの場合（→ p.53）

2-3-A.　Probably difficult textbooks are not good for the students.
2-3-B.　Extremely difficult textbooks are not good for students.

POINT 2-4 「be 動詞」の後ろに「副詞」がある場合（→ p.54 〜）

2-4-A.　We are hungry now.
2-4-B.　She was here this morning.
2-4-C.　It is probably his mistake.
2-4-D.　Our dog is usually quiet.

3．〈前置詞＋名詞〉のとらえ方

POINT 3-1 文頭が〈前置詞＋名詞〉の場合（→ p.56 〜）

3-1.　After school students should go home directly.

POINT 3-2 「動詞」より前に 名①＋〈 前 ＋ 名② 〉がある場合（→ p.58 〜）

3-2.　The people in this village hate the industrial civilization.

POINT 3-3 「be 動詞」の後ろに〈前置詞＋名詞〉がある場合（→ p.60）

3-3-A.　The flower from him is on your table.

3-3-B.　Now, I am, in fact, very busy!

POINT 3-4 「一般動詞」の後ろに〈前置詞＋名詞〉がある場合（→ p.61）

3-4.　In winter, birds from Siberia wait for spring here.

POINT 3-5 「動詞」より後ろにある 名①＋〈 前 ＋ 名② 〉の解釈（→ p.62 〜）

3-5-A.　Did you play tennis in the new park?

3-5-B.　Do you like the teachers at your school?

3-5-C.　Did he see the fairy in the forest?

4．【there ＋ be 動詞＋名詞】というカタチ

POINT 4-1 【there ＋ be 動詞＋名詞】というカタチについて（→ p.64 〜）

4-1-A.　There are some good hospitals in this town.

4-1-B.　In those days, there were some good hospitals there.

POINT 4-2 【there ＋ live/seem/go ＋名詞】のようなカタチ（→ p.65）

4-2.　In fact, there live many poor people in the U.S.

5．ＳＶＯＯ、ＳＶＯＣと〈前置詞＋名詞〉

POINT 5-1 give や tell などを見掛けたら（→ p.66 〜）

5-1-A.　My father gave my sister a red car a week ago.

5-1-B.　A week ago, my father gave a red car to my sister.

POINT 5-2 make や keep、call などを見掛けたら（→ p.68）
5-2. Finally the boys in my class made the teachers angry.

POINT 5-3 make には特に要注意（→ p.69）
5-3-A. The president made her daughters secretary.
5-3-B. Last week, she made her daughters cute hats.

POINT 5-4 ＳＶＯＯと〈前置詞＋名詞〉（→ p.70〜）
5-4. This morning, my mother sent my sister in Nara some packages.

POINT 5-5 ＳＶＯＣと〈前置詞＋名詞〉（→ p.71）
5-5. Of course you should keep the water in the tank clean.

6.〈前置詞＋名詞〉と「挿入」

POINT 6-1 Ｍ副に当たる要素が「挿入」されたカタチ（→ p.72〜）
6-1. The girl was, of course, very sad.

POINT 6-2 名①＋〈前＋名②〉のようなカタチの解釈（→ p.74〜）
6-2-A. My friend from Canada, in fact, told me the same story.
6-2-B. His effort in a sense helped many animals.

POINT 6-3 Ｍ副として使うカタチのいろいろ（→ p.76〜）
6-3. People in North Korea are, by and large, poor and hungry.

POINT 6-4 「疑問詞」の後ろに入る on earth など（→ p.78）
6-4. Where on earth did you go with him last night?

POINT 6-5 おまけで使う -self というカタチや、強調の do など（→ p.79）
6-5-A. Surprisingly, the famous artist himself wrote me back!
6-5-B. He did write me back!

7.〈前置詞＋名詞〉などが重なるカタチ

POINT 7-1 「主語」の前にＭ副が複数あるカタチ　その１（→ p.80〜）
7-1. Suddenly, in the art museum the girl kicked her boyfriend.

POINT 7-2 「主語」の前に Ⓜ︎ が複数あるカタチ その2 （→ p.81）

7-2. For example, in the ocean, turtles often eat plastic bags mistakenly.

POINT 7-3 〈前置詞＋名詞〉が連続するカタチ その1 （→ p.82〜）

7-3. From a country in Africa the people came to Japan by ship.

POINT 7-4 〈前置詞＋名詞〉が連続するカタチ その2 （→ p.84〜）

7-4. For sure, the songs of his favorite band in Osaka are really emotional.

8.「同格」というカタチ

POINT 8-1 名①＋, 名②, ... と、「名詞」が連続するカタチ その1 （→ p.86〜）

8-1. Chihiro, Saori's mother, looks young and cute!

POINT 8-2 名①＋, 名②, ... と、「名詞」が連続するカタチ その2 （→ p.88）

8-2. *Rilakkuma*, a lovely bear with a zipper, is very popular in Japan.

POINT 8-3 「同格」と「挿入」の区別 （→ p.89）

8-3-A. That old guitar, in a sense, made Kentaro a musician.

8-3-B. The cellphone, a must in our time, drastically changed our communication.

POINT 8-4 いろんなところに出てくる「同格」の関係 その1 （→ p.90）

8-4. As a matter of fact, *unagi*, a snakelike fish in rivers, looks like *anago*, a snakelike fish in the sea.

POINT 8-5 いろんなところに出てくる「同格」の関係 その2 （→ p.91）

8-5. The teacher lent *Ningen-program*, the third album of *The Back Horn*, to his student a week ago.

POINT 8-6 いろんなところに出てくる「同格」の関係 その3 （→ p.92）

8-6. His favorite band from Denmark, a peninsular country in northern Europe, may visit Japan this year!

9. 意味的に「同格」？ というカタチ

POINT 9-1 「同格」と同じ意味を表すカタチ（→ p.94）

9-1. Chihiro, who is Saori's mother, looks young and cute!

POINT 9-2 名①＋名② ... と名詞が連続するカタチ（→ p.95）

9-2. This morning we saw your student Hideki at the bookstore.

POINT 9-3 M副っぽいけど意味的には「同格」？（→ p.96）

9-3. By the way, the girls over there are both very cute, eh?

POINT 9-4 意味的に同格っぽい 名①＋of＋名②（→ p.97）

9-4. The people all welcomed the news of the prince's marriage.

POINT 9-5 副＋〈前＋名〉というつながりの解釈と「同格」（→ p.98）

9-5-A. My neighbor's dog always barks noisily before dawn.
9-5-B. Here in Japan, people eat eel, especially in summer.

POINT 9-6 such と as に注意（→ p.99）

9-6. My friend Cindy doesn't like meat, such as beef.

10.〈名詞＋ of〉というカタチと「数量」や「否定語」など

POINT 10-1 例外的な 名①＋of＋名② というカタチ（→ p.100 ～）

10-1. After work, the owner of the restaurant drank a glass of wine.

POINT 10-2 some などが入る文のとらえ方（→ p.104 ～）

10-2-A. Some Japanese people don't like their own country, Japan.
10-2-B. Many have believed the bad rumor about the politician.

POINT 10-3 anything や something と形容詞（→ p.105）

10-3. Is there anything fun around this area?

POINT 10-4 — not と very や always などの組み合わせに注意（→ p.106）

10-4-A. That math question was, for sure, not very difficult.

10-4-B. To tell you the truth, their mother Chihiro doesn't always go home directly.

POINT 10-5 — no が入る文のまとめ方（→ p.107）

10-5-A. Apart from spare change, frankly speaking, I have no money now!

10-5-B. After all, no one looked after Ali, the little boy without parents.

POINT 10-6 — none の入るカタチ（→ p.108）

10-6. None of the girls came up with a good idea within an hour.

POINT 10-7 — seldom や few などが入る文（→ p.109）

10-7-A. The serious student was seldom late for his school.

10-7-B. Few workers at this car factory look up to their president.

STEP 02

〈to＋動詞の原形＋…〉というカタチが入る文の傾向と対策。

動詞の原形の前に to を置いたカタチを、一般に「(to) 不定詞」と呼ぶ！！
というのはおそらく皆さんよくご存じですよね？

……でも、じゃあ、この「(to) 不定詞」って、どんな意味でどんな働きをするもの？？

と言われると、「……えっ。。どんなって言われても。」という感じで、なかなかちゃんと答えられない人も多いはず。
ポイントは、このたったひとつのカタチに、実はいろいろな意味＆働き＆使い方があるというところ！ だからややこしい！

ここではそんな「(to) 不定詞」ついて、完璧（かんぺき）に！ 分かってもらいます♪

「to ＋動詞の原形」というカタチのとらえ方

★ 〈to ＋動詞の原形〉というカタチの基本

1. 「動詞の原形」の前にtoを置いて〈**to ＋動詞の原形**〉**というカタチ**にすると、**「動詞」**を**「文の核になる動詞（＝述語動詞）」としてではなく、ほかの働きをするもの**として使える。

＊この〈to ＋動詞の原形〉というカタチのことを一般には「(to) 不定詞」と呼ぶが、本書では以下〈to ＋ど原〉と表記する（「ど原」は「動詞の原形」の略）。

2. ほかの働きというのは、**M副** や **M形**、**「主語(S)」**、**「目的語(O)」**、**「補語(C)」の働き**ということだけど、ここであらためて英文の「実際のカタチ」を思い出してみると……

$$
(\text{M副}) \; S\,(\,名+(\text{M形})\,) \begin{cases} (\text{M副})\, V\,(\text{一般}) \begin{cases} (\,前+名+(\text{M形})\,) \\ C\,(\,形\,(+前+...)\,) \\ O\,(\,名+(\text{M形})\,) \\ O\,(\,名+(\text{M形})\,) \begin{cases} O\,(\,名+(\text{M形})\,) \\ C\,(\,形\,(+前+...)\,) \end{cases} \end{cases} \\ V\,(\text{be})\,(\text{M副}) \begin{cases} C\,(\,形\,(+前+...)\,) \\ C\,(\,名+(\text{M形})\,) \\ C\,(\,前+名+(\text{M形})\,) \end{cases} \end{cases} (\text{M副})
$$

＊ **M形** ＝ １セットで後ろから前の名詞を説明（＝修飾）する要素。

＊ **M副** ＝ ＳＶＯ、ＳＶＯＣといった「基本のカタチ」に対してその枠の前か後ろ、もしくは内部（＝主に動詞の前後）に入る「おまけ要素」。

以上を念頭に〈to ＋ど原〉の使い方について整理すると次のようになる。

● 〈to +ど原〉は M副 として使える

= SVOやSVOCといった「基本のカタチ」に対して、その枠の前か後ろ、もしくは内部（=主に動詞の前後）に「おまけ要素」として追加する感じで使える！

*一般に「(to) 不定詞」の「副詞（的）用法」と呼ばれる使い方。

→日本語にすると、大体「…**するために**」という意味だけど、「**…して／（その結果）…する／（もし）…するなら**」という意味のことも。

ex. Of course, I came here 〈to win〉.
　　　　M副　　 + S(名) + V(一般) + M副 + M副

　　　もちろん、私は〈勝つために〉ここに来ました。

● 〈to +ど原〉は M形 として使える

= 名詞 + 〈to +ど原〉 のように名詞の後ろに置いて、**後ろから前の名詞を説明（=修飾）する要素**として使える！

*一般に「(to) 不定詞」の「形容詞（的）用法」と呼ばれる使い方。

→日本語にすると、大体「**…する（ための／べき／という）**」という意味を表す1セット。 名詞 + 〈to +ど原〉 で「名詞1個分」の働きをし、「〈**…する（ための／べき／という）**〉 + 名詞」となる。

ex. Can you tell me the way 〈to win〉?
　　　　　　S(名) + V(一般) + O(名) + O(名 + M形)

　　　私に〈勝つ（ための）〉方法 を教えてくれませんか？

● 〈to ＋ど原〉は「主語(S)」や「目的語(O)」として使える！
＝〈to ＋ど原〉が「主語(S)」や「目的語(O)」になる＝「名詞」と同じように使える、という感じ。

＊一般に「(to) 不定詞」の「名詞（的）用法」と呼ばれる使い方（普通、文の「主語(S)」や「目的語(O)」になるのは「名詞」というところから）。……だけど、大事なのは〈to ＋ど原〉が「主語(S)」や「目的語(O)」の働きをする（＝普通の名詞のように、動詞の前や後ろに置いても良い）という部分で、いちいち「名詞（的）用法」だとか考える必要はない。なお、普通の名詞と違って前置詞の後ろには続けられないところに注意。

→日本語にすると、大体「**…すること／…するの**」という意味を表す１セット。

ex. 〈To win〉　　isn't　　important.
　　　　S　　　＋　V(be)　＋　C(形)

　〈勝つこと／勝つの〉は大事ではありません。

ex. The president of the company　　decided　　〈to apologize〉.
　　　　　S(名＋M形)　　　　　　　　＋　V(一般)　＋　　　　O

　その会社の社長は、〈謝ること〉に決めました。

⚫ 〈to +ど原〉は「補語 (C)」として使える

＝ be 動詞の後ろに置いたり、ＳＶＯＣのカタチのＣに当たるものとして使ったりできる。

*この場合も一般には「(to) 不定詞」の「名詞（的）用法」とされる。

けど、大事なのは〈to +ど原〉が「補語 (C)」の働きをするという部分で、それが分かれば十分。実際、名詞に限らず形容詞や副詞、その他いろんな品詞が「補語 (C)」になりうる（＝「補語 (C)」になるための前提条件として名詞である必要がない）ことを考えれば、「補語 (C)」に当たる〈to +ど原〉＝「名詞（的）用法」と無理に分類することに何のメリットもない。

→日本語にすると、大体**「…すること」**という意味のことが多いが、文中のほかの語句との組み合わせにより、いろいろなまとめ方が考えられる（詳しくは本文中にて随時）。

ex. My wish　　　 is　　　〈to win〉.
　　　S(名)　　＋ V(be) ＋　　　C

　　　私の望みは〈勝つこと〉です。

ex. I　　　expected　　　him　　　〈to win〉.
　　　S(名)＋　V (一般)　　＋ O(名) ＋　　C

　　　私は、彼が〈勝つこと〉を予期していました。

★ 〈to＋ど原＋ ...〉という1セットのカタチと文全体の構造

1. 〈to＋ど原〉は動詞を元にしたカタチなので、多くの場合、**元となる動詞に応じ**、〈to sing many songs〉のように後ろに名詞などが続いて意味的なまとまりを持った**「1セットのカタチ」**を作る。

具体的には次のようなパターンなどが考えられる。

ex. 〈to　　stay　　with my children〉
　＊〈to　＋　ど原　＋　M副　　　　〉のカタチ
→ 日本語にすると、「私の子どもたちと過ごすこと／過ごすために」など。

ex. 〈to　　get　　angry　　suddenly〉
　＊〈to　＋　ど原　＋　C(形)　＋　M副　　〉のカタチ
→ 日本語にすると、「突然怒ること／怒るために」など。

ex. 〈to　　read　　letters from her　　in the room〉
　＊〈to　＋　ど原　＋　O(名＋M形)　＋　M副　　〉のカタチ
→ 日本語にすると、「部屋の中で彼女からの手紙を読むこと／読むために」など。

ex. 〈to　　give　　my friend in Canada　　a book about Japan〉
　＊〈to　＋　ど原　＋　O(名＋M形)　＋　O(名＋M形)　　〉のカタチ
→ 日本語にすると、「カナダの私の友達に日本についての本をあげること／あげるために」など。

2. 〈to stay with my children〉のようなカタチが**意味的なまとまりを持つ１セット**ということは、つまり〈to＋ど原〉の部分だけでなく**後ろに続く語句も含めた〈to＋ど原＋ ...〉というカタチ全体で** M副 や M形 、「**主語(S)**」、「**目的語(O)**」、「**補語(C)**」**の働きをする１セット**ということ！

……ここから、結局、**現実の文は次のような階層構造になりうる**と言える。

ex. 〈To stay with my children〉,　　　I　　　changed　　　my job.
　　　　〈to＋ど原＋ M副 〉　　　　　　　＋ S(名) ＋　　V(一般)　　　＋ O(名)
　　　　　　　↑
　　　　１セットで M副

　　　私の子どもたちとすごすために私は転職しました。

ex. In that country,　　〈to drink beer at a restaurant〉　　is ...
　　　　 M副 　　　　＋　　〈to＋ど原＋ O(名)＋ M副 〉　　　＋ V(be)
　　　　　　　　　　　　　　　　　　↑
　　　　　　　　　　　　　　１セットで「主語(S)」

　　　あの国では、レストランでビールを飲むことは…

3. 文中に〈to＋ど原＋ ...〉が出てくる場合、それが M副 や M形 、「**主語(S)**」、「**目的語(O)**」、「**補語(C)**」などのうち**どの働きなのかは、英文の「実際のカタチ」を意識しながら判断する**ことになる。

……が、いずれにせよ、**〈to＋ど原＋ ...〉はあくまで１セットで** M副 **や** M形 **、「主語(S)」、「目的語(O)」、「補語(C)」などの働きをするカタチ**。
言い換えると、〈to＋ど原＋ ...〉は「文の核になる動詞（＝述語動詞）」にはならないということで、**たとえ文中にこの１セットがあっても、これとは別にちゃんと「述語動詞」が存在する**。

(*°∀°)=3　１１．述語動詞の前の〈to ＋ど原＋ ...〉

Q

11-1-A.　To write a book is difficult.
11-1-B.　To write a book the author read many books of English grammar.

＊ author（著者／作家）、English grammar（英文法）

POINT 11-1　文頭に〈to ＋ど原＋ ...〉がある場合　その１

11-1-A と 11-1-B はどちらも文頭が To write という〈to ＋ど原〉のカタチ！
……というところで、いきなりとっても大事な注意点！

メモメモ

❶ 文中に〈to ＋ど原〉というカタチを見つけたら、必ず、
　元となる動詞に応じて**意味的なまとまりを持った〈to ＋ど原＋ ...〉という１セットのカタチ**になっていることを**予測**し、**１セットの終わりの部分**
　（＝意味の区切りにあたる部分）**がどこなのか**を意識すること！

❷ **区切りの判断基準**になるのは、もちろん〈to ＋ど原＋ ...〉**の元となる動詞の性質**（＝例えばＳＶＯＯのカタチがアリなタイプかどうかなど）
　と「名詞」の連続部分！！

＊初めのうちは、１セットの部分をカッコでくくるクセをつけるのがオススメ。

ここでは、write が「**後ろに前置詞ナシで名詞が１個**」という標準タイプの動詞ということから……

11-1-A は　〈To write a book〉　is ...
　　　　　　　〈to ＋ど原＋ ...〉　　＋　動

という感じで **a book** と**述語動詞**でしかありえない **is** の間が区切り！

STEP02 〈to ＋動詞の原形＋ ...〉というカタチが入る文の傾向と対策。

11-1-B は 〈To write a book〉 the author ...
　　　　　〈to ＋ど原＋ ...〉　＋　名

という感じで、... a book the author **という名詞の連続部分が区切り！**
って見当がついたところで、さらにとっても大事な注意点！！

> **文頭が〈to ＋ど原＋ ...〉の場合、この〈to ＋ど原＋ ...〉は１セットで文の主語の可能性と M副 の可能性がある！**
> が、判断基準とそれぞれの場合のまとめ方は次のとおり。
>
> ● **〈To write a book〉is ...** のように、〈to ＋ど原＋ ...〉の後ろが
> 「動詞」なら、〈to ＋ど原＋ ...〉は主語に当たる！
> → 基本的に「…すること／…するの『は／が』」とまとめる。
>
> ● **〈To write a book〉the author ...** のように、〈to ＋ど原＋ ...〉の後ろが
> 「名詞」なら、〈to ＋ど原＋ ...〉は M副 で、〈to ＋ど原＋ ...〉の後ろの
> 「名詞」が文の主語！
> → この場合、M副 に当たる〈to ＋ど原＋ ...〉は、大体「…**するために／
> …するように**」と「(動作の) 目的」を表すのが普通だけど、
> たまに「**(もし) …するなら**」という仮定を表すこともある。
> が、いずれにしても**全体の内容に対しての前置き**という感じなので、
> 日本語にまとめる場合は、読点を打って区切るイメージで。

区切りに注意して、両方の可能性を予測しながら後ろを見ていけば余裕〜♪

参考訳
11-1-A. 本を書くことは難しいです。
11-1-B. 本を書くために、その著者はたくさんの英文法の本を読みました。

Q

11-2-A.　To swim in the sea in winter may make you sick.
11-2-B.　To send her son money the mother went to the post office.

＊sick（病気［の］）、son（息子）、post office（郵便局）

POINT 11-2 文頭に〈to ＋ど原＋ ...〉がある場合　その2

11-2-A、11-2-B ともに**文頭に〈to ＋ど原＋ ...〉がある！**

ということで、**POINT 11-1**（p.126～）で確認したばかりの注意点を意識しつつ見てみると、まず 11-2-A は次のような感じ。

11-2-A：〈To swim in the sea in winter〉　　may make　　you　　sick.
　　　　〈to ＋ど原＋（M形）＋（M副））　　　＋　　動　　＋　名(O)　＋　形(C)
　　　　（＝1セットで主語）

なお、この 11-2-A の the sea in winter のように〈to ＋ど原＋ ...〉という**1セットの枠の中に 名①＋〈前＋名②〉というつながり**がある場合、〈前＋名②〉は **M形 の働き**のこともあれば、**M副 の働き**のこともあります（ここでは M副 の働き）。だって、あくまで動詞を元にしたカタチの後ろだし……というこの辺の考え方は、**POINT 6-2**（p.74～）を参照。

11-2-B は ... her son money the mother ... というふうに、**名詞が3連続する部分がある**ものの、まず send を見た時点で、**「後ろに名詞が2つ連続するＳＶＯＯのカタチがありなタイプ」**と意識できていれば（→ **POINT 5-1**［p.66～］）、すぐに次のような構造だと気づけるはず！

11-2-B：〈To send her son money〉　　the mother　　went ...
　　　　〈to ＋ど原＋ O (名) ＋ O (名)〉　　＋　　名(S)　　＋　動
　　　　（＝1セットで M副）

……もっとも、この 11-2-B のようにつながりが分かりにくくなりそうなら、M副 に当たる〈to ＋ど原＋ ...〉の後ろにはコンマが入るのが普通ですけど。

> **参考訳**
> 11-2-A.　冬に海で泳ぐことは、あなたを病気にするかもしれません。
> 11-2-B.　息子にお金を送るため、その母親は郵便局に行きました。

Q

11-3-A. It is difficult to write a book.
11-3-B. It may make you sick to swim in the sea in winter.

POINT 11-3 〈to ＋ど原＋ ...〉の代わりの it

どちらも**文頭が It** で、後ろの方には**〈to ＋ど原＋ ...〉の１セット**が……というところで、とっても大事な注意点！

> メモメモ
>
> **〈to ＋ど原＋ ...〉が文の主語**に当たる場合、
> 本来**主語の入る位置に取りあえず It を置き、意味的に主語に当たる**
> **〈to ＋ど原＋ ...〉を文末に回したカタチにする**ことが多い！

ということで、11-3-A と 11-3-B はそれぞれ先ほどの 11-1-A と 11-2-A と同じ意味！感覚としては、**先に「それは…だ」と言っておいて後から「それ」というのが何かを具体的に説明する**感じだけど、**こんな使い方の It を「形式主語」もしくは「仮主語」の It** と呼ぶのは、ご存じの方も多いはず。

文頭の It は「天気／時間／日時」などの話を切り出すカタチのことも多いけど、この「形式主語」の It の可能性も高いです。

対策としては、シンプルに**「It を見たら、いつもいろんな可能性を予測する」**こと。何事も心の準備。備えあれば憂いナシですから♪

参考訳
11-3-A. 本を書くことは難しいです。
11-3-B. 冬に海で泳ぐことは、あなたを病気にするかもしれません。

Q

11-4-A. In that country, to eat at McDonald's is expensive.
11-4-B. In that country, to eat at McDonald's, poor people often save money.

＊McDonald's（マクドナルド）、expensive（費用が掛かる）、save（貯金する）

POINT 11-4　述語動詞より前の〈to ＋ ど原 ＋ ...〉　その1

11-4-A と 11-4-B の出だしは、どちらもまったく同じですが……文頭の In that country が M副 の働きというのは、STEP 01 でくどくどくどくどくど……と、もう本当にくど過ぎるほど確認してきたので、問題ないはず。
そして、後ろには**コンマが入って、to eat at McDonald's というカタチ**。

さらに後ろを見ると、

11-4-A：In that country,　　　to eat at McDonald's　　　is　　　expensive.
　　　　　　M副　　　　　　＋　　〈to ＋ど原＋ ...〉　　　＋　　動

11-4-B：In that country,　　　to eat at McDonald's,　　　poor people ...
　　　　　　M副　　　　　　＋　　〈to ＋ど原＋ ...〉　　　＋　　名

……というところで、もう分かりましたねっ？？
「……何が？」って、そりゃあ

- **11-4-A は to eat at McDonald's が 1 セットで主語！**
- **11-4-B は to eat at McDonald's が M副 で、その後ろの poor people が主語！**

ということですよ。

要するに、**文の出だしが M副＋〈to ＋ど原＋ ...〉というつながりで、M副 と〈to ＋ど原＋ ...〉の間にコンマが入る**のなら、**POINT 11-1**（p.126 〜）で確認した**文頭が〈to ＋ど原＋ ...〉の場合**と同じように、〈to ＋ど原＋ ...〉の次に来る語が「動詞」なら〈to ＋ど原＋ ...〉が主語で……と考えるわけです。

参考訳
11-4-A．あの国では、マクドナルドで食事をすることは費用が掛かります。
11-4-B．あの国では、マクドナルドで食事をするために、貧しい人たちはよくお金をためます。

Q 11-5. In their efforts to create original products they finally succeeded.

＊effort（努力）、create（作り出す／創造する）、original（独創的な）、succeed（成功する）

POINT 11-5 述語動詞より前の〈to＋ど原＋ ...〉 その２

この 11-5 の出だしは、

In their efforts	to create original products	they ...
〈前＋名〉 ＋	〈to＋ど原＋ ...〉 ＋	名

と、ポイント 11-4-B の例とよく似た構造だけど……
違うのは、**文頭の〈前置詞＋名詞〉と〈to＋ど原＋ ...〉の間にコンマがなくて** **名＋〈to＋ど原＋ ...〉**というつながりになってるところ！

実は、述語動詞よりも前にこんなつながりがある場合、**〈to＋ど原＋ ...〉は前の名詞を修飾する** M形 **の働き**というのが普通で、日本語にまとめるなら、**「〈...する（ための／べき／という）〉＋名詞」**という感じ！！

……ここで **POINT 7-3**（p.82 〜）の注意点を思い出すと、結局、**〈In their efforts to create original products〉が１セットで** M副 **の働き**！！！
で、... **products they** ... というつながりを考えれば、後ろの they が主語なのは明らかだから……まとめるなら**「独創的な製品を作る（ための／という）努力によって、彼らは…」**といったところですね。

参考訳
11-5. 独創的な製品を作る（ための／という）努力によって、彼らは最後には成功しました。

(*°∀°)=3　１２．動詞の後ろの〈to＋ど原＋…〉

Q
12-1-A.　When did Masayuki decide to move to Hokkaido?
12-1-B.　Two days ago, my mother went to see my sister in Takamatsu.
12-1-C.　Sadly, the nice boy grew up to become a gangster!

＊decide（決める／決意する）、move to …（…に引っ越す）、
grow up（成長する／大人になる）、gangster（ヤクザ／暴力団員）

POINT 12-1　一般動詞の後ろに〈to＋ど原＋…〉がある場合　その１

12-1-C については、「……ん？」と思った人もいるかもしれないけど、何はともあれ 12-1-A～C のどれも**動詞の後ろに〈to＋ど原＋…〉の１セットが続いてる**ところに注目！

……してもらったところでとっても大事な注意点。

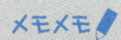

> メモメモ

動詞の後ろに〈to＋ど原＋…〉が続く場合のとらえ方は次のとおり。

● **基本的に〈to＋ど原＋…〉は「…すること／…するの」という意味！**

＊decide のように「前置詞ナシで後ろに直接名詞を続けられる動詞（＝他動詞）」の後ろに続く場合。働きを考えると「目的語 (O)」。

● **ときには〈to＋ど原＋…〉が「…するために／…しに」という「目的」のニュアンスのこともある！**

＊主に work や go のような「前置詞を使わないと後ろに名詞を続けられない動詞（＝自動詞）」の後ろに続く場合。働きを考えると M副 。

● **ときには〈to＋ど原＋…〉が「(～して、) (その結果) …する」という「述語動詞が表す内容を受けての結果」のニュアンスということもある！**

＊主に grow up（成長する）、get up（起きる）のような「無意識的な動作」などを表すカタチの「過去形」の後ろに続く場合。働きを考えると M副 。

STEP02　〈to ＋動詞の原形＋ …〉というカタチが入る文の傾向と対策。

これを見て、思わず

「……目的語(O)とかM副とか、なんかメンドクサ。しかも同じ〈to＋ど原＋...〉で『目的』と『結果』って、全然意味が違うのに、わけ分からん！」

とぼやいた人もいるのでは？
だけど、実際のところ、動詞の後ろに〈to＋ど原＋...〉が続く場合は、目的語(O)とかM副といった分類はあまり気にしなくても大丈夫。

また、「目的」と「結果」ってそんなに違わないというか、少なくとも英語では〈to＋ど原＋...〉のカタチに共通するニュアンスでつながってるんです！
それは……

> メモメモ
>
> 〈to＋ど原＋...〉は、働きや対応する日本語表現がどうあれ、
> 基本的に「述語動詞より時間的に後（＝未来）に起きる動作や内容」というニュアンス！

つまり、「目的」でも「結果」でも「時間的にまず述語動詞の内容があって、〈to＋ど原＋...〉の部分はそれより後（＝述語動詞より未来）に起きること」というところは同じ。
で、〈to＋ど原＋...〉の部分の動作をあらかじめ意識していれば「目的」で、意識してなければ「結果」というわけですね。

参考訳
12-1-A.　いつマサユキは北海道に引っ越すことに決めたんですか？
12-1-B.　2日前に、私の母は高松にいる私の姉に会いに行きました。
12-1-C.　悲しいことに、そのステキな男の子は、大人になってヤクザになりました。

Q

12-2-A. Most of them want to visit foreign countries in the future.
12-2-B. Of course ordinary people have to work every day.
12-2-C. The company seems to know our next project.
12-2-D. Their grandfather, as a result, lived to be 100 years old.

＊foreign country（外国）、ordinary people（普通の人／庶民）、
seem（…っぽい／…するようだ）、as a result（結果的に）

POINT 12-2 一般動詞の後ろに〈to ＋ど原＋ ...〉がある場合　その２

取りあえず注目すべきは、これまたすべて**動詞の後ろに〈to ＋ど原＋ ...〉が続くカタチ**というところ！

……だったら、**POINT 12-1**（p.132 ～）の注意点を意識すべし！　ってことで 12-2-A の want to visit は**「訪れることを望む」**だけど、これはもう want to ... で**「…したい」という意味**と覚えてる人も多いのでは？

また、12-2-B の have to work も「働くことを持っている／働くために持っている」なんて思った人は、まずいなくて、have to ... で**「…する必要がある／…しないといけない」という表現**だって知ってますよね？
……というところで、とっても大事な注意点。

> メモメモ

> 動 ＋〈to ＋ど原＋ ...〉という組み合わせの中には、
> **もう１セットの表現という感じでとらえた方がすっきりする＆**
> **１セットの表現ととらえないと感覚がつかみにくいものもある！**

12-2-C の seems to know ... と 12-2-D の lived to be ... もそんな表現だけど、それぞれのニュアンスはそのほかの表現と合わせて次ページの一覧にて♪

また、12-2-D の as a result はよく M副 として文中に挿入する表現だけど、こういうものも p.77 の一覧を見て確認しておいてくださいね。

> **参考訳**
> 12-2-A. 彼らのほとんどは将来、外国を訪れることを望んでいます。
> 12-2-B. もちろん、庶民は毎日働かないといけせん。
> 12-2-C. その会社は、私たちの次の計画を知っているようです。
> 12-2-D. 彼らの祖父は、結果的に100歳まで生きました。

● よく使う 動＋〈to＋ど原＋ …〉の組み合わせ　その１

基本的にそのままタイプ	
like/love ＋〈to ＋ど原＋ …〉	…することが好きだ
prefer ＋〈to ＋ど原＋ …〉	…するのがより好きだ
hate/dislike ＋〈to ＋ど原＋ …〉	…するのが嫌い／イヤ
decide ＋〈to ＋ど原＋ …〉	…することに決める
promise ＋〈to ＋ど原＋ …〉	…することを約束する
refuse ＋〈to ＋ど原＋ …〉	…することを拒む／拒絶する
offer ＋〈to ＋ど原＋ …〉	…することを申し出る
remember ＋〈to ＋ど原＋ …〉	…することを覚えている／忘れず…する
forget ＋〈to ＋ど原＋ …〉	…することを忘れている
regret ＋〈to ＋ど原＋ …〉	…することを残念に思う
stop ＋〈to ＋ど原＋ …〉	…するために立ち止まる
get/wake up ＋〈to ＋ど原＋ …〉	起きて（結果的に）…する
grow up ＋〈to ＋ど原＋ …〉	大きくなって（結果的に）…する

● よく使う 動＋〈to＋ど原＋ …〉の組み合わせ　その２

１セット感覚でとらえるとすっきりタイプ	
want/hope ＋〈to ＋ど原＋ …〉	…することを望む　→　…したい
start/begin ＋〈to ＋ど原＋ …〉	…することを始める　→　…し始める
continue ＋〈to ＋ど原＋ …〉	…することを続ける　→　…し続ける
manage ＋〈to ＋ど原＋ …〉	どうにか…する
expect ＋〈to ＋ど原＋ …〉	…するつもりでいる
pretend ＋〈to ＋ど原＋ …〉	…するふりをする
try ＋〈to ＋ど原＋ …〉	（困難なことを）…しようと（努力）する
have ＋〈to ＋ど原＋ …〉	…する必要がある／…しないといけない
seem/appear ＋〈to ＋ど原＋ …〉	…するっぽい／…するようだ
live ＋ to ＋ be ＋年齢	生きて…歳になる　→　…歳まで生きる
come/get ＋〈to ＋ど原＋ …〉*	…するようになる

＊「ど原」には、主にknowやloveのような、状態を表す動詞（＝状態動詞）が入る。

Q

12-3-A. His plan for next Sunday is to visit Matsue, the capital of Shimane prefecture, with his girlfriend.

12-3-B. Every parent is to pay for the school expenses of their children.

* capital（首都／県庁所在地）、prefecture（県）、pay for ...（…の費用を払う）、school expenses（学費）

POINT 12-3　be 動詞の後ろに〈to＋ど原＋...〉がある場合

今度はどちらも be 動詞の後ろに〈to＋ど原＋...〉が続くカタチですね。
つまり、〈to＋ど原＋...〉が「補語 (C)」に当たるということだけど、次の点に注意！

メモメモ

❶ 「補語 (C)」に当たる〈to＋ど原＋...〉のニュアンスは、やはり「(これから) …すること」といった感じ。

❷ 日本語にまとめるなら、大体はそのまま「(S は) …することだ／…するというものだ」とすれば大丈夫。
だけど、ときに「(絶対) …することになっている」という「義務／運命／予定／命令／可能／意思」のニュアンスのこともある（主に主語が人の場合など）。

ちなみに、「(絶対) …することになっている」というニュアンスのものについては、一般的に「be＋to不定詞」などと呼ばれ特別扱いされるのが普通だったりします。
……が、いちいちそう考えても無駄にめんどくさいだけ！
なので、本書ではシンプルに次のように考えるのをオススメします♪

be 動詞の後ろに〈to＋ど原＋...〉が続いていたら「補語 (C)」だから、基本は「主語 (S) ＝ (これから) …すること」と考える。

けど、ときに「(絶対) …することになっている」というニュアンスのこともあるから（主に主語が人の場合など）、ちょっと気をつける。　以上！

なお、12-3-A では、後半の **... Matsue, the capital of ...** のところが同格の関係だとか、さすがにもう指摘しなくても大丈夫とは思うけど、万一、不安な人は p.86 〜 へ！

> 参考訳
> 12-3-A. 彼の次の日曜の計画は、カノジョと島根県の県庁所在地の松江に行くというものです。
> 12-3-B. すべての親は、子どもの学費を払うことになっています（それが義務です）。

Q

12-4-A. The roses around his house are about to bloom.
12-4-B. Let's go on to talk about the next topic.

* rose（バラ）、around ...（…の周りの）、bloom（咲く）、topic（話題）

POINT 12-4 前置詞っぽい語の後ろに〈to＋ど原＋...〉がある場合

いきなりですが、12-4-A にある〈be about to ＋ど原〉というカタチは**「まさに…しようとしている」**という意味で、12-4-B の〈go on to ＋ど原〉は**「（ある動作の次に）続けて…する」**という意味です。

どちらも前置詞っぽい語の後ろに〈to＋ど原＋...〉が続いたカタチなわけですが……
普通、前置詞の後ろには〈to＋ど原＋...〉は続きません！
つまり**これらは例外的表現**……というか、厳密にはこのカタチでの about は**前置詞ではなく形容詞**という解釈もあったり、on については**前置詞ではなく副詞**ということになってたりするんだけど……品詞について考え始めると紛らわしいので、この辺はいちいち気にしないのがオススメ。
〈be about to＋ど原〉、〈go on to＋ど原〉で1セットで覚えてしまいましょう♪

> 参考訳
> 12-4-A. 彼の家の周りのバラがまさに咲こうとしています。
> 12-4-B. （それでは続けて）次の話題について話しましょう。

(*゜∀゜)=3　１３．形容詞の後ろの〈to＋ど原＋...〉

Q
13-1-A.　In a way, I'm happy to hear the news of his divorce.
13-1-B.　Oh! You are really selfish to say something like that!!
13-1-C.　Instead of French, I am eager to study Turkish.

＊in a way（ある意味）、divorce（離婚［する］）、selfish（自己中心的［な］）、
instead of ...（...の代わりに）、eager（切望している／熱心［な］）、Turkish（トルコ語）

POINT 13-1　形容詞の後ろに〈to＋ど原＋...〉がある場合　その１

13-1-A〜Cを見ると、**happy to hear ...**、**selfish to say ...**、**eager to study ...** というふうに、どれも**形容詞の後ろに〈to＋ど原＋...〉が続いている**けど……実は、これらは全部**よくある組み合わせ**！
つまり、形容詞の中には後ろに〈to＋ど原＋...〉を続けた

形 ＋〈to＋ど原＋...〉

というカタチで使うことが多いものがあるってことなのです。
……ただし、見た目は同じ　形＋〈to＋ど原＋...〉という組み合わせでも、**形容詞の性質**によって意味関係には次のような違いがあるので注意。

↓ メモメモ

---

❶ **happy（うれしい）**や**sad（悲しい）**といった**感情**を表す形容詞の一部と〈to＋ど原＋...〉の組み合わせなら
→「…してうれしい／悲しい」のように、〈to＋ど原＋...〉の部分は**感情の原因**を表す！

＊この組み合わせの場合、〈to＋ど原＋...〉の部分は「述語動詞よりも未来に起きること」ではなく、「述語動詞とほぼ同時か、過去に起きたこと」という点に注意。

❷ **selfish（自己中な）**や**polite（礼儀正しい）**のような「**言動などから分かる人の性格・性質**」を表す形容詞と〈to＋ど原＋...〉の組み合わせなら
→「…するなんて自己チューだ／礼儀正しい」のように
〈to＋ど原＋...〉の部分は、その評価の「**根拠となる言動**」などを表す！

＊この組み合わせの場合も、〈to＋ど原＋...〉の部分は「述語動詞よりも未来に起きること」ではない点に注意。

❸ eager（切望している／強く望んでいる）や slow（遅い）など、そのほかの形容詞と〈to＋ど原＋...〉の組み合わせなら
→ 意味はものによりけりで、例えば eager＋〈to＋ど原＋...〉なら「...することを強く望んでいる／...したくてたまらない」
＊〈to＋ど原＋...〉の部分は大体「（これから）...すること」というニュアンス。

以上の 形＋〈to＋ど原＋...〉というカタチは 13-1-A～C の例からも分かるとおり、普通 be 動詞の後ろで使います。
……で、この場合〈to＋ど原＋...〉の働きはあえて分類するなら M副 ってことになるけど、ここはあまり気にせず 形＋〈to＋ど原＋...〉で１セットの表現と思っておく方がオススメ！

ちなみに、助動詞の can と同じような意味を表す表現として be able to ... というのがありますが、これも元をたどれば「有能（な）」という意味の形容詞 able と〈to＋ど原＋...〉を組み合わせたものだったり。
そのほか、よくある 形＋〈to＋ど原＋...〉の例については、p.141 の一覧をどうぞ。

参考訳
13-1-A. ある意味、私は彼の離婚のニュースを聞いてうれしいわ♪
13-1-B. うわ！　お前は本当に自己チューだな！そんなことを言うなんて！！
13-1-C. フランス語ではなく、私はトルコ語を勉強したくてたまらないんです。

Q 13-2. This river is dangerous to swim in.

*dangerous（危険（な））

POINT 13-2 形容詞の後ろに〈to＋ど原＋...〉がある場合　その2

まあ、短い文だし意味自体はすぐに見当がついたかもしれないけど、構造を確認すると、次のようになっていますね。

This river	is	dangerous	to swim in.
名(S) ＋	動 ＋	形 ＋	〈to＋ど原＋...〉

つまり、**POINT 13-1** の例と同じ、be 動詞の後ろに 形 ＋〈to＋ど原＋...〉というカタチが続く構造。
とはいえ、**最後が ... to swim in. と、前置詞の in で終わる**ところに「ん？」と違和感を覚えた人も多いのでは？　ってところで大事な注意点！

メモメモ

> 名(S)＋be 動詞＋形 ＋〈to＋ど原＋...〉というカタチの中でも
> 形 が特に dangerous や difficult など、主に難易度や利害関係などを表すものの場合は、次の点に注意。
>
> ● 〈to＋ど原＋...〉の部分は、本来なら意味的に続きそうな名詞が1個抜けたようなカタチになる！
> → 意味を考えると、〈to＋ど原＋...〉の部分から抜けた名詞が文の主語に当たるという関係になっている！！

つまり、この 13-2 なら主語の **this river** が **to swim in this river** という感じで、意味的には to swim in の in につながる関係ってわけ。
で、この場合、〈to＋ど原＋...〉の部分は日本語にするなら大体**「...するには／...という点において／...するとしたら」**といったところです。
また、このカタチに対して、次のようなカタチでも同じ意味を表せます。

This river is dangerous 〈to swim in〉.
= 〈To swim in this river〉 is dangerous.
= It's dangerous 〈to swim in this river〉.

それではここで、よく **形＋〈to＋ど原＋...〉という組み合わせで使う形容詞**のうち代表的なものを確認！

●「…してうれしい／悲しい」タイプ
ex. angry（怒っている）、happy/glad（うれしい）、sad（悲しい）、sorry（残念である）

●「…するなんて自己チューだ／礼儀正しい」タイプ
ex. brave（勇気がある）、careless（不注意［な］）、cruel（残酷［な］）、foolish/silly/stupid（愚か［な］）、honest（正直［な］）、nice（気立てがいい）、rude（行儀が悪い）、selfish（自己中心的［な］）、polite（礼儀正しい）、wicked（意地が悪い）

● その他の組み合わせタイプ
ex. eager（…したくてたまらない）、likely（…しそう／…らしい）、proud（…することを誇りに思う）、quick（…するのが速い）、ready（…する準備ができている）、slow（…するのが遅い）、sure（必ず…する）、

●〈to＋ど原＋...〉の部分から**抜けた名詞が主語タイプ**
ex. dangerous（危険［な］）、difficult/hard/tough（難しい）、easy（簡単［な］）、impossible（不可能［な］）、nice（快適な）、pleasant（楽しい）、convenient（便利［な］）

参考訳
13-2. この川は、泳ぐには危険です。

(*ﾟ∀ﾟ)=3　１４．名詞の後ろの〈to＋ど原＋…〉

Q

14-1. After 15 minutes' exercise he wanted a towel to wipe his face.

＊ 15 minutes' exercise（15分の運動）、towel（タオル）、wipe（ふく／ぬぐう）

POINT 14-1　名詞の後ろに〈to＋ど原＋…〉がある場合　その１

すぐに意味が分かった気がした人もちょっと我慢してじっくり構造を確認！
すると、出だしの After 15 minutes' exercise はもちろん「15分の運動の後（で）」という意味の M副 で、後ろの he が主語ですね。
で、その後ろは

```
…  wanted    a towel    to wipe his face
     動    ＋    名    ＋   〈to＋ど原＋…〉
```

となっているけど……**動詞の後ろが 名＋〈to＋ど原＋…〉というつながり**というところに注目！
このように動詞よりも後ろに 名＋〈to＋ど原＋…〉というつながりがある場合、〈to＋ど原＋…〉の働きは次のどちらかです。

- **M副 の働き＝前の名詞とは意味的なつながりが薄いおまけ要素**
→ **大体「…するため（に）／…するよう（に）」という意味を表すけど、「(〜して) (その結果) …する」という意味のことも。**

- **M形 の働き＝後ろから前の名詞を修飾する要素**
→ 名＋〈to＋ど原＋…〉 **という全体で「名詞１個分の働き」で、日本語にするなら「〈…する（ための／べき／という）〉＋名詞」という感じ。**

ついでに、動詞よりも前に 名＋〈to＋ど原＋…〉というつながりがある場合や、コンマの有無による違いまで含めてまとめて整理しておきます♪

メモメモ✏️

文中に 名＋〈to＋ど原＋...〉 というつながりがある場合、
〈to＋ど原＋...〉 の働きは、基本的に次のような基準で考えること！

● 動詞より前で、名 と 〈to＋ど原＋...〉 の間にコンマありなら
→ 〈to＋ど原＋...〉 は M副 と主語のどちらか！
＊ **POINT 11-4** (p.130) 参照。

● 動詞より前で、名 と 〈to＋ど原＋...〉 の間にコンマなしなら
→ 〈to＋ど原＋...〉 は M形！
＊ **POINT 11-5** (p.131) 参照。

● 動詞より後ろで、名 と 〈to＋ど原＋...〉 の間にコンマありなら
→ 〈to＋ど原＋...〉 は M副 の働き！

● 動詞より後ろで、名 と 〈to＋ど原＋...〉 の間にコンマなしなら
→ 〈to＋ど原＋...〉 は M形 と M副 のどちらか！
＊どちらに解釈しても問題ないことが多いけど、特に money、place、time、way、-thing のような名詞との組み合わせでは M形 と解釈することが多い。
＊ -thing ＋〈to＋ど原＋...〉という組み合わせは、日本語にする場合まとめ方に注意（「...する（ための／べき）何か→〈何か〉...するもの」という感じ）。

さて、それではこの 14-1 の **a towel to wipe his face** に関してはどうでしょう？
……仮に M副 と解釈すれば「〈顔をふくために〉、タオルを欲しがった」となりそうで、M形 と解釈すれば「〈顔をふく（ための）〉タオル を欲しがった」となりそうだけど……**実際、どっちでも大差ありませんよね？**
ってことで、どっちにとらえても OK！

参考訳
14-1. 15分の運動の後、彼は顔をふくために／顔をふくためのタオルを欲しがりました。

Q

14-2-A. Unluckily, there was nothing to stop his terrible pain.
14-2-B. Would you like something to drink?
14-2-C. We lost about two-thirds of our money to buy a house (with).
14-2-D. Aside from his strange character, he does have the ability to write terrific songs.

* unluckily = unfortunately（残念なことに／不幸にも）、terrible（ひどい）、pain（痛み）、would like（〜したい [want の丁寧版]）、lose（失う／失くす）、aside from ...（…はさておき）、ability（能力／才能）、terrific（素晴らしい）

POINT 14-2 名詞の後ろに〈to＋ど原＋...〉がある場合　その2

「……一気に例文出しすぎ！」と、文句を言いたい気持ちはよく分かる。
けど、これにはちゃんと理由がありまして。

14-2-A〜Dには、どれも **名**＋〈**to＋ど原＋...**〉というカタチがあって、〈**to＋ど原＋...**〉の働きを考えるとどれ **M形**、つまり**「前の名詞を修飾する要素」**ですね。
要するに、見た目も働きもまったく同じ **名**＋〈**to＋ど原＋...**〉というカタチがあるということだけど……実は、**前の名詞**と後ろの〈**to＋ど原＋...**〉の**意味関係**まで細かく考えると、次のようなビミョーな違いがあるんです！！

● 14-2-A の nothing〈to stop his terrible pain〉の場合
→ **前の名詞**が、意味的には〈to＋ど原＋...〉の部分の**「主語」**という関係！

● 14-2-B の something〈to drink〉の場合
→ **前の名詞**が、意味的には〈to＋ど原＋...〉の部分の**「目的語（＝ drink の後ろにつながる要素）」**という関係！

● 14-2-C の money〈to buy a house (with)〉の場合
→ **前の名詞**が、意味的には〈to＋ど原＋...〉の内部にある**「前置詞の後ろにつながる要素」**という関係！

*この関係の場合、with や in、on のような前置詞は省略されることも。

● 14-2-D の the ability 〈to write terrific songs〉の場合
→ 〈to ＋ ど原 ＋ ...〉の部分が、前の名詞の内容を**「具体的に言い換えたもの」**という関係！

＊この関係になる名詞は決まっていて（次ページの一覧参照）、意味関係としては「同格」っぽいことから、〈to ＋ ど原 ＋ ...〉の部分は M形 ではなく名詞の働きと解釈する考え方もある。と言っても、この辺の区別は、意味や構造の理解という点ではあまり重要でないので、気にしすぎないのがオススメ。

……と、まあ、なんだかめんどくさい話をしましたが、実際問題としては、**こんな細かいことはいちいち気にしなくても大丈夫なことがほとんど。**
ただ、学校などで無駄に強調された結果、引っ掛かってしまう人もいたりするところなので、一応触れてみたのでした。

なお、14-2-B にある something to drink のようなカタチに hot や cold など、何かしら形容詞を追加する場合は something hot to drink のようなカタチになりますので（→ POINT 10-3 [p.105]）。

そのほか、14-2-C の two-thirds of ... のような分数については POINT 10-1 （p.100 〜）で、14-2-D の does have のように動詞を強調する do などに関しては POINT 6-5 （p.79）で扱いましたが、ちゃんと覚えてましたか？

ついでに、terrible と terrific も、つづりはよく似てるけど意味は正反対で紛らわしいので注意してくださいね。

参考訳
14-2-A. 不幸にも、彼の激しい痛みを止めるものは何もありませんでした。
14-2-B. 何か飲み物はいりますか？
14-2-C. 私たちは、家を買うための約三分の二のお金を失いました。
14-2-D. （彼の）奇妙な性格はさておき、彼は素晴らしい曲を書く才能を本当に持っています。

● ability（能力）のように、**後ろにその内容を具体的に言い換えたものとして**〈to＋ど原＋...〉を続けられる名詞

＊ ability（能力）に対して able（有能な）、decision（決定）に対して decide（決定する）といった具合に、語源や語幹が同じで、後ろに〈to＋ど原＋...〉を続けられる形容詞や動詞があるものが多い。

ability ＝ 能力	ability ＋〈to＋ど原＋...〉＝ …する（という）能力
anxiety ＝ 熱望	anxiety ＋〈to＋ど原＋...〉＝ …する（という）熱望
attempt ＝ 試み	attempt ＋〈to＋ど原＋...〉＝ …する（という）試み
courage ＝ 勇気	courage ＋〈to＋ど原＋...〉＝ …する（という）勇気
curiosity ＝ 好奇心	curiosity ＋〈to＋ど原＋...〉＝ …する（という）好奇心
decision ＝ 決定	decision ＋〈to＋ど原＋...〉＝ …する（という）決定
desire ＝ 願望	desire ＋〈to＋ど原＋...〉＝ …する（という）願望
determination ＝ 決意	determination ＋〈to＋ど原＋...〉＝ …する（という）決意
eagerness ＝ 熱意	eagerness ＋〈to＋ど原＋...〉＝ …する（という）熱意
effort ＝ 努力	effort ＋〈to＋ど原＋...〉＝ …する（という）努力
intention ＝ 意図	intention ＋〈to＋ど原＋...〉＝ …する（という）意図
misfortune ＝ 不幸	misfortune ＋〈to＋ど原＋...〉＝ …する（という）不幸
order ＝ 命令	order ＋〈to＋ど原＋...〉＝ …しろという命令
occasion ＝ 機会	occasion ＋〈to＋ど原＋...〉＝ …する（という）機会
patience ＝ 忍耐力	patience ＋〈to＋ど原＋...〉＝ …する（という）忍耐力
permission ＝ 許可	permission ＋〈to＋ど原＋...〉＝ …する（という）許可
plan ＝ 計画	plan ＋〈to＋ど原＋...〉＝ …する（という）計画
promise ＝ 約束	promise ＋〈to＋ど原＋...〉＝ …する（という）約束
proposal ＝ 提案	proposal ＋〈to＋ど原＋...〉＝ …する（という）提案
right ＝ 権利	right ＋〈to＋ど原＋...〉＝ …する（という）権利
wish ＝ 願い	wish ＋〈to＋ど原＋...〉＝ …する（という）願い

特に次の組み合わせについては、対応する日本語に注意！

failure = 怠慢	failure + 〈to +ど原+ ...〉= …しないこと
refusal = 拒絶	refusal + 〈to +ど原+ ...〉= …することへの拒絶／…するのを断ること
willingness = 意欲	willingness + 〈to +ど原+ ...〉= …する（という）意欲／快く…する気持ち

ここで取り上げた 名 +〈to +ど原+ ...〉を使った例文をいくつかご紹介♪

ex. Brian didn't have the courage 〈to dive into the river〉.
　　ブライアンは〈川へ飛び込む〉勇気がありませんでした。

ex. His plan 〈to invite a musician to our party〉 sounds interesting.
　　〈ミュージシャンをパーティーに呼ぶという〉彼の計画は面白そうです。

ex. Because of their refusal 〈to help〉, he began to cry.
　　彼らが〈援助するのを〉断ったため、彼は泣き出しました。

(*°∀°)=3　１５.〈to ＋ be ＋ …〉というカタチ

Q

15-1-A.　It's not bad at all to be different from other people.
15-1-B.　To be a good mother, in short, doesn't agree with her true self.
15-1-C.　Students are to be in the classroom by 8:30.

＊not ... at all（少しも…でない）、different from/to...（…と違っている）、
agree with ...（…と一致する／折り合いがつく）、...'s true self（本当の…自身）

POINT 15-1　〈to ＋ be ＋ …〉というカタチ　その１

15-1-Aには to be different …、15-1-Bには To be a good …、15-1-Cには to be in …というカタチがあるけど、もちろんいずれも〈to＋ど原＋…〉の**「動詞の原形」に当たるものとして be動詞を使ったカタチ**！

以上の例からも分かるように、当然、この to be の後ろには**形容詞や名詞、〈前置詞＋名詞〉**などいろいろな語句が続いて〈to ＋ be ＋ …〉**という１セット**になります。

この〈to ＋ be ＋ …〉というカタチの**基本のニュアンスは、「…（という状態）でいる・ある／…（という状態）になる／…（という場所）にいる・ある」**といったところ。

なので、日本語にする場合は、働きや役割を考えた場合に、主語なのか、動詞や形容詞との組み合わせなのかなどに応じて、これまでに確認してきたまとめ方を参考に、柔軟に対応してください。

……ここでは、15-1-A の to be different from other people と 15-1-B の To be a good mother の働きはどちらも**１セットで主語**ですよね？
そして、15-1-C の to be in the classroom は「**補語（C）**」ですよね？？

ということで、日本語にまとめるなら、参考訳のような感じになりますので。

参考訳
15-1-A.　ほかの人と違っていることは少しも悪いことではありません。
15-1-B.　良い母親でいること／良い母親になることは、要するに、本当の彼女自身（＝彼女本来の性格）と折り合いがつかないのです。
15-1-C.　生徒は 8:30 までに教室にいることになっています（それが義務です）。

Q

15-2-A. At first, Toshio didn't seem to be happy about his job.
15-2-B. Midori, to be sure, studied English hard to work abroad.

＊at first（最初は）、happy about ...（…に満足している）、abroad（海外で／に）

POINT 15-2 〈to + be + ...〉というカタチ　その2

15-2-A の didn't seem to be happy about ... は、**「…に満足しているようではなかった」**つまり**「満足していないようだった」**という意味だけど、特に問題ないですね？
ちなみに、このように seem の後ろが to be 形／名 となりそうな場合は、to be を入れずに単に seem 形／名 というカタチにすることも多いです。

15-2-B では to be sure が、**前後をコンマで挟まれ文中に入ってる！**　ってところからも見当がつくように、これは M副 として使うことが**多い決まり文句的な表現**（ちょっと古い言い方ですが）。で、こういう決まり文句的なものを除いて、〈to＋ど原＋...〉を M副 として文中に挿入することは、まずありません。

なお、15-2-B の最後には… hard to work ... という 副＋〈to＋ど原＋...〉というつながりがあるところにも注意！
ここでは hard と to work abroad はそれぞれ独立した関係ですが、実は、この 副＋〈to＋ど原＋...〉という構造に関しては、組み合わせ次第で意味的つながりがあることも……という話は **POINT 16-8**（p.158～）にて。

参考訳
15-2-A. 最初は、トシヲは自分の仕事に満足していないようでした。
15-2-B. ミドリは、確かに、海外で働くために熱心に英語を勉強しました。

(*°∀°)=3 16.〈to＋ど原＋...〉とほかの語句の組み合わせ

Q
16-1-A.　Not to eat vegetables is bad for your health.
16-1-B.　Most of the residents decided not to attend the meeting after all.
16-1-C.　Be careful not to catch a cold!

＊ resident（住民／居住者）、attend（出席する）

POINT 16-1　not と〈to＋ど原＋...〉の組み合わせ

16-1-A ～ C のいずれにも、〈to＋ど原＋...〉の前に not が入ったカタチになっているところに注目！

……してもらったとこで、いつものようにとっても大事な注意点。

> メモメモ

---

❶〈to＋ど原＋...〉の前に not を置き、〈not ＋ to＋ど原＋...〉というカタチにすると、文全体ではなく、〈to＋ど原＋...〉の内容について「…しない」と否定した意味になる！

❷〈not ＋ to＋ど原＋...〉というカタチも not が付かないカタチと同じく、1セットで M副、M形、「主語(S)」、「目的語(O)」、「補語(C)」として使う！
→ 日本語にするなら、働きや組み合わせに応じて「…しないこと」「…しないために／…しないように」など。

……ということで、16-1-A なら、〈Not to eat vegetables〉が**1セットで文の主語**だから……意味は**「野菜を食べないことは…」**といったところ。

また、16-1-B なら、〈not to attend the meeting〉が動詞の decide の後ろに続いている（＝**1セットで目的語**に当たる）から……意味は**「ミーティングに出席しないこと（に決めた）」**となりますね。

さらに、16-1-C なら、〈not to catch a cold〉は**「目的」**を表す M副 **の働きと解釈するのが自然**なので、意味は**「風邪を引かないように」**とするとイイ感じです。

で、16-1-A のように、〈not + to＋ど原＋...〉が文の主語に当たる場合は、次のように**形式主語（＝仮主語）を使ったカタチにすることが多い**というのも、これまでどおり。

ex. It's bad for your health not to eat vegetables.

まあ、ここまでの**基本がしっかり頭に入っていれば、余裕**のはず！

ただし、ひとつだけ注意点。
いま、16-1-C で、〈not + to＋ど原＋...〉で**「…しないために／しないように」**という意味の M副 の働きという例を見ましたよね？

でも、実はこれってちょっと例外で、普通**「…しないために／しないように」**という意味を表す M副 としては、〈not + to＋ど原＋...〉にさらにおまけの語句を追加したカタチを使うんです（詳しくは次ページの **POINT 16-2** で）。

それが、be careful（気をつける／注意する）や take care（気をつける／注意する）のような表現と組み合わせる場合のみ〈not + to＋ど原＋...〉だけで大丈夫（もっと言うと、おまけの語句を付けたらダメ）というルールがあったりするという、なんともビミョーな話。

参考訳
16-1-A. 野菜を食べないことは健康に良くありません。
16-1-B. ほとんどの住民は、結局、そのミーティングに出席しないことに決めました。
16-1-C. 風邪をひかないように気をつけて！

Q

16-2. Saori, Chihiro's daughter, wants to be a doctor in order to help little children in Africa.

POINT 16-2 in order と so as と 〈to＋ど原＋...〉 その1

Saori, Chihiro's daughter, が同格で主語、wants to be a doctor が「医者になりたがっている」という意味なのは問題ないとして、その後ろの in order to help ... という部分に注目！

この in order は 〈to＋ど原＋...〉 が「…するために／…するように」という「目的」の意味を表す M副 であることをはっきり示すための語句。

……これまでに確認してきたとおり、〈to＋ど原＋...〉はかなりいろんな意味と働きで使うけど、これって紛らわしいといえば紛らわしいですよね？
だから、〈to＋ど原＋...〉の前には、この in order のようなそれぞれの意味と働きをはっきりさせるための語句を置くことも多いんです。

そのほかのカタチも含めてまとめると次のとおり。

メモメモ

---

❶「…するために／…するように」という意味の M副 の働きをするカタチとして、〈to＋ど原＋...〉の前に in order か so as を置いた
〈in order ＋ to＋ど原＋...〉や〈so as ＋ to＋ど原＋...〉をよく使う！

❷ 普通、「…しないために／…しないように」という意味の M副 としては、
〈not ＋ to＋ど原＋...〉ではなく、〈in order ＋ not ＋ to＋ど原＋...〉か
〈so as ＋ not ＋ to＋ど原＋...〉を使う！
＊ be careful や take care との組み合わせの場合のみ、単に〈not ＋ to ＋ど原＋...〉（→ **POINT 16-1** [p.150～]）。

参考訳
16-2. チヒロの娘のサヲリは、アフリカの小さな子どもたちを助けるため医者になりたがっています。

Q

16-3-A. So as to get started quickly, what should the people in my department do first?
16-3-B. Don't use curse words, such as fuck or shit, so as not to make other people uncomfortable.

＊department（部署）、curse words（ののしり言葉／悪態）、
uncomfortable（不愉快［な］／心地良くない）

POINT 16-3 in order と so as と〈to ＋ど原＋ …〉 その２

16-3-A は、文頭の〈So as ＋ to ＋ど原〉が **POINT 16-2** で確認したとおり M で「…するために」という意味なのは問題ないですね？
……で、その後ろは、what should … と疑問文のカタチになっているのが気持ち悪いかもしれないけど、こんなふうに **M に当たる要素の後ろに疑問文のカタチが続くことも普通にある**んです！
ここでは the people in my department が**丸々１セットで主語**に当たり、**述語動詞が (should) do** というのも分かりにくかったかも。

16-3-B は全体としては命令文だけど、curse words, such as fuck or shit, の部分が such as を使った同格っぽい関係（→ **POINT 9-6** [p.99]）。
そして、so as not to make … の部分は、いま **POINT 16-2** で確認した**「…しないために／…しないように」**という意味を表す M の働きで、ここは make ＋ O ＋ C という構造。
……少しずつ文のレベルが上がってきているけど、大丈夫でしたか？

ちなみに、「…するために／…するように」の部分が **know など状態を表す動詞（＝状態動詞）を使う内容**の場合も、普通は in order to be … や so as to know … のように、in order か so as を付けたカタチを使います。

参考訳
16-3-A. 早く始めるために、私の部署の人たちは何をすべきでしょうか？
16-3-B. fuck や shit のようなののしり言葉を使うな！　ほかの人を不愉快にしないために。

Q

16-4. He may not be so smart as to pass the entrance exam of Tokyo University.

* entrance exam（入試）

POINT 16-4 so＋形／副＋as to＋ど原 というカタチ

この文は、may not be の後ろが、

…	so	smart	as to	pass	the entrance exam of …
	so ＋	形 ＋	as to ＋	ど原 ＋	…

となっていて、〈so as ＋ to ＋ど原＋...〉と似ていて紛らわしいけど、so と as の間に形容詞の smart が入ってる！
ということで、当然、意味も少し違って次のような感じになります。

> **メモメモ**
>
> **so ＋ 形／副 の後ろに〈as to ＋ど原＋...〉が続いていたら、**
> **「とても 形／副 で、(その結果)…するほどだ」、**
> **「…するくらい 形／副 だ」という「因果関係」を示すカタチ！**
> * 〈as to ＋ど原＋...〉の部分は、結果を示す M副 の働き。

これは一般に「**so that 構文**」などと呼ばれ非常によく使われる so ＋ 形／副 ＋〈that S ＋ V〉というカタチの〈that ＋ S ＋ V〉の代わりに〈as to ＋ど原＋...〉を使ったカタチなんだけど、**かなり古い言い方**になります。

だから会話なんかで出合うことは少ないですが、とにかく**文中に so ＋ 形／副 を見掛けたら、即「後ろに〈as to ＋ど原＋...〉や〈that ＋ S ＋ V〉が続いて因果関係を示すカタチかも」と心の準備**をしておけば、間違いなしってことで！

参考訳
16-4. 彼は東大の入試に合格できるほど賢くはないかもしれません。

STEP02 〈to ＋動詞の原形＋ ...〉というカタチが入る文の傾向と対策。

Q

16-5-A.　On that morning, their son went to school as always, never to come back home.
16-5-B.　They both spent a great deal of money on presents for her, only to fail to attract her.

＊as always（いつものように）、spend A on B（AをBに費やす）、a great deal of ...（大量の…／非常に多くの…）、fail（失敗する）、attract（気を引く）

POINT 16-5 never や only と〈to ＋ ど原 ＋ ...〉

16-5-A は後ろに never to come back home、16-5-B は only to fail to attract her というカタチが続いて文が終わってるけど……この never や only も働きとしては、〈to ＋ ど原 ＋ ...〉が「結果」の意味を表す M であることをはっきり示すための語句！

メモメモ

● S ＋ V ＋〈never ＋ to ＋ ど原 ＋ ...〉
→「S ＋ V で（結局／その後）二度と…しなかった」という意味！

● S ＋ V ＋〈only ＋ to ＋ ど原 ＋ ...〉
→「S ＋ V で（結局／結果的には）…する／した」という意味！
＊「結果」が「驚き」や「失望」を示すような内容に対して使う。

なお、どちらのカタチの前にも、たいてい例文のようにコンマが入ります。

また〈never ＋ to ＋ ど原 ＋ ...〉や〈only ＋ to ＋ ど原 ＋ ...〉の代わりに、「等位接続詞」の but を使って、..., but (he) didn't come back home. や ... but (they) failed to attract her. としても同じようなニュアンスになります。

参考訳
16-5-A.　その日の朝、彼らの息子はいつもどおり学校に出かけ、二度と戻って来ませんでした。
16-5-B.　彼らはどちらも彼女へのプレゼントに大量のお金を使いましたが、結局、彼女の気を引くのに失敗したのです。

(*ﾟ∀ﾟ)=3　16.〈to ＋ ど原 ＋ ...〉とほかの語句の組み合わせ

Q

16-6-A. First of all, recently, I haven't had enough time to sleep.
16-6-B. Actually, he doesn't seem to be smart enough to pass the entrance exam of Tokyo University.

＊ first of all（まず／第一に）、recently（最近／近ごろ）、enough（十分［な／に］）

POINT 16-6 enough と〈to＋ど原＋…〉

16-6-A は、First of all と recently と、主語の I の前に M副 に当たる要素が 2 つあるものの、全体的に見ればシンプルな文ですね。
そして、後ろの方には enough time to sleep というカタチで**「寝るための十分な時間」**となりそう。

一方、16-6-B にある seem to be … が「…（である）ようだ」という意味になるのは、p.135 の一覧と **POINT 15-2**（p.149）から分かりますよね？
で、seem to be … の後ろには smart enough to pass … と、こちらも 16-6-A のように enough が入るカタチ。

ということで、あらためて 16-6-A と 16-6-B を比べてみると……

16-6-A：… enough　　time　　to sleep.
　　　　　enough　＋　名　＋　〈to＋ど原〉

16-6-A：… smart　　enough　　to pass the entrance　…
　　　　　形　＋　enough　＋　〈to＋ど原＋…〉

ここから分かる enough の使い方の注意点は、次のとおり！

メモメモ

❶ enough は**「十分な／十分なくらい」という意味**を表し**「名詞」**や**「形容詞」、「副詞」と組み合わせて使う**ことが多いが、**語順に注意**。

● 「十分な時間」のように、**名詞と組み合わせて「十分な＋名」**と言う場合は enough time のように、**enough ＋ 名 という語順**が普通！

- 「十分なくらい／ほど賢い」や「十分（なくらい／ほど）注意深く」のように、**形容詞や副詞と組み合わせて「十分（なくらい／ほど）＋ 形 ／ 副 」と言う場合は** smart enough や carefully enough のように、形 ／ 副 ＋enough **という語順！**

❷ enough＋ 名 や 形 ／ 副 ＋enough **という組み合わせの後ろに、さらに〈to＋ど原＋…〉を続けたカタチもよく使う！**

- enough＋ 名 ＋〈to ＋ど原＋…〉
→「〈…するのに／…する上で〉十分な＋ 名 」という意味！

- 形 ／ 副 ＋enough＋〈to ＋ど原＋…〉
→「〈…するのに／…する上で〉十分（なくらい／ほど）＋ 形 ／ 副 」という意味！

文中に enough という語を見掛けた場合は、**「後ろに〈to＋ど原＋…〉が出てくるかも」と心の準備**をすること！

意味のとらえ方としては、そのまま英語の流れに沿ってとらえていくイメージで。どれくらいの語数を目安に頭の中で意味関係をまとめていくかは人それぞれですが、例えば16-6-Bなら……

「実際、彼は十分に賢くはないようで、（それは）入試に受かるのに十分ではないくらいで、（その入試は）東大の入試なんです」

といったところですね。
なお、もちろんテストの問題などで日本語にする必要があるというのでなければ、**無理に日本語に置き換える必要がない**のは言うまでもありません。

参考訳
16-6-A.　まず、最近（ずっと）、私は十分寝る時間がないんです。
16-6-B.　実際、彼は東大に合格するのに十分なほど賢くはないようです。

Q

16-7. The son was too childish to understand his mother's feelings.

＊childish（子供じみた／幼稚［な］）、feelings（気持ち）

POINT 16-7　too と〈to＋ど原＋…〉

too と言えば、皆さんきっと「…もまた（同様）」という意味を表す使い方のほかに、**形容詞や副詞の前に置き**（＝ **too＋形／副** というカタチで）、「**形／副 すぎる**」や「**あまりに 形／副** 」と**ネガティブな意味を表す**使い方もご存じのはず。

そして、この **too＋形／副** という組み合わせの後ろには、16-7 の … too childish to understand … のように〈**to＋ど原＋…**〉**が続くことも多い**んだけど、この場合はニュアンスに注意！

> メモメモ✏

> **too＋形／副＋〈to＋ど原＋…〉という組み合わせは、**
> **直訳的にとらえれば「…するにはあまりに 形／副 だ」となるけど、**
> **ニュアンスとして「 形／副 すぎて、…できない」というところまで含む！**

参考訳
16-7. その息子は、母親の気持ちを理解するにはあまりに子供じみていました。／あまりに幼稚で母親の気持ちを理解できませんでした。

Q

16-8. The scholar promised clearly to explain his complicated theory.

＊scholar（学者）、promise（約束する）、explain（説明する）、complicated（ややこしい／複雑な）、theory（理論）

POINT 16-8　副詞と〈to＋ど原＋…〉

この 16-8 には… promised clearly to explain … と、**副＋〈to＋ど原＋…〉というつながりが**……ってところで、いきなりとっても大事な注意点！

158　**STEP02**　〈to ＋動詞の原形＋ …〉というカタチが入る文の傾向と対策。

> メモメモ

> 文中に 副 ＋〈to ＋ ど原＋ …〉というつながりがあれば、
> 次の２つの可能性！
>
> ● 副 と〈to ＋ ど原＋ …〉の間に特に意味的つながりがないタイプ！
> * 15-2-B（p.149）の … hard to work … の例を参照。
>
> ● 副 が〈to ＋ ど原＋ …〉を修飾する関係（=〈 副 ＋ to ＋ ど原＋ …〉という**全体で１セット**）タイプ！

では、この 16-8 の場合、解釈として正しいのは次のうちどっち？

1. **「説明することをはっきりと約束した」**という感じで、clearly は promised を修飾し、to explain … とは直接的つながりがないという解釈。

2. **「(彼の理論はややこしいが) 明確に説明することを約束した」**という感じで、clearly は to explain … を修飾する（=〈 副 ＋ to ＋ ど原＋ …〉という**全体で１セット**）という解釈。

……答えは、ずばり、**どっちの意味にも取れる！** つまり、あいまい。
なので、 副 が〈to ＋ ど原＋ …〉を修飾する関係というのをはっきりさせたいときなどは、**to clearly explain …** のような〈to ＋ 副 ＋ ど原＋ …〉というカタチを使うことがかなり多いです！
この〈to ＋ 副 ＋ ど原＋ …〉というカタチでは、 副 が間に入ることで to と「動詞の原形」が離れてしまうけど、つながりを見失わないよう注意！
なお、 POINT 16-1 （p.150～）で確認した〈**not ＋ to ＋ ど原＋ …**〉のカタチも、同じ意味で〈**to ＋ not ＋ ど原＋ …**〉とすることがありますので参考までに。

参考訳
16-8. その学者は、自分のややこしい理論を説明することをはっきりと約束しました。／自分のややこしい理論を明確に説明することを約束しました。

(*°∀°)=3　17.〈to＋ど原＋…〉とSVOC　その１

Q

17-1-A.　Would you ask your sister to sing at our party?
17-1-B.　In the end, his father allowed him to go to the rock concert.

＊ ask（頼む／尋ねる）、in the end（最終的には）、allow（許可する／許す）

POINT 17-1　ask や allow などに続く 名＋〈to＋ど原＋…〉

構造を確認すると、17-1-A は … ask your sister to sing …、17-1-B は … allowed him to go … と、どちらも**動詞の後ろに 名＋〈to＋ど原＋…〉というカタチ**が続いていますね？

だったら、**考え方は POINT 14-1（p.142〜）で確認したとおり！**　……と言いたいところだけど、ここでとっても大事な注意点。

メモメモ

ask や allow など**一部の動詞の後ろに 名＋〈to＋ど原＋…〉が続く場合、名＋〈to＋ど原＋…〉の部分は、普通ＳＶＯＣのＯとＣの関係！**

……言い換えると、名 と〈to＋ど原＋…〉の間に「**名 が〈to＋ど原＋…〉の動作をする**」という「**主語**」と「**述語**」の**関係が成り立つ**！

具体的には、次のように 名＋〈to＋ど原＋…〉の部分を「**名が…する**」という**ひとつの文って感覚でとらえる**と思っておくといい感じです。

● **ask＋名(O)＋〈to＋ど原＋…〉(C)**
→（Sは）OがCすることを求める／OにCするように頼む

● **allow＋名(O)＋〈to＋ど原＋…〉(C)**
→（Sは）OがCすることを許す

なお、ask や allow 以外で**後ろに 名＋〈to＋ど原＋…〉が続いてＳＶＯＣの意味関係という動詞**とそれぞれのまとめ方については、下のリストを参照ってことで。これらの動詞を見たらもう即このパターンを意識できることが大事ですよ。

● 後ろに 名＋〈to＋ど原＋…〉でＳＶＯＣの意味関係がアリな動詞

ask ＋ 名 ＋ 〈to ＋ど原＋ …〉	（Ｓは）名 に…するように頼む
allow ＋ 名 ＋ 〈to ＋ど原＋ …〉	（Ｓは）名 が…するのを許可する
compel ＋ 名 ＋ 〈to ＋ど原＋ …〉	（Ｓは）名 に…することを強いる
cause ＋ 名 ＋ 〈to ＋ど原＋ …〉	（Ｓは）名 が…する原因を作る →（Ｓは）名 に…させる
enable ＋ 名 ＋ 〈to ＋ど原＋ …〉	（Ｓは）名 が…することを可能にする →（Ｓのおかげで）名 は…できる
encourage ＋ 名 ＋ 〈to ＋ど原＋ …〉	（Ｓは）名 を…するよう励ます
expect ＋ 名 ＋ 〈to ＋ど原＋ …〉	（Ｓは）名 が…することを予期する／期待する
force ＋ 名 ＋ 〈to ＋ど原＋ …〉	（Ｓは）名 に…することを強いる
persuade ＋ 名 ＋ 〈to ＋ど原＋ …〉	（Ｓは）名 を…するよう説得する
remind ＋ 名 ＋ 〈to ＋ど原＋ …〉	（Ｓは）名 に…するのを思い出させる
request ＋ 名 ＋ 〈to ＋ど原＋ …〉	（Ｓは）名 に…するように求める
require ＋ 名 ＋ 〈to ＋ど原＋ …〉	（Ｓは）名 に…するように求める
tell ＋ 名 ＋ 〈to ＋ど原＋ …〉	（Ｓは）名 に…するように言う
want ＋ 名 ＋ 〈to ＋ど原＋ …〉	（Ｓは）名 が…することを望む →（Ｓは）名 に　…して欲しい

＊ 名 は主に「人を指す名詞」。
＊対応する日本語には統一感がないようでも、いずれも 名 ＋〈to ＋ど原＋ …〉の部分は「名 が 〈to ＋ど原＋ …〉の動作をする」という関係になっている。

参考訳
17-1-A. あなたのお姉さんに、私たちのパーティーで歌うように頼んでもらえないでしょうか？
17-1-B. 最終的には、彼の父は彼がロックコンサートに行くのを許可しました。

Q

17-2-A. Her e-mail last night made him very happy.
17-2-B. These days some mothers in Japan make their children study English every day.

POINT 17-2 make、have、let などと S V O C（使役動詞）

17-2-A は her e-mail last night が主語で、全体は make を使った S V O C のカタチ、C に当たるのは very happy というのは余裕？

一方、17-2-B は、文頭の These days が時を表す表現ということで M副、その後ろの some mothers in Japan が 1 セットで主語というのは問題ないと思うけど、その後ろを見ると……

... make　　 their children　　 study English ...
　make　 +　　 名　　 +　　〈ど原 + ...〉

のように、**make の後ろに** 名 **+ 〈ど原 + ...〉** というカタチが続いてる！というところで、もう分かりましたね？？

make は、**S V O C の C に当たるもの**として、形容詞や名詞以外に **to の付かない「動詞の原形」**を使った**〈ど原 + ...〉という 1 セット**を続けることも可能！　ってことで、注意点をまとめておきましょう。

メモメモ

❶ **make + 名 (O) + 〈ど原 + ...〉(C)** で、意味は
「(S は) O が C する状態を作る」、つまり「O に C させる」という感じ！

＊意味関係は ask/allow + 名 (O) + 〈to + ど原 + ...〉(C) などと同じだけど、C に当たるのが例外的に to の付かない 〈ど原 + ...〉 というところに注意！

❷ make のほかに、**have と let も to の付かない 〈ど原 + ...〉**を使った
have/let + 名 (O) + 〈ど原 + ...〉(C) のカタチがアリで、
同じく**「O に C させる」**といった意味関係を表す！

❸ 一般に、この**「O に C させる」**という意味関係を表す **make、have、let** をまとめて**「使役動詞」**と呼ぶが、ニュアンスの違いに注意！

● make：S が無理にでも O に C させる

　　S　　　+　　make　　+　　名(O)　　+　　〈ど原＋ ...〉(C)
　（させたい）　　　　　　　（したくないかも）

● have：S が O がするはずのことをさせる／してもらう

　　S　　　+　　have　　+　　名(O)　　+　　〈ど原＋ ...〉(C)
（当然と思ってる）　　　　　（当然、仕方ない）

● let：S が O がやりたいようにやらせておく

　　S　　　+　　let　　+　　名(O)　　+　　〈ど原＋ ...〉(C)
（させたくないかも）　　　　　（したい）

なお、get も have とほぼ同じニュアンスで、**「O に C させる／してもらう」**という意味を表す**Ｓ Ｖ Ｏ Ｃ** のカタチがアリだったりします。

……だけど、意味的に同じでも get なら **C に当たるのはちゃんと to の付く〈to ＋ど原＋ ...〉**というところに注意！

ex. 私は昨日シンジに髪を切ってもらいました。
　　I had Shinji cut my hair yesterday.
　＝ I got Shinji to cut my hair yesterday.

何はともあれ、この make や have、let、get を使ったＳＶＯＣのカタチはいずれも非常によく使われるので、もう見た瞬間、後ろのカタチと意味関係を予測できるように！

参考訳
17-2-A．昨夜の彼女からのＥメールは、彼をとてもうれしい気分にしました。
17-2-B．最近では、日本の母親の中には、子どもに毎日英語を学ばせる人もいます。

Q

17-3. Her student Haruto seldom helps his mother (to) do housework.

＊seldom（めったに…ない）

POINT 17-3 help と Ｓ Ｖ Ｏ Ｃ

文頭の Her student と Haruto が同格の関係で主語！　というのは、きっと余裕ですよね？

で、もう、... helps his mother (to) do ... という部分を見てすぐに何が言いたいか分かった人も多いかも。
help も「**Ｏ が Ｃ するのを助ける**」という意味を表す **Ｓ Ｖ Ｏ Ｃ** のカタチが可能！
……だけど、**Ｃ に当たるもの**としては、**to の付く〈to ＋ ど原 ＋ ...〉と、to の付かない〈ど原 ＋ ...〉のどちらもアリ**ってことですね♪

このような to の付かない「動詞の原形」のことを「**原形不定詞**」と呼ぶこともあるので、一応、頭の片隅に入れておいてください。

> 参考訳
> 17-3. 彼女の生徒のハルトは、滅多に母親が家事をするのを手伝わないんです（涙）。

Q

17-4-A. In front of the bank, we saw policemen catch the robber.
17-4-B. Did you hear someone scream outside last night?
17-4-C. Suddenly Naoya felt something cold touch his back.

＊robber（強盗）、scream（叫ぶ／金切り声を上げる）、outside（外［で］／屋外［で］）、suddenly（突然）、back（背中）

POINT 17-4 see、hear、feel などと Ｓ Ｖ Ｏ Ｃ（知覚動詞）

構造を確認すると、17-4-A は ... saw policemen catch ...、17-4-B は ... hear someone scream ... と、**動詞の後ろに 名 ＋〈ど原 ＋ ...〉**というつながり！

そして、17-4-C は something の後ろに something を修飾する形容詞 cold があるため、ちょっと分かりにくかったかもしれないけど、やはりこれも ... felt something cold touch ... と、**動詞の後ろに 名 ＋〈ど原 ＋ ...〉**というつながり！

つまり、いずれも動詞の後ろに 名＋〈ど原＋...〉が続いたカタチ！

……ってことで、もう見当がついただろうけど、これらはいずれも **S V O C の C に当たるもの**として、**to の付かない〈ど原＋...〉**を続けたカタチなんです！

ポイントをまとめると……。

> メモメモ

> see（見る）、watch（見る）、notice（気づく）、hear（聞く）、feel（感じる）のような**体（五感）で感じる**ような内容を表す動詞も、**S V O C の C に当たる**ものとして、to の付かない〈ど原＋ ...〉を使った次のようなカタチが可能！
>
> ● see/hear/feel など＋ 名 (O)＋〈ど原＋...〉(C)
> →「(S は) O が C するのを見る／聞く／感じる」という意味！

一般には、この **see** や **hear** のような動詞を「感覚動詞」……ではなくて**「知覚動詞」**と呼びます。
で、この**知覚動詞を使ったＳＶＯＣのカタチも非常によく使われる**ので、仮に文中でこれらを見掛けたら、make や have、let、get などを見掛けた場合と同様に、すぐ後ろのカタチと意味関係を予測できるように！

参考訳
17-4-A. 銀行の前で、私たちは警官が強盗を捕まえるのを見ました。
17-4-B. あなたは昨夜、外で誰かが叫ぶのを聞きましたか？
17-4-C. 突然、ナオヤは何か冷たいものが背中に触れるのを感じました。

Q

17-5. My friends know the musician to be famous in England.

POINT 17-5 think や know と 〈to＋ど原＋…〉と S V O C

構造を確認すると、… know the musician to be … と、know という**動詞の後ろに**
名＋〈to＋ど原＋…〉が続いている。けど、〈to＋ど原＋…〉が特に **be 動詞を使う**
to be … というカタチ！　……ってところで、いきなり結論。

> メモメモ

❶ know や think、believe、understand など**「認識」や「思考」を表す動詞**
の多くは、**S V O C の C に当たるもの**として〈to ＋ be ＋…〉を
使った、次のようなカタチが可能！

● know/think ＋ 名 (O) ＋〈to ＋ be ＋ … 〉(C)
→「(S は) O が C だと知っている／思う」という意味！
＊この意味で to eat … のような一般動詞を使った〈to ＋ど原＋…〉は、普通ナシ！

❷ 中には think や believe のように、**to be を入れない**（＝省いた）
普通の **S V O C のカタチも可能という動詞**もある！

ex. We all think her (to be) a very smart girl.
　　私たちはみんな彼女がとても賢い少女だと思っています。

……もっとも、**同じ意味**を表すカタチとしては、〈**that ＋ S ＋ V**〉というカタチ（＝
that 節）を使う方が圧倒的に普通ですが、この「that 節」については拙著『英文法
のトリセツ　とことん攻略編』参照！　なんて宣伝してみたり（笑）。

ex. My friends know the musician to be famous in England.
　　＝ My friends know that the musician is famous in England.

参考訳
17-5. 私の友人たちは、そのミュージシャンがイングランドで有名だと知っています。

STEP02　〈to ＋動詞の原形＋ …〉というカタチが入る文の傾向と対策。

Q

17-6. At first, to make a good album, the members of the band wanted to ask Allan, an excellent producer, to support them.

＊album（CDのアルバム）、excellent（優秀な）、producer（プロデューサー）

POINT 17-6 〈to＋ど原＋...〉とこれまでの内容が合わさると？

この 17-6 は、これまでのまとめみたいなもの。だから少し難しめだけど、ここまでの内容がしっかり頭に入っていればきっと大丈夫♪

まず、文頭の At first は決まり文句的な M副 で、その次には to make ... と、〈to＋ど原＋...〉があるけど、**こんな場合〈to＋ど原＋...〉は** M副 **と「主語」の可能性**があり、**後ろに続くカタチで判断**するんでしたね？

ここでは後ろが ... , the members ... となっているから〈to＋ど原＋...〉は M副 ！
で、**the members of the band が丸々主語**！
そして、さらに後ろは次のような構造。

```
... wanted    to    ask    Allan,    an excellent producer,    to support ...
   wanted  +  to  + ask  +  名①,   +        名②,           +  〈to＋ど原＋...〉
                                    同格
```

……つまり、**want＋〈to＋ど原＋...〉**というカタチの〈to＋ど原＋...〉が、さらに **to＋ask＋名(O)＋〈to＋ど原＋...〉(C) と Ｓ Ｖ Ｏ Ｃ のカタチ**で、しかも 名(O) は 名①, 名②, のように**同格になっている**わけですね。

こんな感じで、**ask＋名(O)＋〈to＋ど原＋...〉(C) のようなカタチ**の 名(O) が同格になったり、M形 **に当たる〈前置詞＋名詞〉などがくっ付いたり**することも普通にあるので、いつもしっかり心の準備♪

参考訳
17-6. 最初は、良いアルバムを作るために、バンドのメンバーたちは、優秀なプロデューサーのアランに、自分たちをサポートするよう頼むことを望んでいたのです。

(*°∀°)=3　18.〈to＋ど原＋…〉とSVOC　その2

> **Q**
> 18-1-A.　The hot weather caused him to sweat a lot.
> 18-1-B.　The unimaginably strong typhoon made about three quarters of the people of the city abandon their homes.
>
> ＊weather（天気）、sweat（汗をかく）、unimaginably（想像できないほど）、typhoon（台風）、three quarters of ...（四分の三の…）、abandon（[家などを]捨てる）

POINT 18-1　**無生物主語**と〈to＋ど原＋…〉と**SVOC**

この 18-1-A と 18-1-B を比べてみると、18-1-B の方が断然ややこしく思えるかもしれないけど、基本構造は同じってことに気づきましたか？

まず、**主語**が 18-1-A は The hot weather、18-1-B は The unimaginably strong typhoon というふうに、どちらも**無生物**。で、後ろの構造も

18-1-A：… caused　　　　him　　　　to sweat …
　　　　　caused　　　＋　名(O)　＋　〈to＋ど原＋…〉(C)

18-1-B：… made　　　　about three quarters of …　　　　abandon …
　　　　　made　　　＋　1セットで 名(O)　　　　＋　〈ど原＋…〉(C)

と、どちらも **POINT 17-1** （p.160〜）以来ずっと確認してきた**「SはOにCさせる」**という**SVOCのカタチ**ですね。

18-1-B は、名(O) が about three quarters of the people of the city という長〜い1セット。後ろの abandon との区切りが少し分かりにくいけど、made を見た時点で心の準備ができていれば大丈夫だったはず。

ちなみに、18-1-B のように**「数量を表す語句」**の前にある about は、たいてい**「約／およそ…」**という意味の副詞です。

では、ここで以上を踏まえてとっても大事な注意点！

> メモメモ

英語では**「無生物」を主語にして、それが「ほかのもの／人を…する」という言い回し**（＝**「無生物主語構文」**）をよく使うが、**特に次のような組み合わせと構造になる**ことが多い！

- cause や enable など、 **POINT 17-1** （p.160〜）で取り上げた動詞や、make など**「…させる」という「使役」のニュアンス**の動詞との組み合わせで、**ＳＶＯＣ**のカタチ！

- satisfy（満足させる）や excite（興奮させる）など、**「人の感情に影響を与える」というニュアンス**を持つ動詞との組み合わせで、**ＳＶＯ**のカタチ！

この「無生物主語構文」は、直訳すると**「暑い天気が彼にたくさん汗をかかせた」**など、日本語としては少しぎこちなくなることが多いのが特徴ですが、**英語的な言い回しに慣れる**ためにも、無理に日本語らしい表現に置き換えようとせず、**このまま直訳的にとらえるのがオススメ！**
……ただし、試験などで「日本語に訳せ」と言われた場合などは、より日本語らしい表現にした方がいいのも事実です。
なので、対策として、次のポイントを頭に入れておけばバッチリ♪

> メモメモ

「無生物主語構文」を日本語らしい表現にするには、無生物主語の部分を**「…（なの）で」や「…のせいで」**など、Ｍっぽくまとめ、**「目的語に当たる名詞」を「…は」と「主語」っぽくまとめれば大体 OK ！**

参考訳
18-1-A．暑い天気が彼にたくさん汗をかかせました。／天気が暑かったので、彼はたくさん汗をかきました。
18-1-B．想像を絶するほど強い台風が、約四分の三の市民に自宅を放棄させました。／想像を絶するほど強い台風のせいで、約四分の三の市民が自宅を放棄しました。

Q
18-2. The Internet has made it very easy to get information.

＊ the Internet（インターネット）、information（情報）

POINT 18-2 make＋it＋形／名＋〈to＋ど原＋…〉というカタチ

この 18-2 は、構造を確認すると

```
… has made      it      very easy      to get …
   make    ＋  名(O) ＋    形      ＋  〈to＋ど原＋…〉
```

となっているので、まず、基本が**「それ(O)をとても簡単(C)にしている」**という**(S)ＶＯＣのカタチ**というのは問題ないはず。

で、そのさらに後ろに to get information と、〈to＋ど原＋…〉が続いているわけだけど……ここでとっても大事な注意点！

> メモメモ
>
> 文中に make ＋ it ＋ 形／名＋〈to＋ど原＋…〉という
> カタチがあったら、普通は〈to＋ど原＋…〉が「目的語(O)」で、
> **「(S は)〈…すること〉(O) を 形／名(C)（の状態）にする」**という
> 意味を表すＳＶＯＣのカタチ！

ってところで、
「……ん？　でも、構造から考えたら〈to＋ど原＋…〉じゃなくて、it が O でしょ？」
と思った人も多いだろうし、実際そのとおりなんだけど、ここでとっても大事な注意点、その弐！

> メモメモ
>
> ＳＶＯＣのカタチの中でも、**「(S は)〈…すること〉(O) を
> 形／名(C)（の状態）にする」**のように、意味的に〈to＋ど原＋…〉が
> **O に当たる内容の場合は注意！**

> make + ⟨to＋ど原＋...⟩(O) + 形／名 (C) というカタチは使わず、必ず、make + it + 形／名 (C) + ⟨to＋ど原＋...⟩(O) という**カタチを使う**のが決まり！

……つまり、この make＋it＋形／名 (C) + ⟨to＋ど原＋...⟩(O) というカタチの it は、本来 O に当たる〈to＋ど原＋...〉を C の後ろに回したことを示す目印みたいなものなんです。

感覚としては、先に**「それ (O) を C (の状態) にする」**と言っておいて、後から「それ」というのが何かを具体的に述べる感じ。
で、**こんな使い方をする it のことを「形式目的語」もしくは「仮目的語」の it と呼ぶ**というのは、p.129 で紹介した「形式主語」をしっかり覚えていた方なら、なんとなく見当がついたのでは？

なお、make 以外に、find や feel のような動詞についても、同じようなカタチがアリです。

● find/feel＋it＋形／名 (C) + ⟨to +ど原＋ ...⟩(O)
（S は）⟨...すること⟩(O) は／が 形／名 (C) と気づく／分かる／思う／感じる

いずれのカタチも非常によく使います。
だから、仮に文中に ... make/find/feel + it + 形／名 というつながりがでてきたら、もう、即このカタチを予測できるように！

なお、find や feel などに関しては、同じ意味を表す場合に「that 節」というカタチを使うことも可能で、実は「that 節」を使うカタチの方が、より一般的なんですけどね。

参考訳
18-2. インターネットは、情報を得ることをとても簡単にしています。

(*°∀°)=3　19.〈to＋ど原＋...〉と意味上の主語　その1

Q

19-1-A.　Unfortunately, there was no food to eat in the fridge.
19-1-B.　Unfortunately, there was no food for us to eat in the fridge.

＊ unfortunately（残念ながら）、fridge（冷蔵庫）

POINT 19-1　〈to＋ど原＋...〉の前にある for＋名 の解釈

19-1-A には no food to eat ... と、名＋〈to＋ど原＋...〉というつながりがあるけど、ここでは〈to＋ど原＋...〉が M形 で 名＋M形 となっていると考えるのが妥当。つまり「冷蔵庫には食べるものがなかった」という感じですね。

一方、19-1-B も 19-1-A とほとんど同じだけど、

```
...　no food　　　for us　　　to eat　...
    名     ＋   for＋名    ＋  〈to＋ど原＋...〉
```

のように、〈to＋ど原＋...〉の前に for us というカタチが入ってる！　ってところでとっても大事な注意点がた～くさん！　でもまあ、気楽にどうぞ♪

メモメモ

❶ 文中に〈to＋ど原＋...〉が出てくる場合、普通、それは「文の主語」か「特に誰ということはない一般的な人たち」などがする動作！

❷ でも、for＋名＋〈to＋ど原＋...〉のように、〈to＋ど原＋...〉の前に for＋名 というカタチを置くと、〈to＋ど原＋...〉の動作をするのが誰なのかをはっきりさせることができる！
→ 文中に ... for＋名＋〈to＋ど原＋...〉というつながりが出てきたら、このカタチ（＝〈for＋名＋to＋ど原＋...〉で1セット）の可能性が高い！

❸ 一般に、〈for＋名＋ to ＋ど原＋...〉の (for ＋) 名 を「to 不定詞の
『意味上の主語』」と呼び、〈for＋名＋ to ＋ど原＋...〉も for＋名 が
付かないカタチと同じく、1 セットで「名詞」や M副、M形、「補語 (C)」
として使う！

❹〈for＋名＋ to ＋ど原＋...〉のカタチを日本語にする場合は、
for＋名 の部分はシンプルに「名が」とまとめるのが基本！
→ 働きや組み合わせに応じて「名が...すること／するために／...するように」
など、調整すること！

ex. His idea is 〈for students to teach other students〉.
　　彼のアイデアは、〈生徒がほかの生徒を教えるというもの〉です。
　　＊〈for ＋ 名 ＋ to ＋ど原＋...〉が「補語 (C)」の例。

❺〈to ＋ど原＋...〉に対して、for＋名 と not を同時に組み合わせることも
可能で、〈for＋名＋ not ＋ to ＋ど原＋...〉という語順が普通！

ex. It's wrong 〈for him not to apologize〉.
　　〈彼が謝らないこと〉は間違っています。
　　＊〈for ＋ 名 ＋ to ＋ど原＋...〉が主語に当たる名詞だけど、形式主語の it を使って後ろに回した例。

この〈for＋名＋to＋ど原＋...〉というカタチは、〈前置詞＋名詞〉を前から後ろの
要素につなげてとらえるという英文のとらえ方の原則から考えると、例外的なとらえ
方になる点にくれぐれも注意です！

参考訳
19-1-A．残念ながら、冷蔵庫に食べるものが何もありませんでした。
19-1-B．残念ながら、冷蔵庫には私たちが食べるものが何もありませんでした。

Q

19-2-A. For me to meet the deadline is very important.
19-2-B. For the artist to die would make a number of people sad.

＊meet（要求などを満たす／応じる）、deadline（締め切り／期限）、die（死ぬ）、would（…だろう）、a number of …（たくさんの…）

POINT 19-2　文頭の for ＋名＋〈to ＋ど原＋...〉の解釈と形容詞

19-2-A と 19-2-B は、文頭が For me、For the artist と、どちらも〈前置詞＋名詞〉のカタチ！

ということで、普通なら働きは 1 セットで M副 と考えるところだけど……19-2-A は For me to meet the deadline、19-2-B は For the artist to die というふうに、どちらも後ろに〈to ＋ど原＋...〉が続いていますね？

普通、文頭がこのように For ＋名＋〈to ＋ど原＋...〉となっている場合は、〈for ＋名＋ to ＋ど原＋...〉で 1 セットと考えるのが原則です。

……では、この場合の〈for ＋名＋ to ＋ど原＋...〉の働きは？
って、もちろん考え方は for ＋名 が付かない〈to ＋ど原＋...〉が文頭にある場合と同じ。

つまり、**1 セットで文の主語**の可能性と、**1 セットで M副 の可能性**があり、1 セットの**後ろに続く語が「動詞」なのか「名詞」なのかで判断する**ことになります。

この場合、

19-2-A：〈For me to meet the deadline〉is ...
19-2-B：〈For the artist to die〉would make ...

と、どちらも後ろに（述語）動詞が続くので〈for ＋名＋ to ＋ど原＋...〉は **1 セットで主語**。日本語にするなら、「〈**私が**締め切りを守ること〉は…」や「〈**そのアーティストが**死ぬこと〉は…」という感じですね。

ただし、このように《for＋名＋to＋ど原＋...》が1セットで主語という場合は、形式主語（p.129参照）のitを使ったカタチにする方が圧倒的に普通。

ex. It is very important 〈for me to meet the deadline〉.
ex. It would make a number of people sad 〈for the artist to die〉.

また、《for＋名＋to＋ど原＋...》が1セットで M の働きという場合も、文頭には置かないか、 **POINT 19-3** （p.176）で示すようなカタチにする方が圧倒的に普通。

……ということで、そもそも文頭に《for＋名＋to＋ど原＋...》がくることは、極めてマレだったりします。

なお、 **POINT 19-1** （p.172）で述べたとおり《for＋名＋to＋ど原＋...》の for＋名 は「名が」とまとめるのが基本だけど……

> メモメモ

《for＋名＋to＋ど原＋...》が difficult や easy、impossible、convenient、important など、主に**難易度や利害関係を表す形容詞との組み合わせの場合**、for＋名 の部分を「**…にとって／…のために**」というニュアンスで**とらえても大丈夫か、そうとらえる方が自然**ということも多い！

ex. It is difficult 〈for Japanese people to speak English〉.
〈日本人が／日本人にとって、英語を話すこと〉は難しいです。

とはいえ、これはまあ参考程度に考えて、基本は「名が」というまとめ方、と思っておく方が柔軟に対応できるのでオススメです。

参考訳
19-2-A. 私が／私にとって、締め切りを守ることが大事なのです。
19-2-B. そのアーティストが死ぬことは、たくさんの人を悲しませるでしょう。／そのアーティストが死んだら、たくさんの人が悲しむでしょう。

Q

19-3. In order for children to learn about money, in my opinion, they need to have some.

＊in ...'s opinion（…の意見では）

POINT 19-3 in order と〈to ＋ど原＋…〉と意味上の主語

もう、出だしの In order for children to learn … というカタチを見た瞬間、分かっちゃいましたね？　ってことで、いきなり結論。

メモメモ

> 「…するために／…するように」という意味の〈in order ＋ to ＋ど原＋…〉に、意味上の主語を示す for ＋名 を組み合わせたカタチも可能で、
> 語順は〈in order ＋ for ＋名 ＋ to ＋ど原＋…〉が普通！
> ＊働きは〈in order ＋ to ＋ど原＋ …〉と同じく M副 。

ここでは、M副 に当たる in order for children to learn … の後ろに、さらに M副 に当たる in my opinion が入って、その後ろの they が主語。
で、最後の some は some money の省略形だけど、余裕？

ついでに補足しておくと、「…しないために／…しないように」という意味の〈in order ＋ not ＋ to ＋ど原＋ …〉に意味上の主語を組み合わせたカタチももちろん可能で、語順は〈in order ＋ for ＋名 ＋ not ＋ to ＋ど原＋…〉が普通です。

また、〈in order ＋ to ＋ど原＋ …〉と同じ意味の〈so as ＋ to ＋ど原＋ …〉については、意味上の主語を組み合わせたカタチにすることはマレ！

参考訳
19-3. 子供がお金について学べるように、私の意見では、彼らはいくらかのお金を持つ必要があるのです。

Q

19-4. Is his new flat large enough for all of the members of his club to sleep comfortably?

* flat（アパート）、comfortably（快適に）

POINT 19-4 enough と〈to ＋ど原＋...〉と意味上の主語

この文は疑問文ということで、flat と large の間に入るべき is が文頭に出ているため、つながりが少し分かりにくいけど……enough に注目！

enough と言えば、**POINT 16-6** （p.156 〜）で確認したとおり、よく enough ＋名 や 形／副 ＋enough という組み合わせで使い、後ろには〈to ＋ど原＋...〉が続くことも多いんでしたよね？

そして、この 19-4 の ... large enough for all of the members of his club to sleep ... となっているわけだけど、ここから分かるのは……enough に続く〈to ＋ど原＋...〉も意味上の主語が付いた**〈for＋名＋ to ＋ど原＋...〉**というカタチになりうるということ！

ついでに、〈for＋名＋ to ＋ど原＋...〉の 名 、つまり**意味上の主語**も、やはり**名詞**だけに M形 **に当たる〈前置詞＋名詞〉などがくっ付いた**長〜い1セットになりうるということ！
もう、次のように覚えておいてください。

> メモメモ

● enough ＋名①＋〈for ＋名②＋ to ＋ど原＋...〉
→〈 名②が…するのに／…する上で〉十分な＋名①

● 形／副 ＋ enough ＋〈for ＋名＋ to ＋ど原＋...〉
→〈 名が…するのに／…する上で〉十分（なくらい／ほど）＋形／副

参考訳
19-4. 彼の新しいアパートは、サークルのメンバー全員が快適に眠れるほど大きいんですか？

Q

19-5. The population of that country is in short too many for only one government to control properly.

※ population（人口）、government（政府）、properly（適切に）

POINT 19-5　too と〈to ＋ど原＋...〉と意味上の主語

この 19-5 では、述語動詞に当たる is の後ろに、コンマなしで in short という語句が続いていますが……この in short のように M副 として決まり文句的に使う表現に関しては、コンマなしで文中に挿入することもあるというのはすでに述べたとおり。

で、その後ろは too many となっているけど、このように**『too ＋ 形／副 とくれば、その後ろには〈to ＋ど原＋...〉が続くかも！』**と思いつつ、後ろを見ると、for only one government to control ... ということは？

ま、すぐに分かったと思うけど、まとめると次のようになります。

メモメモ

too＋ 形／副 ＋〈for＋ 名 ＋ to ＋ど原＋...〉という組み合わせで、
「 名 が…するにはあまりに 形／副 だ」または
「 形／副 すぎて、 名 には…できない」という意味！

参考訳
19-5．あの国の人口は、要するに、たったひとつの政府が適切に統治するには多すぎるのです。

Q

19-6. Today, a new technology, the Internet, really makes it easy for people around the world to communicate with each other.

※ around the world（世界中の）、communicate（コミュニケーションを取る／連絡を取り合う）、each other（お互い）

POINT 19-6 make＋it＋形／名＋〈to ＋ど原＋...〉と意味上の主語

なんだかめんどくさそうなカタチの文に思えても、これまでの内容がちゃんと頭に入っている人なら大丈夫、絶対に！！

ということで、構造を見ていくと……まず、文頭の Today は M副 で、次の a new technology が主語だけど、その後ろの the Internet と同格というところまで、問題ないですね？

で、その後ろの really が M副 で、述語動詞の makes が登場。
make とくれば、**後ろにはいろんなカタチが続く可能性**がある！！　と意識しながら後ろを見ると、makes it easy となっているので、**POINT 18-2** （p.170 ～）で確認した形式目的語の it を使って〈to ＋ど原＋...〉を後ろに回したカタチを予測！
……できましたか？

ここでは、makes it easy の直後にあるのが〈to ＋ど原＋...〉ではなく for people around ... というカタチだけど、**「だったら、この for people around ... が〈to ＋ど原＋...〉の意味上の主語で、〈for＋ 名 ＋to ＋ど原＋...〉ってカタチじゃない？」**というところまで考えられたなら、もう完璧♪

まとめると、次のとおり。

> メモメモ

> make ＋ it ＋ 形／名 (C) ＋ 〈for＋名＋ to ＋ど原＋...〉(O) で、
> 「(Sは)〈名が…すること〉(O)を 形／名 (C)（の状態）にする」
> という意味！
> ＊ make 以外に、find や feel なども、同じカタチで使うことがある。

参考訳
19-6. 今日、インターネットという新しい技術は、世界中の人々がお互いにコミュニケーションを取ることを本当に簡単にしています。

(*゜∀゜)=3　19.〈to ＋ど原＋ ...〉と意味上の主語　その1

(*°∀°)=3　20.〈to＋ど原＋…〉と意味上の主語　その２

Q
20-1.　Don't hope for other people to help you!

POINT 20-1　動詞の後ろの〈to＋ど原＋…〉と意味上の主語

この 20-1 は … hope for other people to help … のように、hope という動詞の後ろが for＋名＋〈to＋ど原＋…〉のカタチ！

ということで、もちろん (for＋)名 が〈to＋ど原＋…〉の「意味上の主語」（＝〈for＋名＋to＋ど原＋…〉で１セット）ですね。

このように、**動詞の後ろにも〈for＋名＋to＋ど原＋…〉というカタチ**が続くことがあるんです……が、実はこれって**かなりマレ**な組み合わせ！

普通、ほとんどの動詞の後ろには、〈for＋名＋to＋ど原＋…〉というカタチは続きません！

と言っても、これは別に、**動詞の後ろには〈to＋ど原＋…〉に「意味上の主語」が付いたカタチが続かないという意味ではなくて**、次のような決まりがあるという意味ですので。

メモメモ

❶ **大部分の動詞の後ろでは、〈to＋ど原＋…〉と「意味上の主語」という意味関係で、for を入れない 名＋〈to＋ど原＋…〉のカタチを使う！**
　＊ **POINT 17-1** （p.160〜）のＳＶＯＣのカタチになるということ。

ex. Don't expect other people to help you!
　＝　Don't hope for other people to help you!

❷ **ただし、中にはわずかながら次のような動詞もある！**

● **意味上の主語の前に for を入れるカタチと入れないカタチの両方がアリ**というタイプ（like や hate など）

ex. Saori doesn't hate (for) her mother to go out with that man almost every night.
サヲリは、母親がほぼ毎晩あの男と出かけることを嫌がってはいません。

● **for か、それ以外の前置詞の後ろに 名 +〈to +ど原+...〉が続くカタチならアリ**というタイプ（hope や wait、depend など）

ex. In spite of the rain, she waited for her mother Chihiro to come back home outside the house.
雨にもかかわらず、彼女は、母親のチヒロが帰ってくるのを家の外で待っていました。

ex. The hotel mainly depends on foreign guests to stay in business.
そのホテルは、主に外国からの客が商用で泊まることを当てにしています。

なお、動詞の後ろ以外で、〈to +ど原+...〉に意味上の主語を付け足す場合は、**POINT 20-3** （p.183）で扱う例外的なカタチを除いて、常に **for + 名** というカタチを使います。
なので、例えば、**POINT 13-1** （p.138〜）で見た **形 +〈to +ど原+...〉という組み合わせ**なら次のような感じ。

ex. For sure, she was eager for me to meet her son.
確かに、彼女は、私が彼女の息子と会うことを強く望んでいました。

参考訳
20-1. 他人が自分を助けてくれることを期待してはいけません！

Q

20-2. It's strange for there to be so many crows on the roof.

＊strange（奇妙な／変な）、crow（カラス）、roof（屋根）

POINT 20-2 there と〈to＋ど原＋…〉

「……for there to be … って、なんか気持ち悪っ！」って感じですが、これはもう〈 for＋there＋to＋be＋ 名 〉で1セットの表現と思っておくのがオススメ！　ということで、考え方は次のとおり。

メモメモ

〈 for＋there＋to＋be＋ 名 〉は、「 名 がある／いる」と、
ものの「**存在**」を表し、1セットで「**主語 (S)**」や **M副** 、**M形** 、「**補語 (C)**」のいずれかの働きをするカタチ！
→ 日本語にまとめる場合は、**働きや組み合わせに応じて**「 名 が**あること／あるために／あるように**」など、柔軟に調整すること！

要するに、これって、ものの存在を表す【there ＋ be 動詞＋名詞】のカタチを元にした〈to＋ど原＋…〉の1セットなんですが……ここで細かいことを言い始めても話が無駄にややこしくなるだけ。

なので、もう**「見掛けたときに戸惑わなければそれで良し！」**ということにして、注意点をいくつか。

● 動詞の後ろに続くこともあるけど、その場合は同じ意味関係でも **POINT 20-1**（p.180〜）で確認した注意点にならって、**there の前に for が付かないカタチが普通**！

ex. He didn't want there to be any unclear explanation in his book.
　　彼は自分の本の中に不明瞭な説明があることを望んでいませんでした。

● 〈 in order＋for＋there＋to＋be＋ 名 〉のような、in order などと組み合わせたカタチも、もちろんアリ！

ex. The prime minister should always choose his words carefully, in order for there to be no confusion.
首相は、混乱を招かないように、いつも慎重に自身の言葉を選ぶべきです。

参考訳
20-2. そんなにたくさんのカラスが屋根の上にいるのは奇妙です。

Q
20-3. It was stupid of him not to make a reservation for such a popular restaurant on Friday night.

＊ stupid（バカな／愚かな）、make a reservation for ...（…の予約をする）

POINT 20-3 it＋is＋形＋of＋名＋〈to＋ど原＋...〉のカタチ

見た瞬間、it ...〈for＋名＋to＋ど原＋...〉という形式主語のit を使ったカタチと思った人も、よ〜く見ると……〈for＋名＋to＋ど原＋...〉の部分で使われているのが、**for ではなく of** ですね？

……といっても、まあ、このカタチでも **of＋名** の部分が意味上の主語と言えば意味上の主語。
大事なのは、これで **POINT 13-1**（p.138〜）で確認した **形＋〈to＋ど原＋...〉**という組み合わせのうち、**「…するなんて自己チューだ／礼儀正しい」**と**「人の性格などについての判断を述べるカタチ」**と同じ意味というところ！

● it＋be 動詞＋形＋of＋名＋〈to ＋ど原＋ ...〉
　＝ 名 (S)＋be 動詞＋形＋〈to＋ど原＋...〉
＊ 形 は、stupid, polite, selfish, careless など人の性格・性質を表すものが入る。

ま、ここは「こんなカタチもありなんだなぁ」という程度に思ってもらえれば OK ですので。

参考訳
20-3. アイツはバカだなぁ。金曜の夜にあんな人気のあるレストランを予約しないなんて。

STEP 02 〈to＋動詞の原形＋ ...〉というカタチが入る文の傾向と対策。英文総ざらえ♪

STEP 02 で確認したポイントを、まとめて見てみましょう。

１１．述語動詞の前の〈to＋ど原＋...〉

POINT 11-1 文頭に〈to＋ど原＋...〉がある場合　その１（→ p.126 ～）

11-1-A.　To write a book is difficult.

11-1-B.　To write a book the author read many books of English grammar.

POINT 11-2 文頭に〈to＋ど原＋...〉がある場合　その２（→ p.128）

11-2-A.　To swim in the sea in winter may make you sick.

11-2-B.　To send her son money the mother went to the post office.

POINT 11-3 〈to＋ど原＋...〉の代わりの it（→ p.129）

11-3-A.　It is difficult to write a book.

11-3-B.　It may make you sick to swim in the sea in winter.

POINT 11-4 述語動詞より前の〈to＋ど原＋...〉　その１（→ p.130）

11-4-A.　In that country, to eat at McDonald's is expensive.

11-4-B.　In that country, to eat at McDonald's, poor people often save money.

POINT 11-5 述語動詞より前の〈to＋ど原＋...〉　その２（→ p.131）

11-5.　In their efforts to create original products they finally succeeded.

１２．動詞の後ろの〈to＋ど原＋...〉

POINT 12-1 一般動詞の後ろに〈to＋ど原＋...〉がある場合　その１（→ p.132 ～）

12-1-A.　When did Masayuki decide to move to Hokkaido ?

12-1-B.　Two days ago, my mother went to see my sister in Takamatsu.

12-1-C.　Sadly, the nice boy grew up to become a gangster!

POINT 12-2 一般動詞の後ろに〈to＋ど原＋...〉がある場合　その2（→ p.134〜）

12-2-A.　Most of them want to visit foreign countries in the future.
12-2-B.　Of course ordinary people have to work every day.
12-2-C.　The company seems to know our next project.
12-2-D.　Their grandfather, as a result, lived to be 100 years old.

POINT 12-3 be動詞の後ろに〈to＋ど原＋...〉がある場合（→ p.136〜）

12-3-A.　His plan for next Sunday is to visit Matsue, the capital of Shimane prefecture, with his girlfriend.
12-3-B.　Every parent is to pay for the school expenses of their children.

POINT 12-4 前置詞っぽい語の後ろに〈to＋ど原＋...〉がある場合（→ p.137）

12-4-A.　The roses around his house are about to bloom.
12-4-B.　Let's go on to talk about the next topic.

１３．形容詞の後ろの〈to＋ど原＋...〉

POINT 13-1 形容詞の後ろに〈to＋ど原＋...〉がある場合　その1（→ p.138〜）

13-1-A.　In a way, I'm happy to hear the news of his divorce.
13-1-B.　Oh! You are really selfish to say something like that!!
13-1-C.　Instead of French, I am eager to study Turkish.

POINT 13-2 形容詞の後ろに〈to＋ど原＋...〉がある場合　その2（→ p.140〜）

13-2.　This river is dangerous to swim in.

１４．「名詞」の後ろの〈to＋ど原＋...〉

POINT 14-1 名詞の後ろに〈to＋ど原＋...〉がある場合　その1（→ p.142〜）

14-1.　After 15 minutes' exercise he wanted a towel to wipe his face.

POINT 14-2 名詞の後ろに〈to＋ど原＋...〉がある場合　その2（→ p.144〜）

14-2-A.　Unluckily, there was nothing to stop his terrible pain.
14-2-B.　Would you like something to drink?
14-2-C.　We lost about two-thirds of our money to buy a house (with).
14-2-D.　Aside from his strange character, he does have the ability to write terrific songs.

15. 〈to + be + ...〉というカタチ

POINT 15-1 〈to + be + ...〉というカタチ　その1（→ p.148）

15-1-A.　It's not bad at all to be different from other people.
15-1-B.　To be a good mother, in short, doesn't agree with her true self.
15-1-C.　Students are to be in the classroom by 8:30.

POINT 15-2 〈to + be + ...〉というカタチ　その2（→ p.149）

15-2-A.　At first, Toshio didn't seem to be happy about his job.
15-2-B.　Midori, to be sure, studied English hard to work abroad.

16. 〈to＋ど原＋...〉とほかの語句の組み合わせ

POINT 16-1 not と〈to＋ど原＋...〉の組み合わせ（→ p.150～）

16-1-A.　Not to eat vegetables is bad for your health.
16-1-B.　Most of the residents decided not to attend the meeting after all.
16-1-C.　Be careful not to catch a cold!

POINT 16-2 in order と so as と〈to ＋ど原＋ ...〉　その1（→ p.152）

16-2.　Saori, Chihiro's daughter, wants to be a doctor in order to help little children in Africa.

POINT 16-3 in order と so as と〈to ＋ど原＋ ...〉　その2（→ p.153）

16-3-A.　So as get started quickly, what should the people in my department do first?
16-3-B.　Don't use curse words, such as fuck or shit, so as not to make other people uncomfortable.

POINT 16-4 so＋形／副＋as to＋ど原 というカタチ（→ p.154）

16-4.　He may not be so smart as to pass the entrance exam of Tokyo University.

POINT 16-5　never や only と〈to ＋ど原＋ ...〉（→ p.155）

16-5-A.　On that morning, their son went to school as always, never to come back home.

16-5-B.　They both spent a great deal of money on presents for her, only to fail to attract her.

POINT 16-6　enough と〈to ＋ど原＋ ...〉（→ p.156 ～）

16-6-A.　First of all, recently, I haven't had enough time to sleep.

16-6-B.　Actually, he dosen't seem to be smart enough to pass the entrance exam of Tokyo University.

POINT 16-7　too と〈to ＋ど原＋ ...〉（→ p.158）

16-7.　The son was too childish to understand his mother's feelings.

POINT 16-8　副詞と〈to ＋ど原＋ ...〉（→ p.158 ～）

16-8.　The scholar promised clearly to explain his complicated theory.

１７．〈to ＋ど原＋ ...〉とＳＶＯＣ　その１

POINT 17-1　ask や allow などに続く 名＋〈to ＋ど原＋ ...〉（→ p.160 ～）

17-1-A.　Would you ask your sister to sing at our party?

17-1-B.　In the end, his father allowed him to go to the rock concert.

POINT 17-2　make、have、let などとＳＶＯＣ（使役動詞）（→ p.162 ～）

17-2-A.　Her e-mail last night made him very happy.

17-2-B.　These days some mothers in Japan make their children study English every day.

POINT 17-3　help とＳＶＯＣ（→ p.164）

17-3.　Her student Haruto seldom helps his mother (to) do housework.

POINT 17-4　see、hear、feel などとＳＶＯＣ（知覚動詞）（→ p.164 ～）

17-4-A.　In front of the bank, we saw policemen catch the robber.

17-4-B.　Did you hear someone scream outside last night?

17-4-C.　Suddenly Naoya felt something cold touch his back.

POINT 17-5 think や know と 〈to ＋ど原＋ ...〉 と Ｓ Ｖ Ｏ Ｃ（→ p.166）

17-5. My friends know the musician to be famous in England.

POINT 17-6 〈to ＋ど原＋ ...〉 とこれまでの内容が合わさると？（→ p.167）

17-6. At first, to make a good album, the members of the band wanted to ask Allan, an excellent producer, to support them.

１８．〈to ＋ど原＋ ...〉と Ｓ Ｖ Ｏ Ｃ　その２

POINT 18-1 無生物主語と 〈to ＋ど原＋ ...〉 と Ｓ Ｖ Ｏ Ｃ（→ p.168 〜）

18-1-A. The hot weather caused him to sweat a lot.

18-1-B. The unimaginably strong typhoon made about three quarters of the people of the city abandon their homes.

POINT 18-2 make＋it＋形／副＋〈to ＋ど原＋ ...〉というカタチ（→ p.170 〜）

18-2. The Internet has made it very easy to get information.

１９．〈to ＋ど原＋ ...〉と意味上の主語　その１

POINT 19-1 〈to ＋ど原＋ ...〉の前にある for＋名 の解釈（→ p.172 〜）

19-1-A. Unfortunately, there was no food to eat in the fridge.

19-1-B. Unfortunately, there was no food for us to eat in the fridge.

POINT 19-2 文頭の for＋名＋〈to ＋ど原＋ ...〉の解釈と形容詞（→ p.174 〜）

19-2-A. For me to meet the deadline is very important.

19-2-B. For the artist to die would make a number of people sad.

POINT 19-3 in order と 〈to ＋ど原＋ ...〉 と 意味上の主語（→ p.176）

19-3. In order for children to learn about money, in my opinion, they need to have some.

POINT 19-4 enough と 〈to ＋ど原＋ ...〉 と 意味上の主語（→ p.177）

19-4. Is his new flat large enough for all of the members of his club to sleep comfortably?

> **POINT 19-5** too と 〈to ＋ ど原＋ ...〉 と意味上の主語（→ p.178）

19-5. The population of that country is in short too many for only one government to control properly.

> **POINT 19-6** make ＋ it ＋ 形 ／ 名 ＋〈to ＋ ど原＋ ...〉と意味上の主語（→ p.178 〜）

19-6. Today, a new technology, the Internet, really makes it easy for people around the world to communicate with each other.

２０.〈to ＋ ど原＋ ...〉と意味上の主語　その２

> **POINT 20-1** 動詞の後ろの〈to ＋ ど原＋ ...〉と意味上の主語（→ p.180 〜）

20-1. Don't hope for other people to help you!

> **POINT 20-2** there と〈to ＋ ど原＋ ...〉（→ p.182 〜）

20-2. It's strange for there to be so many crows on the roof.

> **POINT 20-3** it ＋ is ＋ 形 ＋ of ＋ 名 ＋〈to ＋ ど原＋ ...〉のカタチ（→ p.183）

20-3. It was stupid of him not to make a reservation for such a popular restaurant on Friday night.

STEP 03

〈動詞 ing ＋...〉というカタチが入る文の傾向と対策。

質問。

例えば、play**ing** や eat**ing** のように、動詞の後ろに **-ing** がくっ付いたカタチを見て思い浮かぶ言葉と言えば？
「……進行形！」
と答えてくれた人が圧倒的に多いと思うけど、中には「……動名詞ってやつじゃない？」と思った人もいるかも。

で、**これが大きな問題**なんです。

ポイントは、このたった**ひとつのカタチ**に、実は**いろいろな意味&働き&使い方がある**というところ。
ここではそんな「動詞 ing」のカタチについて、完璧に！分かってもらいます♪

〈動詞ing〉というカタチのとらえ方

★〈ど ing〉というカタチの基本

1.「動詞」の後ろに -ing をくっ付けて**〈動詞ing〉というカタチ**にすると、**「動詞」を「文の核になる動詞（＝述語動詞）」としてではなく、ほかの働きをするもの**として使える。

＊一般には、この〈動詞ing〉というカタチのことを働きに応じて「動名詞」または「現在分詞」と呼び区別して扱うことが多い。が、本書ではこの区別をせず、以下〈ど ing〉と表記する。

2. ほかの働きというのは、**M副** や **M形**、**「主語(S)」**、**「目的語(O)」**、**「補語(C)」の働き**ということだけど、ここであらためて英文の「実際のカタチ」を思い出してみると……

$$\left(M_{副}\right) \, S\left(名+(M_{形})\right) \begin{cases} (M_{副}) V (一般) \begin{cases} (前+名+(M_{形})) \\ C(形(+前+…)) \\ O(名+(M_{形})) \\ O(名+(M_{形})) \begin{cases} O(名+(M_{形})) \\ C(形(+前+…)) \end{cases} \end{cases} \\ V(be)(M_{副}) \begin{cases} C(形(+前+…)) \\ C(名+(M_{形})) \\ C(前+名+(M_{形})) \end{cases} \end{cases} (M_{副})$$

＊ **M形** ＝ 1セットで後ろから前の名詞を説明（＝修飾）する要素。

＊ **M副** ＝ S V O、S V O Cといった「基本のカタチ」に対してその枠の前か後ろ、もしくは内部（＝主に動詞の前後）に入る「おまけ要素」。

以上を念頭に〈ど ing〉の使い方について整理すると次のようになる。

●〈ど ing〉は M形 として使える

= 名詞＋〈ど ing〉 のように名詞の後ろに置いて、**後ろから前の名詞を説明（＝修飾）する要素**として使える！

＊一般に〈ど ing〉の中でもこのような使い方をするものは「現在分詞」と呼ばれ、中でもこれは「現在分詞」の「形容詞（的）用法」と呼ばれる使い方。

→ 日本語にすると、大体**「…している」**という意味。
名詞＋〈ど ing〉 という全体では「名詞1個分」の働きで、日本語にすると、大体**「〈…している〉＋名詞」**となる。

ex. That girl 〈crying〉　　doesn't have　　any parents.
　　　　S(名 ＋ M形)　　　　＋　　　V(一般)　　　＋　　O(名)
　　〈泣いている〉あの女の子 にはどちらの親もいません。

●〈ど ing〉は M副 として使える

＝ＳＶＯやＳＶＯＣといった「基本のカタチ」に対して、その枠の前か後ろ、もしくは内部（＝主に動詞の前後）に**「おまけ要素」**として追加する感じで使える！

＊一般に〈ど ing〉の中でもこのような使い方をするものは「現在分詞」と呼ばれ、中でもこれは「分詞構文／分詞節」と呼ばれる使い方。

→ 日本語にすると、大体**「…して／…しつつ／…（するの）で／（そして）…した」**という意味。

ex. The boy　　ran away,　　〈crying〉.
　　　　S(名)　　＋　　V(一般)　　＋　　M副
　　その男の子は逃げて行きました。〈泣きながら／そして泣きました〉。

〈動詞 ing〉というカタチのとらえ方　｜　193

● 〈ど ing〉は「主語 (S)」や「目的語 (O)」として使える！
＝普通の名詞のように、動詞の前や後ろに置いて、主語や目的語としても良い！

*一般に〈ど ing〉の中でもこのような使い方をするものは「動名詞」と呼ばれる（普通、文の「主語 (S)」や「目的語 (O)」になるのは「名詞」というところから、〈ど ing〉が「主語 (S)」や「目的語 (O)」になる＝「動詞」が「名詞」になったカタチで「動名詞」という感じ）。

ただし、あくまで大事なのは〈ど ing〉が M形 や M副 のほかに「主語 (S)」や「目的語 (O)」の働きもする（＝普通の名詞のように、動詞の前や後ろに置いても良い）という部分。同じカタチにもかかわらずこれを「現在分詞」だとか「動名詞」だとか違う呼び名をつけて別物のように扱っても話がかえってめんどくさくなるだけ。

→ 日本語にすると、大体**「…すること／…するの」**という意味を表す1セット。

ex. 〈Eating〉 is important.
　　　　S ＋ V(be) ＋ C(形)

〈食べること／食べるの〉は大事です。

ex. Her son in Nagoya quit 〈smoking〉 last year.
　　　S(名 ＋ M形) ＋ V(一般) ＋ O ＋ M副

名古屋にいる彼女の息子は、去年〈タバコを吸うの〉をやめました。

●〈ど ing〉は「補語 (C)」として使える
＝ be 動詞の後ろに置いたり、Ｓ Ｖ Ｏ Ｃ のカタチの Ｃ に当たるものとして使える。

＊通常、〈ど ing〉が be 動詞の後ろに続くカタチに関しては、表す意味の違いによって、〈be ＋ど ing〉の１セットで「進行形」と呼ばれたり、「動名詞」が「補語 (C)」に当たるカタチとされたり、別物として区別される。
　が、本書では「同じカタチにもかかわらず違う呼び名をつけて別物のように扱っても話がかえってめんどくさくなるだけ」と考え、この区別をしない。
　つまり、一般に「進行形」と呼ばれるものも〈ど ing〉が「補語 (C)」に当たるカタチとして考える（詳しくは p.208 参照）。

→ 日本語にすると、大体「…している／…すること」という意味を表す１セットという感じのことが多い。

ex. Your duty　　is　　　〈studying〉.
　　　S(名)　　＋ V(be) ＋　　　C
　　あなたの義務は〈勉強すること〉です。

ex. I　　　heard　　him　　〈singing〉.
　　S(名)＋ V (一般)　＋ O(名) ＋　　C
　　私は、彼が〈歌っている〉のを聞きました。

……なお、**〈ど ing〉というカタチ**に関しては〈to ＋ど原〉とは違って、**「前置詞」の後ろに続けることもできる**！
つまり、文中では**「前置詞」の後ろに出てくることもある**ので注意！

ex. She　　　is　　good at 〈teaching〉.
　　S(名)　＋　V(be) ＋　　C (形 ＋ 前 ＋〈ど ing〉)
　　彼女は〈教えること〉が上手です。

〈動詞 ing〉というカタチのとらえ方

3. 語尾が **-ing** の語の中には、interesting（面白い）や boring（退屈な）のように、**辞書を引くと形容詞として載っているもの**もある。

これらは**動詞に -ing がくっ付いたカタチが形容詞化した語**。

……つまり、もう**普通の形容詞と同じ使い方をするのが当たり前**になってしまっている語、ということで、こういったものについては、次のいずれかの使い方が基本。

● 「名詞」の前に置き、前から後ろの「名詞」を修飾する
- **ex.** an interesting book　⇔　面白い本
- **ex.** developing countries　⇔　発展途上国

● 「補語 (C)」として be 動詞などの後ろに続ける
- **ex.** This movie is boring.　この映画は退屈です。

このような語の代表に、次のようなものがある。右が元となる動詞。

interesting（面白い）	← interest（…の興味を引く）
exciting（刺激的な）	← excite（…を興奮させる）
boring（退屈な）	← bore（…を退屈させる）
developing（発展途上の）	← develop（発展する）
promising（将来有望な）	← promise（約束する）

また、boiling water（熱湯）や waiting room（待合室）、dining room（食堂／ダイニング）のように、**〈ど ing〉のカタチを含んだ決まり文句的表現**もある。

★ 〈ど ing ＋ …〉という１セットのカタチと文全体の構造

1. 〈ど ing〉は動詞を元にしたカタチなので、多くの場合、**元となる動詞に応じ**、**〈singing many songs〉**のように後ろに名詞などが続いて意味的なまとまりを持った**「１セットのカタチ」**を作る。

具体的には次のようなパターンなどが考えられる。

ex. 〈working　　　on Sundays〉
　　＊〈ど ing　　＋　　　M副　　〉のカタチ
　→ 日本語にすると、「日曜日に働くこと／働いている／働いて」など。

ex. 〈keeping　　silent　　at the meeting〉
　　＊〈ど ing　　＋　C(形)　＋　　M副　　〉のカタチ
　→ 日本語にすると、「会議で静かにしていること／静かにしていて」など。

ex. 〈watching　　a bird on the roof　　carefully〉
　　＊〈ど ing　　＋　O(名＋M形)　　＋　　M副　　〉のカタチ
　→ 日本語にすると、「屋根の上の鳥 を注意深く見ること／見ている／見ていて」など。

ex. 〈asking　　his friend in Hokkaido　　〈to send salmon〉〉
　　＊〈ど ing　　＋　O(名＋M形)　　＋　　C　　〉のカタチ
　→ 日本語にすると、「北海道の彼の友達 に〈サケを送るよう〉頼むこと／頼んでいる／頼んでいて」など。

2. 〈working on Sundays〉のようなカタチが**意味的なまとまりを持つ1セット**ということは、つまり〈どing〉の部分だけでなく**後ろに続く名詞なども含めた〈どing＋…〉というカタチ全体で** M副 や M形 、「**主語(S)**」、「**目的語(O)**」、「**補語(C)**」**の働きをする1セット**ということ！

……ここから、結局、**現実の文は次のような階層構造になりうる**と言える。

ex. My friend 〈working on Sundays〉,　　is　　〈thinking of …〉
　　　名　＋　〈どing ＋ M形〉　　　　　V(be) ＋ 〈どing ＋ 前 ＋ …〉
　　　　　　　　↑　　　　　　　　　　　　　　　　　↑
　　　名＋M形 という1セットで「主語(S)」　　　　1セットで「補語(C)」

〈日曜日に働いている〉私の友達 は、〈…について考えて〉います。

3. 文中に〈どing ＋ …〉が出てくる場合、それが M副 や M形 、「**主語(S)**」、「**目的語(O)**」、「**補語(C)**」などのうち**どの働きなのかは、英文の「実際のカタチ」を意識しながら判断する**ことになる。

……が、いずれにせよ、**〈どing ＋ …〉はあくまで1セットで** M副 や M形 、「**主語(S)**」、「**目的語(O)**」、「**補語(C)**」などの働きをするカタチ。
言い換えると、**〈どing ＋ …〉は「文の核になる動詞（＝述語動詞）」にはならない**ということで、**たとえ文中にこの1セットがあっても、これとは別にちゃんと「述語動詞」が存在する。**

(*°∀°)=3　２１. 述語動詞の前の〈ど ing ＋ …〉

Q

21-1-A.　Listening to the speeches is always fun.
21-1-B.　Listening to the speeches after lunch, we became sleepy.

＊ become sleepy（眠くなる）

POINT 21-1　文頭の〈ど ing ＋ …〉は、２つの可能性！

21-1-A と 21-1-B は、どちらも文頭が Listening という〈ど ing〉のカタチ！
……というところで、いきなりとっても大事な注意点！

メモメモ✏

❶ 文中に〈ど ing〉というカタチを見つけたら、必ず、元となる動詞に応じて**意味的なまとまりを持った〈ど ing ＋ …〉という１セットのカタチ**になっていることを**予測**し、１セットの終わりの部分
（＝意味の区切りにあたる部分）が**どこなのかを意識する**こと！

❷ **区切りの判断基準**になるのは、もちろん〈ど ing ＋ …〉の
元となる動詞の性質（＝ 例えばＳＶＯＣのカタチがアリなタイプかどうかなど）と**「名詞」の連続部分**！！

＊初めのうちは、１セットの部分をカッコでくくるクセをつけるのがオススメ。

ここでは、**listen** が「後ろに**いきなり前置詞の to が入ってから名詞が続く**」という**タイプ**だから……

21-1-A は

〈Listening to the speeches〉　　　is …
　　〈ど ing ＋ …〉　　　　　　　＋　動

のように、**… speeches** と、**述語動詞でしかありえない is の間が区切り！**

21-1-B は

〈Listening to the speeches after lunch〉,　　we ...
　　〈ど ing ＋ ...〉　　　　　　　　　　　　　　＋　名

のように、**... lunch, we** という**名詞の連続部**分が区切り！
ここでは lunch と we の間に**コンマが入る**ところも区切りの大きな目印ですね。ってところで、さらにとっても大事な注意点！！

> **文頭**が〈ど ing ＋ ...〉の場合、この〈ど ing ＋ ...〉は 1 セットで
> **文の主語の可能性**と M の可能性がある！
> が、判断基準とそれぞれの場合のまとめ方は次のとおり。
>
> 💧〈Listening to the speeches〉is ... のように、〈ど ing ＋ ...〉の後ろが
> 「**動詞**」なら、〈ど ing ＋ ...〉は主語！
> → **基本的に「…すること／…するの『は／が』」とまとめる！**
>
> 💧〈Listening to the speeches after lunch〉, we ... のように、
> 〈ど ing ＋ ...〉の後ろが「**名詞**」なら〈ど ing ＋ ...〉は M で、
> 〈ど ing ＋ ...〉の後ろの「**名詞**」が文の主語！
> ＊普通、M に当たる〈ど ing ＋ ...〉と主語に当たる名詞の間にコンマが入る！
> → M に当たる〈ど ing ＋ ...〉は、大体「**…して／…しつつ／…（するの）で**」
> 　など、**述語動詞とほぼ同時進行で進む動作や原因**などを示す。
> 　が、いずれにしても**全体の内容に対しての前置き**という感じなので、
> 　日本語にまとめる場合は、読点を打って区切るイメージで。

なお、〈ど ing ＋ ...〉の中でも M に当たるものを、一般には「分詞構文」と呼ぶというのも参考までに（本書ではこの呼び名は使いませんが）。

参考訳
21-1-A. スピーチを聞くのは、いつも楽しいです♪
21-1-B. お昼ごはんの後にスピーチを聞いて、私たちは眠くなりました。

Q

21-2-A.　Telling a lot of lies made the boy friendless.
21-2-B.　Telling a lot of lies, the boy became friendless.

＊ tell lies（うそをつく）、friendless（友達がいない［状態］）

POINT 21-2　文頭の〈ど ing ＋ …〉と、S V O C ⇔ M副＋S V C

21-2-A と 21-2-B は文頭がどちらとも Telling a lot of lies という〈ど ing ＋ …〉の1セットですね。
こんな場合は、たったいま **POINT 21-1**（p.200 ～）で確認したとおり、後ろに注目！

すると、次のような構造と意味関係というのが分かるはず。

21-2-A：Telling a lot of lies　　　made　　　the boy　　　friendless.
　　　　〈ど ing ＋ …〉　　　＋　　動　＋　　名　　＋　　形

→ Telling a lot of lies が主語で、その後ろの made が述語動詞に当たるＳＶＯＣのカタチで、直訳的にとらえれば、「たくさんのうそをついたことが、その少年を友達がいない状態にした」ということ。

21-2-B：Telling a lot of lies ,　　the boy　　became　　friendless.
　　　　〈ど ing ＋ …〉,　　＋　　名　＋　動　＋　形

→ Telling a lot of lies が M副 で、その後ろの the boy が主語に当たるＳＶＣのカタチで、直訳的にとらえれば、「たくさんのうそをついて／うそをついたことで、その少年は、友達がいない状態になった」ということ。

なお、20-2-A の例のように、**〈ど ing ＋ …〉が主語で述語動詞が過去形という場合は、〈ど ing ＋ …〉の部分も**「…すること」とするより**「…したこと」と過去っぽくまとめる**と落ち着きが良くなることが多いです。

というところで、

「……でも、結局、この2つの文って同じ意味じゃない？」

って思ったりしませんか？　しますよね？　いや、するに違いない！
つまり、まとめると次のような関係と言えるんです。

メモメモ

❶ 〈ど ing＋...〉を主語にしたＳＶＯＣのカタチと、〈ど ing＋...〉を
Ｍ副として使ったＳＶＣのカタチは、ほぼ同じ意味を表すカタチとして、
次のような言いかえが可能！

〈Telling a lot of lies〉 made　the boy　　　　　　friendless.
　　　　Ｓ　　　　　　　　Ｖ　　　Ｏ　　　　　　　　　Ｃ

　　　⇕　　　　　　　　　　　　⇕

〈Telling a lot of lies〉,　　　the boy　　became　friendless.
　　　Ｍ副　　　　　　　　　　　Ｓ　　　　Ｖ　　　　Ｃ

❷ このようなカタチを日本語にする場合は、ＳＶＯＣのカタチであっても、
Ｍ副＋ＳＶＣのカタチのようにまとめると、より日本語らしい表現に
なることが多い！

……とはいえ、基本はもちろんそれぞれ直訳的にとらえればＯＫで、ここはまあ
「ふーん」というくらいで大丈夫。

ただ、この関係を知っておくと、試験で「日本語に訳せ」などと言われた場合などに
イイ感じなのです♪（→ POINT 18-1 [p.168～]）

参考訳
21-2-A.　たくさんのうそをついたことが、その男の子を友達のいない状態にしました。／たくさんのうそをついて、
　　　　　その男の子は友達がいなくなりました。
21-2-B.　たくさんのうそをついて、その男の子は友達がいなくなりました。

(*°∀°)=3　22. not と being と it

Q
22-1-A.　Not knowing the answer, everyone in the class was quiet.
22-1-B.　Not eating vegetables, such as onions, is, of course, not good for your health.

POINT 22-1　not と〈ど ing＋…〉の組み合わせ

22-1-A と 22-1-B は、どちらも出だしが〈ど ing＋…〉の前に Not が入ったカタチ！

ってところで、もうこの後の展開の予測がついた思うけど、大事な注意点。

メモメモ

❶〈ど ing＋…〉の前に not を置き〈not ＋ど ing＋…〉とすると、〈ど ing＋…〉の内容について「…しない」と否定した意味になる！

❷〈not ＋ど ing＋…〉も not が付かないカタチと同じく、**1 セットで** Ⓜ副 や Ⓜ形、「主語 (S)」、「目的語 (O)」、「補語 (C)」として使う！
→ 日本語にするなら、**働きや組み合わせに応じて**「…しないこと」、「…していない／…せずに／…しなくて」という感じ。

以上を踏まえ、あらためて 22-1-A を文頭から確認すると……、Not knowing the answer の**後ろにコンマが入って**、everyone … **という名詞が続く**ことから、Not knowing the answer は Ⓜ副 で、everyone in the class が主語というのが分かりますね。

STEP03　〈動詞 ing ＋ …〉というカタチが入る文の傾向と対策。

一方、22-1-Bは、コンマがたくさんあって分かりにくく見えるかもしれないけど、ちゃんと前から順に考えていけば大丈夫！

まず、出だしの Not eating vegetables の後ろを見ると、意味的に**前の名詞と同格に近い関係**を表す such as onions がコンマで区切られるカタチで続いていますね？
(→ POINT 9-6 [p.99])

なので、これも含めた Not eating vegetables, such as onions, が**1セットで、主語か M副 のどちらか**と考え、後ろに注目。
すると、述語動詞の is があるので、not eating vegetables, such as onions, は1セットで主語と確定。

また、is の後ろにもコンマで挟まれて of course という語句があるけど、これはもちろん M副 ……ってのも余裕でしょ？

参考訳
22-1-A. 答えが分からず、クラスの全員が黙っていました。
22-1-B. 例えばタマネギのような野菜を食べないことは、もちろん、あなたの健康に良くありません。

Q

22-2-A.　Being a top athlete for a long time is, to be sure, very difficult.
22-2-B.　Being ignorant of Russian, she couldn't read the letter.

＊athlete（運動選手／アスリート）、for a long time（長い間）、
ignorant of/about ...（…を知らない／…について無知である）、Russian（ロシア語）

POINT 22-2　〈being ＋ ...〉というカタチについて

この 22-2-A と 22-2-B のどちらも、出だしが Being という単語だけど、これはもちろん be 動詞に -ing をくっ付けたカタチ！

当然、後ろには**名詞や形容詞、〈前置詞＋名詞〉**などいろいろな語句が続いて**〈being ＋ ...〉という１セット**になり、**基本のニュアンスは「…（という状態）でいる・ある／…（という場所）にいる・ある」**といったところです。

ここでは、構造を確認すると次のようになっているということで……

22-2-A：<u>Being a top athlete for a long time</u>　　is ...
　　　　　　　〈being ＋ ...〉　　　　　　　　　　＋　動

22-2-B：<u>Being ignorant of Russian,</u>　　she ...
　　　　　　〈being ＋ ...〉　　　　　　＋　名

22-2-A は、Being a top athlete for a long time が１セットで文の主語！
だから、日本語としては、**「長い間トップアスリートでいることは、…」**とまとめるとイイ感じ♪
22-2-B は、Being ignorant of Russian が M副 で、she が文の主語！
だから、日本語としては、**「ロシア語を知らなくて、彼女は…」**とまとめるとイイ感じ♪

なお、22-2-A は、... is, to be sure, very ... と、be 動詞の後ろに M副 として決まり文句的に使う to be sure が挿入されてるけど、問題ないですね？

参考訳
22-2-A.　長い間トップアスリートでいることは、確かに、とても難しいことです。
22-2-B.　ロシア語を知らなくて、彼女はその手紙を読むことができませんでした。

Q 22-3. It is always fun listening to the speeches.

POINT 22-3 〈ど ing + ...〉と形式主語の it の関係

もう、見た瞬間、分かっちゃいましたね？

文頭の It が「形式主語」（「仮主語」と言うこともある）の it で、fun の後ろに続く listening to the speeches が本当の主語ってことが。

このように、〈ど ing + ...〉の 1 セットが主語という場合も、形式主語の it を使って、後ろに回すことがあるんです！

……とは言え、〈ど ing + ...〉に対して形式主語の it を使うのは、fun や nice のような一部の形容詞や、no use/good（無駄な）のような語句が be 動詞の後ろに続く（=「補語 (C)」に当たる）場合以外では、**それほど一般的ではありません**。

一方、〈to +ど原+ ...〉が主語の場合はかなりの確率で、形式主語の it を使うんでしたよね？（→ **POINT 11-3** [p.129]）

ex. It's my ambition 〈to build a hotel in the city of Trabzon in Turkey〉.
〈トルコのトラブゾンという町にホテルを建てること〉が私の夢です。

ちなみに上の例の the city of Trabzon という部分については、**POINT 9-4**（p.97）を参照しておくといい感じ♪

参考訳
22-3. スピーチを聞くのはいつも楽しいです♪

(*°∀°)=3　23. 動詞の後ろの〈ど ing ＋ ...〉

Q

23-1-A.　In the small room some kids were watchicng a DVD.
23-1-B.　One of the important rules of this class is speaking English!

＊ kid（子ども）、rule（ルール／決まり）

POINT 23-1　be 動詞の後ろの〈ど ing ＋ ...〉

23-1-A は、文頭の In the small room が M副 で、some kids が主語、23-1-B は One of the important rules of this class という長〜い１セットが丸々主語ですね。まあ、この辺の考え方は STEP 01 からほんとにしつこすぎるくらい確認してきたので問題ないはず。

で、23-1-A と 23-1-B のどちらも、見た目は be 動詞の後ろに〈ど ing ＋ ...〉が続いたカタチ、つまり**〈ど ing ＋ ...〉が「補語 (C)」**……というところで、とっても大事な注意点！

メモメモ

❶ **〈ど ing ＋ ...〉**は、働きや対応する日本語表現がどうあれ、
主に**「述語動詞と比べた場合に、その時点で実際にしている最中の動作や状態／事実である（と話者が思っている）こと」というニュアンス**を表す！

❷ **be 動詞＋〈ど ing ＋ ...〉**のように、**be 動詞の後ろに「補語 (C)」として〈ど ing ＋ ...〉が続くカタチを日本語にするとしたら、大体次のようになる！**
＊当然、「(S は)〈ど ing ＋ ...〉だ」、「S ＝〈ど ing ＋ ...〉」という意味関係が前提。

● 「(S は) …している（ところだ）」　　　＊ 主に S が生物の場合
● 「(S は)（実際に）…する（という）ことだ」　＊ 主に S が無生物の場合

そんなわけで、23-1-A は**「DVD を見ているところだった」**、23-1-B は**「英語を話す（という）ことだ」**という意味って分かりますね。

なお、一般的には 23-1-A は「進行形」、23-1-B は「動名詞」が「補語(C)」に当たる**カタチ**というふうに、まったく別物のように扱われるけど……、**こう考えても、話が無駄にめんどくさくなるだけでメリット無し！**

それよりは、どちらも**〈ど ing ＋ …〉**が**「補語(C)」**に当たる**カタチ**で、元々〈ど ing ＋ …〉が持っているニュアンスに基づき、2 通りのまとめ方が考えられる、と考える方が合理的でオススメですので♪

参考訳
23-1-A．小さな部屋の中では、何人かの子どもが DVD を見ているところでした。
23-1-B．この授業での重要なルールのひとつは、英語を話すということなのです！

Q
23-2.　His friend is going to come back to Greece by way of Turkey.

＊ Greece（ギリシャ）、by way of …（…経由で）、Turkey（トルコ）

POINT 23-2　be 動詞＋going＋to＋ど原 という**カタチ**.
もう見た瞬間、be 動詞＋going＋to＋ど原＋ … で、**「(S は) …する予定／するつもりだ」という意味を表すカタチ**と思い浮かんだのでは？

実際、こう覚えておけば十分だけど、せっかくだから成り立ちを確認すると……、be 動詞の後ろに「補語(C)」として〈ど ing ＋ …〉が続き、さらにその後ろに〈to ＋ど原＋ …〉ということで、**「(これから) …するという方向に向かって進んでいるところ」**、つまり**「…する予定／するつもり」**となる感じ。

なお、His friend is coming … のような be 動詞＋〈ど ing ＋ …〉のカタチで**「(S は) …する予定／するつもり」**という意味のこともたまにあるので注意！

参考訳
23-2．彼の友達は、トルコ経由でギリシャに戻って来る予定です。

Q

23-3-A. To start a business in Bulgaria, his uncle began studying Bulgarian three months ago.
23-3-B. Do you remember going to Korea with me?

＊business（事業／商売）、Bulgarian（ブルガリア語）

POINT 23-3 一般動詞の後ろの〈ど ing ＋ ...〉と〈to ＋ど原＋ ...〉

まず、23-3-A ですが、出だしが To start ... だから〈to ＋ど原＋ ...〉の１セットと考えて後ろに注意すると、コンマが入った後に his uncle という名詞。

よって、To start ... は「…するために」という意味の M副 で、後ろに続く his uncle が主語と確定！　というところまでは、STEP 02 のおさらい。

ここで注目すべきは、主語の his uncle の後ろが began studying Bulgarian ... と、動＋〈ど ing ＋ ...〉というつながりになっているところ！
また、23-3-B も you の後ろが remember going to ... と、動＋〈ど ing ＋ ...〉というつながりですね？

このように、**動詞の後ろには〈ど ing ＋ ...〉が続いて**動＋〈ど ing ＋ ...〉**という組み合わせになることも多い**んですが……次の点に注意。

> メモメモ

❶ 動＋〈ど ing ＋ ...〉という組み合わせでは、基本的に〈ど ing ＋ ...〉は「…すること／…するの」という意味。
　だけど、remember など**一部の動詞との組み合わせでは、〈ど ing ＋ ...〉が「…したこと」と「過去」の動作や状態を表す**場合もある！
＊働きを考えると「目的語(O)に当たる名詞」だけど、ここでは分類はあまり気にしすぎないのがオススメ。

ex. begin ＋〈ど ing ＋ ...〉　　　…することを始める → …し始める
ex. remember ＋〈ど ing ＋ ...〉　…したことを覚えている

❷ 動＋〈ど ing ＋ ...〉の組み合わせの中でも、go と come など
ごく一部の動詞との組み合わせでは、〈ど ing ＋ ...〉が
「…するために／…しながら」といったニュアンス！
＊働きを考えると Ｍ だけど、分類はあまり気にしすぎないのがオススメ。

ex. go ＋〈ど ing ＋ ...〉　　…しに行く／…しながら行く
ex. come ＋〈ど ing ＋ ...〉　…しに来る／…しながら来る

さて、ここでちょっと p.135 の一覧を見てみましょう。すると、**begin ＋〈to ＋ど原＋ ...〉は「…し始める」**、**remember ＋〈to ＋ど原＋ ...〉は「…することを覚えている」という意味**なのが分かりますね？

ここから言えるのは……

> メモメモ

動＋〈ど ing ＋ ...〉と 動＋〈to ＋ど原＋ ...〉を比べた場合、
大きく分けて次の２タイプがある！

● begin ＋〈ど ing ＋ ...〉と begin ＋〈to ＋ど原＋ ...〉のように、
同じ意味を表すタイプ！
● remember ＋〈ど ing ＋ ...〉と remember ＋〈to ＋ど原＋ ...〉のように、
違う意味を表すタイプ！

思わず「……**メンドクサ**。」とぼやいた人もいるかもしれないけど、こればっかりは、覚えるしかありません。
ということで、次のページにまとめてありますが、まあ、取りあえずは気楽にどうぞ♪

参考訳
23-3-A. ブルガリアで事業を始めるために、彼のおじさんは 3 カ月前にブルガリア語を勉強し始めました。
23-3-B. あなたは私と韓国に行ったことを覚えていますか？

● 後ろに〈ど ing ＋ ...〉と〈to ＋ど原＋ ...〉のどちらが続いても、ほぼ同じ意味関係という動詞

like/love/prefer	
like/love/prefer ＋〈ど ing ＋ ...〉/〈to ＋ど原＋ ...〉	…することが好き
hate/dislike	
hate/dislike ＋〈ど ing ＋ ...〉/〈to ＋ど原＋ ...〉	…することが嫌い
begin/start	
begin/start ＋〈ど ing ＋ ...〉/〈to ＋ど原＋ ...〉	…し始める
continue	
continue ＋〈ど ing ＋ ...〉/〈to ＋ど原＋ ...〉	…し続ける

● 後ろに〈ど ing ＋ ...〉と〈to ＋ど原＋ ...〉のどちらが続くかで、意味関係に違いが出る動詞

＊これらの多くは、〈ど ing ＋ ...〉が持っている「その時点で実際に…している」というニュアンスと、〈to ＋ど原＋ ...〉が持っている「(これから) …する」というニュアンスの違いが影響する感じ。

forget	
forget ＋〈ど ing ＋ ...〉	(すでに) …したことを忘れる
forget ＋〈to ＋ど原＋ ...〉	(これから) …することを忘れる
remember	
remember ＋〈ど ing ＋ ...〉	(すでに) …したことを覚えている
remember ＋〈to ＋ど原＋ ...〉	(これから) …することを覚えている
regret	
regret ＋〈ど ing ＋ ...〉	(すでに) …したことを後悔している
regret ＋〈to ＋ど原＋ ...〉	(これから) …することを残念に思う
try	
try ＋〈ど ing ＋ ...〉	(結果を見るため) 試しに…してみる
try ＋〈to ＋ど原＋ ...〉	(何か困難なことを) …しようとする
stop	
stop ＋〈ど ing ＋ ...〉	…すること／…しているのをやめる
stop ＋〈to ＋ど原＋ ...〉	(これから) …しようと立ち止まる

go on	
go on + 〈ど ing + …〉	（すでにしている動作をそのまま）…し続ける
go on + 〈to +ど原+ …〉	（ある動作に続けて）次に…する
go	
go + 〈ど ing + …〉 *1	…しに行く／…しながら行く
go + 〈to +ど原+ …〉	…しに行く／…しようとする
come	
come + 〈ど ing + …〉 *2	…しに来る／…しながら来る
come + 〈to +ど原+ …〉 *3	…しに来る／…するようになる
get	
get + 〈ど ing + …〉 *4	…し始める
get + 〈to +ど原+ …〉 *3	これから…するようになる

*1 「…しに行く」という意味の go +〈ど ing + …〉は、「何か楽しいことをしに行く」というニュアンスになるものに限られ、普通、go studying などとは言わない。

*2 「…しに来る」という意味の come +〈ど ing + …〉は、基本的にスポーツなどに対して使うカタチ。

*3 「…するようになる」という意味の come/get +〈to +ど原+ …〉は普通、be 動詞や have や know などの「状態動詞」との組み合わせで使う。

*4 「…し始める」という意味の get +〈ど ing + …〉は普通、go/move/talk/walk などとの組み合わせで使う。

Q

23-4-A. Much to my annoyance, my son always avoids taking the medicine.
23-4-B. The students promised not to be late for school next time.

* (much) to ...'s annoyance（[とても] 困ったことに)、avoid（避ける)、take medicine（薬を飲む）

POINT 23-4　一般動詞と〈to ＋ど原＋ ...〉と〈ど ing ＋ ...〉の相性

23-4-A には avoids taking ... と 動＋〈ど ing ＋ ...〉の組み合わせがありますが、これはいま POINT 23-3 （p.210 ～）で確認した中でも一番基本的なタイプ。つまり、〈ど ing ＋ ...〉の部分は「…すること」という意味で「…することを避ける」となります。

一方、23-4-B には、promised not to be ... という 動＋〈to ＋ど原＋ ...〉の組み合わせがありますが、〈to ＋ど原＋ ...〉の部分は「…すること」という意味（p.135 参照）。ここでは not がおまけで入って〈not ＋ to ＋ど原＋ ...〉となっているので、「…しないことを約束した」という感じ。

さて、ここで中には、

「『avoid ＋〈ど ing ＋ ...〉』や『promise ＋〈to ＋ど原＋ ...〉』ってカタチがアリなら、『avoid ＋〈to ＋ど原＋ ...〉』や『promise ＋〈ど ing ＋ ...〉』もアリ？」

と思った人がいるかもしれないけど、**相性の問題でナシ！　だったりします。**

〈ど ing ＋ ...〉と〈to ＋ど原＋ ...〉は、どちらも日本語では「…すること」となるとはいえ、〈ど ing ＋ ...〉と〈to ＋ど原＋ ...〉の元々のニュアンスの違いが主な原因で、**大体の動詞の後ろではどちらか一方しか使えません。**

ここはまあ、英文を解釈する場合よりも、自分で英文を組み立てる場合に問題になる部分ですが、一応、次のページに代表的な組み合わせをまとめておくので、参考程度にどうぞ♪

参考訳
23-4-A.　とても困ったことに、私の息子はいつも薬を飲むのを避けるんです。
23-4-B.　その生徒は、次回は学校に遅れないことを約束しました。

● 後ろに〈ど ing ＋ ...〉は OK だけど、〈to ＋ど原＋ ...〉はダメな動詞

admit ＋〈ど ing ＋ ...〉	…する／…したという事実を認める
avoid ＋〈ど ing ＋ ...〉	…するのを避ける
consider ＋〈ど ing ＋ ...〉	（実際に）…すること考えてみる
deny ＋〈ど ing ＋ ...〉	…すること／したことを否定する
enjoy ＋〈ど ing ＋ ...〉	…する／…しているのを楽しむ
finish ＋〈ど ing ＋ ...〉	…するのを終わらせる　→　…し終わる
give up ＋〈ど ing ＋ ...〉	…する／…しているのをあきらめる・やめる
imagine ＋〈ど ing ＋ ...〉	…することを想像する
mind ＋〈ど ing ＋ ...〉	…するのを気にする
postpone ＋〈ど ing ＋ ...〉	…するのを延期する
put off ＋〈ど ing ＋ ...〉	
quit ＋〈ど ing ＋ ...〉	…する／…しているのをあきらめる・やめる
recall ＋〈ど ing ＋ ...〉	…したことを思い出す
suggest ＋〈ど ing ＋ ...〉	…することを提案する
keep ＋〈ど ing ＋ ...〉	…することを続ける　→　…し続ける

● 後ろに〈to ＋ど原＋ ...〉は OK だけど、〈ど ing ＋ ...〉はダメな動詞

decide ＋〈to ＋ど原＋ ...〉	…することに決める
promise ＋〈to ＋ど原＋ ...〉	…することを約束する
refuse ＋〈to ＋ど原＋ ...〉	…することを拒む／拒絶する
offer ＋〈to ＋ど原＋ ...〉	…することを申し出る
want ＋〈to ＋ど原＋ ...〉	…することを望む　→　…したい
hope ＋〈to ＋ど原＋ ...〉	
manage ＋〈to ＋ど原＋ ...〉	どうにか…する
expect ＋〈to ＋ど原＋ ...〉	…するつもりである
pretend ＋〈to ＋ど原＋ ...〉	…するふりをする

(*°∀°)=3　24. 前置詞の後ろの〈ど ing + ...〉

Q

24-1-A.　What opinion do you have about bringing cellphones to the school?
24-1-B.　Before killing the large bear, the hunter thought of its family.

＊ bring A to B（A を B に持って来る）、hunter（ハンター／狩人）、think of ...（…のことを考える）

POINT 24-1　前置詞の後ろに〈ど ing + ...〉がある場合の基本

24-1-A は出だしの部分から、「どんな意見を持っていますか？」という疑問文なのは問題ないとして、about bringing cellphones ... と、**前置詞の後ろに〈ど ing + ...〉**が続いているところに注目！
また、24-1-B も、文頭がいきなり Before killing the ... というカタチ！

このように、〈ど ing + ...〉が前置詞の後ろに続く場合、基本的には、前置詞も含めた〈前＋ど ing + ...〉でさらに大きな**1 セット**と言え、働きはもちろん〈**前置詞＋名詞**〉と同じく、M副 か M形 のどちらか。

この 24-1-A と 24-1-B の例では、文全体の構造からしてどちらも M副 ！
……というのがピンとこなかった人は、STEP 01 に戻った方がいいかも。

なお、この〈前＋ど ing + ...〉という組み合わせを日本語にする場合、働きが M副 と M形 のどちらでも、〈ど ing + ...〉の部分は「…すること／…するの」とまとめるのが基本。
なので、24-1-A の about bringing cellphones ... なら、**「学校に携帯を持って来ることについて」**という感じですね。

……とはいえ、24-1-B の before killing the large bear のように、特に before や after のような前置詞との組み合わせの場合は、「…すること／…するの」としたのではまとめにくいので注意！（参考訳を参照）

参考訳
24-1-A.　あなたは、学校に携帯を持って来ることについて、どんな意見を持っていますか？
24-1-B.　その大きなクマを殺す前に、ハンターはそのクマの家族のことを考えました。

STEP03　〈動詞 ing + ...〉というカタチが入る文の傾向と対策。

Q

24-2. Mr. Ihara, the very popular counselor, has a habit of saying "*Anoo* ..." quite frequently.

* counselor（カウンセラー）、habit（くせ）、quite（かなり／とても）frequently（たびたび／頻繁に）

POINT 24-2 名＋〈of＋ど ing＋...〉という組み合わせ

この 24-2 にも of saying と、〈前＋ど ing＋...〉のカタチがありますが……その**さらに前に habit という名詞がある**ところに注目！

……してもらったところで大事な注意点！

> 特に habit（くせ）、chance（機会）、idea（考え）、possibility（可能性）、rumor（うわさ）といった、**一部の名詞の後ろに〈of＋ど ing＋...〉が続いて、名＋〈of＋ど ing＋...〉となっていたら、次の点に注意！**
>
> ● 〈of＋ど ing＋...〉は1セットで M形 の働きをするカタチではあるけど、**意味的には「名＝〈ど ing＋...〉」という同格**の関係になっていて、**日本語にするなら「〈…する（という）〉＋名」という感じ**がぴったり！

ここで、「そう言えば、**POINT 9-4**（p.97）**でも似たような話があったな〜**」と、すぐに思い出せた人はなかなか立派♪

参考訳
24-2. 大人気のカウンセラーのイハラさんは、とても頻繁に「あのー」と言うクセがあります。

Q

24-3. Thinking of their son, Ken's wife insisted on buying a new house.

＊wife（妻）、insist on ...（…を強く求める／主張する）

> **POINT 24-3**　動＋前＋〈ど ing ＋ ...〉という組み合わせ

出だしの Thinking of ... は、文頭の〈ど ing ＋ ...〉なので、1セットで主語の可能性と M副 の可能性がありますが、ここでは後ろにコンマが入り Ken's wife という名詞が続くので、M副 の働き！

と、**POINT 21-1**（p.200 ～）のおさらいをしたところで本題へ。

主語の Ken's wife の後ろを見ると、insisted on buying ... と、見た目は前置詞の後ろに〈ど ing ＋ ...〉が続くカタチになっていますね？
でも、ここでは、**insist on ...** という〈動＋前＋...〉の組み合わせが1セットの表現！　ってところで、それなりに大事な注意点。

> メモメモ

> ❶〈ど ing ＋...〉は、**insist on/upon ...**（…を強く求める）や **apologize for ...**（…について謝る／わびる）、**complain of/about ...**（…について不満／文句を言う）など、〈動＋前＋...〉のカタチの後ろに続くことも多い！
>
> ❷〈動＋前＋...〉と〈ど ing ＋...〉の組み合わせに関しては、前 は、あくまで 動 との結び付きが強い！
> →〈前＋ど ing ＋...〉で M形 や M副 というとらえ方ではなく、
> 　動＋前＋〈ど ing ＋...〉で1セットという感覚でとらえるのが基本！
> 　＊ **POINT 3-4**（p.61）も参照

と言っても、別に難しく考える必要はありません。
この場合も日本語にするのなら、〈ど ing ＋ ...〉は大体「…すること／…するの」とまとめる！　と思っておけば、それで十分ですから♪

> **参考訳**
> 24-3.　息子のことを考えて、ケンの奥さんは新しい家を買うことを強く主張しました。

Q

24-4. In order not to make his son complain about him, Ken apologized for not staying at home on weekends.

POINT 24-4 これまでのおさらい

出だしの In order not to make … というカタチを見て、**「…しないために／…しないように」** という意味の M副 ！　……ってのは、 POINT 16-2 （p.152）を参照するまでもなく分かりましたね？

さらに make から後ろが make his son complain about … となっていることから、**make＋名(O)＋〈ど原＋…〉(C) で、「OにCさせる」** という意味関係！
……というのも、 POINT 17-2 （p.162〜）を参照するまでもなく分かりましたね？？

つまり、出だしは **「息子に、彼について不満を言わせないために」** という意味の M副 で、その後ろの名詞、Ken が主語！

……と、STEP 02 のおさらいをしつつ、さらに後ろを見ると、apologized for not staying … となっています！

これを見てすぐに

「……そりゃ、〈not＋ど ing＋…〉も〈ど ing＋…〉と働きは同じなんだから、こんなふうに前置詞の後ろに続くことも当然ありうるよなぁ。」

と納得しつつ、「家にいないことをわびた」という意味になるのが理解できたはず♪

参考訳
24-4. ケンは、息子に彼（＝ケン）について不満を言わせないために、週末に家にいないことについてわびました。

Q

24-5. The people in this village are good at catching fish by spears and nets.

＊village（村）、spear（やり）、net（網）

POINT 24-5 形 ＋ 前 ＋〈ど ing ＋ ...〉というカタチ　その1

good at ... は、みなさんよくご存じ（？）のとおり、「…が得意」という意味を表す1セットの表現ですが、ここでは good at catching ... と、この後ろに〈ど ing ＋ ...〉が続いてます！

このように、〈ど ing ＋ ...〉は**決まり文句的な〈形 ＋ 前 ＋ ...〉という組み合わせ**（p.38 参照）の後ろに続くこともあるんです！
この場合も **POINT 24-3**（p.218）と同じく、形 ＋ 前 ＋〈ど ing ＋ ...〉で**1セット**と考えるとイイ感じ♪

まぁ、余裕だったはず。

参考訳
24-3.　この村の人々は、やりや網を使って魚を捕えるのが得意です。

Q

24-6-A. My friend is proud of her father, a famous musician.
24-6-B. My friend was proud of being a professional tennis player.

＊professional（プロ［の］）

POINT 24-6 形 ＋ 前 ＋〈ど ing ＋ ...〉というカタチ　その2

proud は「誇りに思っている」という意味の形容詞で、この 24-6-A と 24-6-B の例のように、よく proud of ... という〈形 ＋ 前 ＋ ...〉のカタチで、「補語 (C)」として使います（意味は「…を誇りに思っている」）。

……でも、考えてみれば、proud って！

後ろに〈to ＋ど原＋ ...〉を続けた **proud＋〈to ＋ど原＋ ...〉** というカタチもアリでしたよね？（p.141 参照）

というわけで、このあたりの関係についてまとめると、次のとおり。

メモメモ

❶ **形容詞の中でも** proud や afraid **など、「心理状態」を表すものは、**
よく proud of ...、afraid of ...、sorry for ...、sure of ...、angry at ...
のように、〈形＋前＋ ...〉**というカタチで使う！**

❷ proud of ... のような〈形＋前＋ ...〉の後ろに〈ど ing ＋ ...〉**を続けた**
形＋前＋〈ど ing ＋ ...〉**というカタチもよく使う！**

❸ 形＋前＋〈ど ing ＋ ...〉**というカタチでよく使う形容詞の中には**
形＋〈to ＋ど原＋ ...〉**のカタチも可能というものもある！**

＊ 形＋〈ど ing ＋ ...〉や 形＋前＋〈to ＋ど原＋ ...〉のようなカタチは、ありそうでも基本的にナシ！
busy ＋〈ど ing ＋ ...〉など、一部の例外は p.256 ～にて。

❹ **同じ形容詞を使った** 形＋前＋〈ど ing ＋ ...〉**と**
形＋〈to ＋ど原＋ ...〉**というカタチを比べた場合、**〈ど ing ＋ ...〉**と**
〈to ＋ど原＋ ...〉**のもともとのニュアンスの違い**（p.212 ～を参照）**が
出る**ことも多い！
……が、中には proud のように**両者がほぼ同じ意味というものも**ある！

ex. My friend was proud of being a professional tennis player.
≒ My friend was proud to be a professional tennis player.

参考訳
24-6-A. 私の友達は、有名なミュージシャンである父親を誇りに思っています。
24-6-B. 私の友達は、プロのテニス選手であることを誇りに思っていました。

(*ﾟ∀ﾟ)=3　２５．所有格の後ろの〈ど ing ＋ ...〉

Q
25-1. His coming to our party will surprise our guests.

＊ surprise ...（…を驚かせる）、guest（客）

POINT 25-1 所有格と〈ど ing ＋ ...〉　文頭の場合　その１

この 25-1 は、His coming to our party ... と〈ど ing ＋ ...〉の前に名詞の「所有格（＝ものの持ち主を表すカタチ）」があるところに注目！

してもらったとことで、いきなりとっても大事な注意点。

メモメモ

❶ 文頭や動詞の後ろ、前置詞の後ろなど、**文中に〈ど ing ＋ ...〉が出てくる場合、普通、それは「文の主語」か「特に誰ということはない一般的な人たち」などがする動作**！

❷ でも、〈ど ing ＋ ...〉の**前に名詞の「所有格」を置き**
名's ＋ど ing ＋ ... とすることで、
〈ど ing ＋ ...〉の動作をするのが誰なのかをはっきりさせることができる！
→ **文中に 名's ＋〈ど ing ＋ ...〉というつながりがあるのなら、
必ずこのカタチ**（＝〈 名's ＋ど ing ＋ ...〉で１セット）。

❸ 一般に、〈 名's ＋ど ing ＋ ...〉の 名's を「**動名詞（＝ど ing）の意味上の主語**」と呼ぶ。〈 名's ＋ど ing ＋ ...〉という１セットで**「主語 (S)」や「目的語 (O)」として使ったり、前置詞の後ろに続けたり**することができる（＝１セットで普通の名詞と同じように使える）。
→ 内容的には **S ＋ V というひとつの文と同じような意味関係**を表し、**日本語にする場合は「 名 が …すること」とまとめる**のが基本！

そんなわけで、この 25-1 では、**his coming to our party** が 1 セットで主語。まとめるなら「**彼が**私たちのパーティーに来ること」ってところですね。

参考訳
25-1. 彼が私たちのパーティーに来ることは、お客さんたちを驚かせるでしょうね。

Q
25-2-A. The singer's coming to our party will surprise our guests.
25-2-B. The singer's coming to our party by taxi now.

POINT 25-2 所有格と〈ど ing + ...〉 文頭の場合 その 2

25-2-A は、出だし以外は 25-1 とほとんど一緒！
ということで、**The singer's** は **The singer** の**所有格**で、「**その有名な歌手が**私たちのパーティーに来ることは…」となるのは、見当がつきましたか？

一方、25-2-B を見てみると、The singer's coming to our party というところまでは、25-2-A とまったく同じだけど……こっちの **The singer's** に関しては、**所有格ではなく The singer is** の**短縮形**！

このように、文頭に**普通の名詞に -'s が付いたカタチ**がある場合は、**所有格の可能性**と、**主語に当たる名詞と is や has をくっ付けた短縮形**という可能性があるんです！
だから、こういう場合は一応それぞれの可能性を予測しつつ見ていき、後ろに続く部分などから判断しないといけないので要注意。

具体的には、25-2-A なら、party の後ろが will surprise という述語動詞でしかありえないカタチなのを見た時点で The singer's が「所有格」だと判断できるし、25-2-B なら、The singer's の -'s 以外に、述語動詞と考えられるものが見当たらないことから is の短縮形と分かりますね。

参考訳
25-2-A. その歌手が私たちのパーティーに来ることは、お客さんたちを驚かせるでしょうね。
25-2-B. その歌手は、いまタクシーで私たちのパーティーに向かって来ています。

Q

25-3-A. My teacher suggested my studying in Turkey for a year.
25-3-B. Haruto, Yachie's only son, complained about her not staying at home on weekend nights.
25-3-C. Back in 1990, Ronnie wasn't sure of his band's becoming famous.
25-3-D. She told me the rumor of his having a wife and a child.

＊suggest（提案する）、complain（不満を言う）、back in 1990（1990年当時）、rumor（うわさ）

POINT 25-3　所有格と〈ど ing ＋ ...〉　動詞や前置詞の後ろの場合

……一気に４つも例文を出したその心は？　って、それぞれの構造を比較＆確認しやすくするためというのは、これまでの例からも、すぐに分かってもらえたはず。

実際に見てみると、次のようになっていますね？

25-3-A：... suggested　　my　studying ...
　　　　　　動　　　＋　　〈名's ＋ど ing ＋ ...〉

25-3-B：... complained about　　her　not　staying ...
　　　　　　動＋前　　　＋　　〈名's ＋ not ＋ど ing ＋ ...〉

25-3-C：... sure of　　his band's　becoming ...
　　　　　　形＋前　　＋　　〈名's ＋ど ing ＋ ...〉

25-3-D：... the rumor of　　his　having ...
　　　　　　名＋前　　＋　　〈名's ＋ど ing ＋ ...〉

要はいま　POINT 25-1　（p.222 〜）で述べたとおりということですね。
　〈名's ＋ど ing ＋ ...〉は１セットで普通の名詞と同じように使えるだけに、**「動詞の後ろ」に続く**（＝目的語(O)になる）**こともあれば、「前置詞の後ろ」に続くこともある**という具体例ってことで。

一応、次の点に注意！

224　STEP03　〈動詞 ing ＋ ...〉というカタチが入る文の傾向と対策。

メモメモ

❶ 〈 名's ＋ど ing ＋ ...〉のカタチが**動詞の後ろ**に続くとしたら、admit や suggest、deny、mind など、**もともと後ろに〈ど ing ＋ ...〉が OK な動詞**（p.215 参照）**の後ろだけ**！

❷ 〈 名's ＋ど ing ＋ ...〉のカタチが**前置詞の後ろに続く**としたら、ほとんどの場合、次のどちらか。

○ complain about ... や sure of ... のような、〈 動 ＋ 前 ＋ ... 〉や〈 形 ＋ 前 ＋ ... 〉といった組み合わせの後ろ！

○ chance（機会）、rumor（うわさ）のような、**後ろに〈of ＋ど ing ＋ ...〉で同格の関係という名詞に対して**〈of ＋ 名's ＋ど ing ＋ ...〉のカタチ！the rumor〈of his having ...〉のようになる。

❸ 〈 名's ＋ど ing ＋ ...〉と not が組み合わさる場合は、her not staying ... のように、〈 名's ＋ not ＋ど ing ＋ ...〉という語順！

ということで、特に問題ないと思いますが、25-3-C について補足を少し。
まず、文頭の back in 1990 は、in 1990 を「過去／その当時／さかのぼって」と強調した感じの表現だけど、back と in 1990 が**意味的に同格っぽい関係**だったりします。（→ POINT 9-5 [p.98]）

また、his band's becoming ... という部分は、まず、his が band という名詞に対しての所有格。で、その **his band という 1 セットが his band's というさらに大きい所有格**を作り becoming の前に入るという階層構造になっているところに注意です。

参考訳
25-3-A. 私の先生は、私が一年間トルコで勉強するということを提案しました。
25-3-B. ヤチエの一人息子のハルトはヤチエが週末の夜家にいないことに文句を言いました。
25-3-C. 1990 年当時、ロニーは、自らのバンドが有名になることを確信していませんでした。
25-3-D. 彼女は、彼には奥さんと子供がいるといううわさを私にしました。

Q

25-4. Toshio's enjoying of the party was very surprising to me.

POINT 25-4 所有格と〈ど ing〉の後ろの前置詞

Toshio's enjoying of the party が主語！
というところは問題ないと思うけど、enjoying と the party の間に**前置詞の of** があるのを見て**「……ん？」**って思いません？

だって、これまでに確認してきたとおり、enjoy のように後ろにそのまま名詞（＝目的語）を続けられるタイプの動詞なら、-ing が付いても、普通はそのまま前置詞ナシで名詞を続けられるはずだから。

実際、ここでも別に Toshio's enjoying the party と **of ナシでも OK**！

「……それなのになぜ？」って感じですが、理由としては **Toshio's** という**所有格があるのがポイント**。
ここから次のような連想が働いた結果と言えます。

→ **所有格**は、**もともとは名詞の前**に置くもの！
→ 〈ど ing〉の前に所有格を置く＝**名詞っぽさが増した感じ**になる！
→ **名詞と言えば**、my friend Hiroshi のような「同格」、convenience store のような１セットの表現を除き、**原則として** 名①＋名② **のように続けて２個並べない！**（＝普通は前置詞で間をつなぐ）
→ 〈 名's ＋ど ing〉という組み合わせってかなり名詞っぽいので、このカタチの後ろでは、**前置詞（主に of）を入れてから名詞を続けるカタチもアリ！**

……この Toshio's enjoying of the party のようなカタチでは、前置詞の前にある語（＝〈 名's ＋ど ing〉）が、前置詞の後ろの名詞を修飾するという、普通の 名①＋前＋名② の関係とは逆の流れになるところに注意です！

なお、surprising は、「人を驚かせる」という意味の動詞 surprise に -ing が付いたカタチだけど、それが**完全に形容詞**化したもので**「驚き（の）／意外（な）」**というニュアンス。

ここでは、それが very とセットになった very surprising で「補語 (C)」に当たるカタチというのもまあ余裕でしょ？

参考訳
25-4. トシヲがパーティーを楽しんでいるのは、私にはとても驚きでした。

Q

25-5. The learning of a foreign language is both fun and troublesome.

＊ foreign language（外国語）、both A and B（A と B の両方）、troublesome（複雑な／面倒で厄介な）

POINT 25-5 冠詞と〈ど ing〉の後ろの前置詞

今度は、The learning of ... と、learning という〈ど ing〉の前に The が入って、後ろには前置詞の of！

このように、〈ど ing〉の前には、the や a のような冠詞を置くこともあるんです。で、この場合はさらに名詞っぽさが強くなるので The learning of ... のように、直後に前置詞が入るカタチになるのが決まり。つまり後ろにいきなり名詞を続けられないのが普通ということ。

実際、〈ど ing〉のカタチの中には、辞書を引くと形容詞として載っているものだけでなく、名詞として載っているもの（＝完全な名詞としての使い方も一般的というもの）もあって、learning もそのひとつだったりします。

で、〈ど ing〉のカタチの中でもこういったものに関しては、「完全な名詞としての使い方も一般的」という点からも、前に a や the が入り、後ろに前置詞が続くカタチになりやすいというのも参考までに。

参考訳
25-5. 外国語を学ぶことは、楽しいと同時に面倒でもあります。

(*°∀°)=3　26. 名詞の後ろの〈ど ing ＋ …〉

Q

26-1-A.　The girl is playing the cello on stage.
26-1-B.　The girl playing the cello on stage wants to be a professional.

* cello（チェロ）、professional（プロ［の］）

POINT 26-1　名詞の後ろに〈ど ing ＋ …〉がある場合の基本

まず、26-1-A は、The girl is playing … と、**be 動詞の後ろに〈ど ing ＋ …〉がある**ことから、この〈ど ing ＋ …〉が「補語(C)」。
つまり、「その女の子はステージでチェロを弾いているところだ」となるのは問題ないですね？

このようなカタチは一般的には「進行形」と呼ばれますが、本書では単に「〈ど ing ＋ …〉が補語に当たるカタチ」と考えるというのは、すでに p.195 や p.208 で述べたとおりです。

一方、26-1-B の出だしは 26-1-A とそっくりだけど……、The girl playing … と、**名詞の後ろに be 動詞が入らず〈ど ing ＋ …〉が続いてる**ところに注目！
そして、いつものように大事な注意点。

> **メモメモ**

名詞の後ろに be 動詞もコンマもナシでいきなり〈ど ing ＋ …〉が続く
名＋〈ど ing ＋ …〉というカタチでは、普通〈ど ing ＋ …〉は M形！

……**つまり、「後ろから前の名詞を修飾する要素」**！
→ 名＋〈ど ing ＋ …〉 という全体で**「名詞1個分の働き」**！
　日本語にするなら「〈…している〉＋名」という感じ！

*この組み合わせの場合、〈ど ing ＋ …〉は、「（述語動詞の示す時点において）一時的にその動作を続けている最中」というニュアンス。

そんなわけで、26-1-B の場合、**the girl 〈playing the cello on stage〉** が丸々１セットで主語。
で、日本語にするなら「**〈ステージでチェロを弾いている〉女の子 は、…**」となるのが分かると思います。

ってところで、この **〈ど ing ＋ …〉** が **M形** という **名＋〈ど ing ＋ …〉** のカタチについて、さらに注意点。

メモメモ✏

❶ **名＋〈ど ing ＋ …〉** のカタチでは、前の「名詞」が意味的には**〈ど ing ＋ …〉の部分の動作をする「人」や「もの」という関係！**
　……つまり、前の名詞が〈ど ing ＋ …〉の**「意味上の主語」という関係！**

❷ **名＋〈ど ing ＋ …〉** のカタチは、すっきりとした日本語にするなら、大体「**〈…している〉＋名**」となるとはいえ、**意味をとらえる際の流れ**としては、あくまで**前から順に**、「**名なんだけど、〈…している〉名で…**」という感じでとらえていくのが基本！

❸ 文中に出てくるあらゆる名詞が、この **名＋〈ど ing ＋ …〉** という１セットのカタチになっている可能性がある！

まあ、とにかくこれまでずっと繰り返しているように、大事なのは心の準備ですから。**名詞の後ろに〈ど ing ＋ …〉があったら、常に 名＋〈ど ing ＋ …〉 という１セットをイメージする**よう心掛ければ、特に問題なし♪

参考訳
26-1-A．その女の子は、（いま）ステージでチェロを弾いているところです。
26-1-B．（いま）ステージでチェロを弾いている女の子は、プロになりたがっています。

Q

26-2-A.　Do you know the girl talking with Saori?
26-2-B.　Two days ago, I got an e-mail from my friend working in Nepal.

POINT 26-2 いろいろなところに出てくる 名＋〈ど ing ＋ ...〉

この 26-2-A と 26-2-B は、それぞれ構造を確認すると、次のようになっていますね？

26-2-A：... know　　　the girl　　　talking ...
　　　　　　動　　＋　　名　　＋　〈ど ing ＋ ...〉

→ 動詞の後ろの名詞（＝目的語）が、**名＋〈ど ing ＋ ...〉**という、**後ろに M形 に当たる**〈ど ing ＋ ...〉**が続いた1セット**のカタチ！

26-2-B：... from　　　my friend　　　working ...
　　　　　　前　　＋　　名　　＋　〈ど ing ＋ ...〉

→ 前置詞の後ろの名詞が、**名＋〈ど ing ＋ ...〉**という、**後ろに M形 に当たる**〈ど ing ＋ ...〉**が続いた1セット**のカタチ！

ということで、いま **POINT 26-1** （p.228〜）で述べた、**文中に出てくるあらゆる名詞が 名＋〈ど ing ＋ ...〉という1セットのカタチになっている可能性がある！**　というのを、具体的に確認してみたのでした。

参考訳
26-2-A.　あなたは、サヲリと話している女の子を知っていますか？
26-2-B.　2日前に、私はネパールで働いている友達からEメールを受け取りました。

Q

26-3. During class, there are usually some students not listening to the teacher.

＊during class（授業中）、listen to ...（…の話を聞く）

POINT 26-3 名詞の後ろに〈not ＋ど ing ＋ ...〉がある場合

この文は、文頭に During class という M副 に当たる〈前置詞＋名詞〉があるものの、基本は【there ＋ be 動詞＋名詞】のカタチですね。

このカタチでは主語は be 動詞の後ろの名詞だけど、この例の場合 are の後ろに usually という副詞が入っているので、そのさらに後ろの some students が主語！

……なんだけど、ここでは some students not listening ... というふうに、そのさらに後ろに、**be 動詞もコンマもなしで**〈not ＋ど ing ＋ ...〉というカタチが続いてますね？

こんな場合はもちろん、〈not ＋ど ing ＋ ...〉が M形 で

名 ＋〈not ＋ど ing ＋ ...〉という１セットで名詞１個分の働き！

というのは、きっと予想通りだと思います。
そんなわけで、some students〈not listening ...〉がまとめて１セットで主語ってこと。

きっと「余裕！」って感じてくれた人が大半だったはず♪

参考訳
26-3. 授業中、たいてい、先生の話を聞いていない生徒がいるものです。

(*゜∀゜)=3　27. 名詞＋〈ど ing ＋ ...〉こんな場合は注意 その1

Q

27-1. Why the hell do those young mothers leave the babies crying loudly?

＊ leave ...（…をそのままにしておく）、loudly（うるさく／やかましく）

POINT 27-1 ＳＶＯＣが OK な動詞の後ろの 名 ＋〈ど ing ＋ ...〉

出だしの Why the hell ... という部分にいきなり戸惑った人もいるかも。
この the hell は、疑問詞の後ろに置いて、「**一体**なぜ？」と疑問詞のニュアンスを強調する語句！　……というのは、**POINT 6-4** （p.78）で確認したとおりですけど、ちゃんと覚えていた人は立派♪

なお、the hell を使うとちょっと乱暴＆下品なので、自分で使うような場合は on earth などの方が無難というのも参考までに。

で、主語の those young mothers の後ろの構造を確認すると、

... leave　　　 the babies　　　 crying ...
　動　　＋　　　名　　　＋　　〈ど ing ＋ ...〉

となっているので、the babies crying ... の部分は〈ど ing ＋ ...〉が Ｍ形 に当たる 名 ＋〈ど ing ＋ ...〉という1セット！
つまり、「〈うるさく泣いている〉赤ちゃん をそのままにしておく」という意味ですね。

……だけど、ここで思い出して欲しいのは、**leave は、「Ｏ を Ｃ（の状態のまま）にしておく」という意味を表すＳＶＯＣのカタチがアリな動詞**というところ！
そしてまた、**〈ど ing ＋ ...〉は「補語(Ｃ)」としても使える**というところ！！

……ここから、実はこの leave the babies crying ... の部分って、次のようなカタチと考えることもできたりします。

```
... leave     the babies     crying ...
    動    +    名(O)    +   〈ど ing ＋ ...〉(C)
```

つまり、「(あの母親たちは) 赤ちゃん (O) がうるさく泣いているの (C) をそのままにしておく」というＳＶＯＣのカタチってことですね。

……と言っても、この場合どちらのとらえ方でも、結局、**前の名詞が後ろの〈ど ing ＋ ...〉の意味上の主語に当たるという関係は同じ**。
で、実質的な意味もほとんど同じってことで、気楽に考えて OK ですから♪

まとめると次のようになります。

メモメモ

動詞の中でも leave や keep、find、catch などの後ろに 名＋〈ど ing ＋ ...〉というつながりがある場合、次の２通りの解釈が可能！

● 〈ど ing ＋ ...〉が M 形で、名＋〈ど ing ＋ ...〉で１セットという
   普通どおりの解釈！
＝ 意味的にあくまで前の 名 が中心で、後ろの〈ど ing ＋ ...〉は
   おまけという解釈！

● leave ＋ 名 (O) ＋ 〈ど ing ＋ ...〉(C) のような、
   ＳＶＯＣのカタチという解釈！
＝ 名＋〈ど ing ＋ ...〉の部分を「名 が…する」というひとつの文
   という感覚でとらえる解釈！
   ＊このとらえ方の場合の catch は「見つける／目撃する」の意味。

……だけど、どちらに解釈しても、**実質的な意味はほとんど同じ！**

参考訳
27-1. 一体なぜ、あの若い母親たちは、うるさく泣いている赤ちゃんたちをほうっておくのでしょうか？／赤ちゃんたちがうるさく泣くままにしておくのでしょうか？

Q

27-2. Waiting for the train to come, I saw a schoolboy reading my book on the bench.

＊schoolboy（男子学生）

POINT 27-2 知覚動詞の後ろの 名 ＋〈ど ing ＋ ...〉

出だしの Waiting for ... は、**文頭の〈ど ing ＋ ...〉**だから、1セットの区切りの部分と、その**区切りの次に来る語に注目**！

……すると、主語でしかありえない I があるので、出だしの〈ど ing ＋ ...〉は M副 と確定し、「**電車が来るのを待っていて／待っているとき、私は…**」のようにまとめるとイイ感じですね。

ここでは、waiting for ... という〈ど ing ＋ ...〉の内部構造が、**POINT 20-1**（p.180〜）で確認したカタチになっているところにも注意。

で、さらに後ろを確認すると、saw a schoolboy reading ... と、動詞の後ろが 名 ＋〈ど ing ＋ ...〉となっているけど……、**see** と言えば、**hear** や **feel** などと同じく**知覚動詞**と呼ばれ、次のようなＳＶＯＣのカタチがアリ！（→ **POINT 17-4** [p.164〜]）

● see/hear/feel など＋ 名 (O) ＋〈ど原＋ ...〉(C)
　（Ｓは）**Ｏ が Ｃ する**のを見る／聞く／感じる

ここから予測がついたとおり、この場合も次の２通りの解釈が可能です。

● 〈ど ing ＋ ...〉が M形 で、名 ＋〈ど ing ＋ ...〉という１セット、つまり、意味的に前の 名 が中心で、後ろの〈ど ing ＋ ...〉はおまけという解釈！
→「〈私の本を読んでいる〉男子学生 を見た」

● see ＋ 名 (O) ＋〈ど ing ＋ ...〉(C) のようなＳＶＯＣのカタチ、つまり 名 ＋〈ど ing ＋ ...〉の部分を「名 が…する」というひとつの文という感覚でとらえる解釈！
→「男子学生(O) が 私の本を読んでいるの(C) を見た」

まあ、この場合も**実質的な意味はほとんど同じ**ですね。

とは言え、このように**知覚動詞**の後ろに続く 名＋〈ど ing＋…〉 に関しては、**ＳＶＯＣのＯとＣの関係という解釈の方がより一般的**で、特に hear や feel などの後ろの 名＋〈ど ing＋…〉 に関しては**その傾向が強い**です。

ex. I heard him singing.
　△　私は歌っている彼を聞きました。／ ○　私は彼が歌っているのを聞きました。

以上をまとめると次のとおり。

メモメモ

❶ 動詞の中でも see、watch、notice、hear、feel のような**「知覚動詞」**の後ろに 名＋〈ど ing＋…〉 というつながりがある場合、名＋〈ど ing＋…〉 は、ＳＶＯＣの**Ｃ**に当たるものとして〈ど ing＋…〉 を使ったカタチというとらえ方が基本！

❷ 同じ知覚動詞を使ったＳＶＯＣのカタチでも、Ｃが〈ど原＋…〉の場合と〈ど ing＋…〉の場合では、**多少ニュアンスが違う**ので注意！

○ see/hear/feel など ＋ 名 (O) ＋〈ど原＋…〉(C)
（Ｓは）ＯがＣするのを「最初から最後まで」見る／聞く／感じる

○ see/hear/feel など ＋ 名 (O) ＋〈ど ing＋…〉(C)
（Ｓは）ＯがＣしているのを「部分的に」見る／聞く／感じる

まあ、繰り返し述べているように、大事なのは心の準備です。see や hear などを見掛けたらすぐに以上のパターンが思い浮かぶように頑張って♪

参考訳
27-2．電車が来るのを待っていて、私は、ベンチで男子学生が私の本を読んでいるのを見ました。

Q

27-3-A. In the end, the police had the bureaucrat come clean about the bribery case.
27-3-B. We are happy to have you staying with us.

＊ bureaucrat（官僚）、come clean（白状する）、bribery case（贈収賄事件）

POINT 27-3 have などの後ろの 名 ＋〈ど ing ＋ …〉

27-3-A は難しい単語がたくさんあって、思考回路が停止……したかもしれないけど、構造自体はシンプルで、次のようなカタチ。

… had	the bureaucrat	come …
have ＋	名 (O) ＋	〈ど原＋ …〉(C)

つまり、**POINT 17-2**（p.162 ～）で扱った、「O に C させる」という **「使役」の意味** を表す Ｓ Ｖ Ｏ Ｃ のカタチで、「警察はその官僚に…について白状させた」といったところですね。

一方、27-3-B には、have you staying … と、**have ＋ 名 ＋〈ど ing ＋ …〉** というつながりがあるけど……
これも **have ＋ 名 (O) ＋〈ど ing ＋ …〉(C)** という Ｓ Ｖ Ｏ Ｃ のカタチ！

ニュアンスとしては **「(S の) 思い通りの結果」「(S にとって) 思いがけない結果」** に当たることを **「させている」** という感じ。

ここでは、happy to have you staying with us と、happy ＋〈to ＋ど原＋ …〉と組み合わさったカタチなので……前から意味をとらえていくと **「うれしい／あなたを居させることができて／私たちと一緒に」**、まとめるなら **「あなたを私たちと一緒に居させることができてうれしい」** とすればバッチリ。

ところで、「使役」の意味を表す動詞と言えば、have 以外にもいくつかありましたよね？

ということで、それらも含めてまとめておきましょう。

> メモメモ

❶ **have** の後ろに、名＋〈ど ing ＋ ...〉というつながりがある場合、
「O に C させる」という意味のＳＶＯＣのカタチととらえるのが基本！

❷ **get** や **set** も、「O に C させる」という意味で
get/set ＋ 名 (O) ＋〈ど ing ＋ ...〉(C) のカタチがアリ！

＊ニュアンスは「O が C し始めるようにする」。

ex. My teacher's way of living got/set me thinking about my life.
私の先生の生き方が、私に人生について考えさせ始めました

❸ **make** と **let** に関しては、「O に C させる」という意味で
make/let ＋ 名 (O) ＋〈ど ing ＋ ...〉(C) のカタチが、
ありそうなのに、普通ナシ！

＊ただし、見た目が〈ど ing〉でも、interesting や exciting など、完全に形容詞化しているものが C で「O を C にする」という意味のことはある。

ex. How can I make my life exciting?
どうやったら、自分の人生をドキドキするようなものにできるかな？

参考訳
27-3-A． 最終的には、警察はその官僚に贈収賄事件に関して白状させました。
27-3-B． 私たちはあなたを私たちと一緒に居させることができて／あなたが私たちと一緒に居てくれてうれしいです。

Q

27-4. Hiroshi made the children watching TV go to bed.

POINT 27-4 make や let の後ろの構造には特に注意

中には、うっかり次のような構造と思った人もいるかも。

```
... made      the children      watching ...
 make    +      名(O)      +    〈ど ing＋...〉(C)
```

……でも、いま **POINT 27-3** (p.236〜) で確認したとおり、**make** と **let** に関しては、「O に C させる」という意味で **make/let** + 名 (O) +〈ど ing＋...〉(C) のカタチが、**普通はナシ！** なんです。
それにこのとらえ方だと後ろに go to bed という部分があるのも英文の構造的に不自然だったりします。

そんなこんなで、正しくは次のようなとらえ方！

```
... made      the children wathing TV      go ...
 make    +        1セットで 名 (O)       +  〈ど原＋...〉(C)
```

つまり、**watching TV** が M形 で、 名＋〈ど ing ＋ ...〉 という１セットが丸々目的語 (O)、その後ろの go to bed が〈ど原＋...〉の１セットで「補語 (C)」というとらえ方ですね。

ぱっと見た感じが同じようでも、いろいろな可能性がどんどん出てきてややこしいですが、「割と余裕〜♪」と思えた人は、しっかり実力がついてきてる証拠です！

参考訳
27-4. ヒロシはテレビを見ていた子どもたちを寝させました。

Q

27-5. The orders from the *shogun* got dogs in the city running wild.

＊order(s) from ...（…からの命令）、run wild（好き勝手に振る舞う）

POINT 27-5 名(O)＋〈ど ing ＋ ...〉(C) の 名(O) に注意

中には、the city running wild の部分を見て、

「〈好き勝手に振る舞っている〉町……町が好き勝手に振る舞っている？？」

と思った人も、もしかしたらいるかも。
……でも、全体的に見れば、got dogs in the city running ... というふうに、あくまで、get が前にあるところから、**次のような構造と言える**のが分かりますよね♪

```
... got        dogs in the city      running ...
  get    ＋    1セットで 名(O)    ＋   〈ど ing ＋ ...〉(C)
```

とにかくこんなふうに、**get/have/see/leave ＋ 名(O)＋〈ど ing ＋ ...〉(C)** のようなカタチの 名(O) が、M形 に当たる〈前置詞＋名詞〉が付いた１セットだったり、**同格の関係**なんてこともよくあります！

こういうＳＶＯＣのカタチがアリな動詞をみたら、いつもしっかり心の準備！

なお、この文は主語が無生物でＳＶＯＣのカタチということで、参考訳のようなまとめ方もアリ！　（→ **POINT 18-1** [p.168～]）
まあ、今さらあらためて言うまでもないだろうけど、一応。

参考訳
27-5. 将軍からの命令は、街中の犬たちを好き勝手に振る舞いさせ始めました。／将軍からの命令のせいで、街中の犬たちは好き勝手に振る舞い始めました。

(*゜∀゜)=3　28. 名詞＋〈ど ing ＋ ...〉こんな場合は注意 その２

Q

28-1. The workers sitting in front of the building insisted on the management keeping lifetime employment.

＊ management（経営陣／会社側）、lifetime employment（終身雇用）

POINT 28-1　「 名 が…すること」とまとめる　名 ＋〈ど ing ＋ ...〉

出だしの The workers sitting ... の部分は、名詞の後ろに be 動詞もコンマもナシでいきなり〈ど ing ＋ ...〉が続く、名 ＋〈ど ing ＋ ...〉のカタチ！
なので、名 ＋ M形 という１セット、日本語にするなら「〈…している〉＋ 名 」と考えるのが基本というのは問題ないですね？
ここではこの１セットが主語で、まとめるなら**「建物の前に座っている労働者たち」**といったところ。

で、後ろを見ると、insisted on the management keeping ... と、またしても 名 ＋〈ど ing ＋ ...〉があります！
ということで、こちらも 名 ＋ M形 という１セットと考え、「終身雇用を維持している経営陣（を強く求めた）」とまとめると……**なんだかビミョー。**

……実は、ここでは特に、**insist on という１セット感覚の〈 動 ＋ 前 ＋ ...〉の後ろに 名 ＋〈ど ing ＋ ...〉が続いている**というのがポイント！

普通、こんな組み合わせの場合、**名 ＋〈ど ing ＋ ...〉の部分は、名 が「主語」、〈ど ing ＋ ...〉が「述語」に当たるひとつの文という感覚でとらえるのが原則**なんです。つまり、**ＳＶＯＣのＯとＣの関係と同じとらえ方**ってことだけど、日本語としては**「名 が…すること」**という表現がぴったり！

だから、ここでは**「…は、経営陣が終身雇用を維持することを強く求めた」**とするとイイ感じです。

では、ここで 名 ＋〈ど ing ＋ ...〉のとらえ方についてまとめて整理！

メモメモ

❶ 文中に 名＋〈ど ing ＋ ...〉がある場合、〈ど ing ＋ ...〉は M形 で
　名＋M形 という関係ととらえるのが基本！
→ 意味的に大事なのは 名 で、〈ど ing ＋ ...〉はあくまでおまけという
　とらえ方で、日本語にまとめるなら「〈...している〉＋ 名 」。

❷ hear や insist on など、次に示すような**特定の語句の後ろなどでは、**
　名＋〈ど ing ＋ ...〉の部分を 名 が「主語」、〈ど ing ＋ ...〉が「述語」
　に当たる**ひとつの文**という感覚でとらえることが可能、もしくは原則！

　◯ leave、see、hear、have、get など S V O C のカタチがアリな
　　動詞の後ろに 名＋〈ど ing ＋ ...〉がある場合は……
　→ 日本語にまとめるなら、基本は「 名 が …している」！
　　（だけどものによりけり）

　◯ admit や suggest、deny、mind など、**もともと後ろに〈ど ing ＋ ...〉が
　　OK な動詞**や、insist on/upon ... や sorry for ... のような**1 セット感覚の
　　〈 動 ＋ 前 ＋ ...〉や、〈 形 ＋ 前 ＋ ...〉の後ろに** 名＋〈ど ing ＋ ...〉が
　　ある場合は……
　→ 日本語にまとめるなら、
　　「 名 が …すること／していること／したこと」がぴったり！

さて、中には以上のまとめを見て

「ん？『 名 が …すること』ってまとめるタイプの 名 ＋〈ど ing ＋ ...〉って、もしかして……」

と、気づいてしまった人もいるかもしれないけど、その辺は次ページにて♪

参考訳
28-1. 建物の前に座っている労働者たちは、経営陣が終身雇用を維持することを強く求めました。

Q

28-2-A. Do you mind me smoking here?
28-2-B. Do you mind my smoking here?
28-2-C. Chihiro complained about her boyfriend walking hand in hand with her friend Hidemi.
28-2-D. Chihiro complained about her boyfriend's walking hand in hand with her friend Hidemi.

＊mind（気にする／嫌がる）、complain about ...（…について不満を言う）、hand in hand（手をつないで）

POINT 28-2 〈 名's ＋ど ing ＋ ...〉＝ 名 ＋〈ど ing ＋ ...〉

なんだかそっくりな文が上下に2つ並んでますね〜。

28-2-A は mind me smoking ...、28-2-C は complained about her boyfriend walking ... と、mind や complained about の後ろに 名 ＋〈ど ing ＋ ...〉が続いているということは……たったいま **POINT 28-1** （p.240〜）で確認した「 名 が…すること」とまとめるタイプですね。

一方、28-2-B と 28-2-D には、my smoking ... や her boyfriend's walking ... と、**POINT 25-1**（p.222〜）で確認した〈 名's ＋ど ing ＋ ...〉のカタチがあるけど……、**これも意味は「 名 が…すること」**でしたよね？？

ってことで、話を整理すると次のとおりだけど、ここはひとつ上の例文を見ながら、じっくりとかみしめる感じでどうぞ♪

> メモメモ

❶ 〈ど ing ＋ ...〉の前に**名詞の「所有格」**を置いた〈 名's ＋ど ing ＋ ...〉**というカタチは、内容的にはＳ＋Ｖというひとつの文と同じような意味関係**を表し、日本語にするなら「 名 が…すること」とまとめるのが基本！

❷ 〈 名's ＋ど ing ＋ ...〉は、働きとしては**1セットで名詞1個分の働きをするカタチ**なので、**文の主語**になることもあるし、**動詞の後ろ**や**前置詞の後ろ**などに**続く**こともある！

❸〈 名's ＋ど ing ＋ ...〉が動詞の後ろや前置詞の後ろに続くとしたら、admit や suggest、deny、mind など、**もともと後ろに〈ど ing ＋ ...〉が OK な動詞の後ろか**、insist on/upon ... や sorry for ... のような **1 セット感覚の〈 動 ＋ 前 ＋ ...〉や〈 形 ＋ 前 ＋ ...〉の後ろ**がほとんど。

＊ chance（機会）、rumor（うわさ）のような、後ろに〈of ＋ど ing ＋ ...〉で同格の関係という名詞に対して〈of ＋ 名's ＋ど ing ＋ ...〉のカタチもアリ！

……でも、**このような動詞や前置詞の後ろでは、〈 名's ＋ど ing ＋ ...〉と同じ「 名 が …すること」という意味で、むしろ 名 ＋〈ど ing ＋ ...〉というカタチを使うことが多い！**

＊ 名 は代名詞なら「目的格（＝ me や him など）」、普通の名詞なら「そのままのカタチ（＝ her boyfriend など）」。
＊もっとも〈 形 ＋ 前 ＋ ...〉の後ろでは〈 名's ＋ど ing ＋ ...〉と 名 ＋〈ど ing ＋ ...〉のいずれのカタチもマレ。

❹ **後ろに〈 名's ＋ど ing ＋ ...〉が OK な動詞や前置詞の後ろや、ＳＶＯＣのカタチがアリな動詞の後ろ以外にある 名 ＋〈ど ing ＋ ...〉については、あくまで、「〈…している〉＋ 名 」というとらえ方**が基本！
(→ **POINT 28-1** [p.240 ～])

ex. 〈The boy's smoking there〉caused a big fire.
〈男の子がそこでタバコを吸ったこと〉が、大火事を引き起こしました。

ex. The boy〈smoking there〉doesn't go to school.
○〈そこでタバコを吸っている〉男の子は、学校に行っていません。
×〈男の子がそこでタバコを吸うこと〉は学校に行きません。

これできっと頭の中もスッキリ！ ……まあ、一気に覚えるのはなかなか大変だと思うけど、やってるうちに少しずつなじんでくるのでご心配なく。

参考訳
28-2-A.　（あなたは）私がここでタバコを吸うのを気にしますか？
　　　　→　（気にしないなら、）ここでタバコを吸ってもいいですか？
28-2-B.　同上
28-2-C.　チヒロは、カレシが自分の友達のヒデミと手をつないで歩いたことに不満を言いました。
28-2-D.　同上

Q

28-3. Actually, I don't like your friend smoking in the room.

＊actually（実は／実際）

POINT 28-3 2通りの解釈が考えられる 名＋〈どing＋…〉

この文は、like の後ろの your friend smoking … の部分を、名＋M形 の関係ととらえて「**部屋でタバコを吸っている**あなたの友達（が好きじゃない）」と考えた人が多いかも。

でも、中には、like は p.212 の一覧にあるとおり、もともと後ろに〈どing＋…〉が OK な動詞！　ってところから、your friend smoking … を、**S＋V** というひとつの文って感覚でとらえ、「**あなたの友達が部屋でタバコを吸うこと**（が好きじゃない）」というふうに考えた人もいるのでは？

それぞれのとらえ方を比べてみると……

● 名＋M形 というとらえ方なら……
→ 私が好きじゃないのは「**あなたの友達**」！

● 名＋〈どing＋…〉で**ひとつの文**という感覚でのとらえ方なら……
→ 私が好きじゃないのは「あなたの友達」ではなく「**あなたの友達が部屋でタバコを吸うこと**」！　つまり、「**あなたの友達が、そういう行為をするということ**」！

と、表す内容がだいぶ違いますが、このうちどちらの解釈がいいかは前後の文脈次第。

例えば、仮にこの文の前に I like almost all of your friends. But … （私、あなたの友達はだいたい好きなのよ。でも…）なんてセリフがあるのなら……前者の解釈が自然！
一方、I don't like the smoke from cigarettes. So … （私、タバコの煙が嫌いなんです。だから…）なんてセリフがあるのなら…後者の解釈が自然！
まあ、この辺はそのつど柔軟に対応してください。っていうか、そのうち無意識のうちに余裕でできるようになるから大丈夫♪

ところで、考えてみれば、like など、後ろに〈どing ＋ ...〉を続けられる、つまり〈 名's ＋どing ＋ ...〉も続けられる動詞の後ろに 名 ＋〈どing ＋ ...〉が続くカタチって、見た目は see ＋ 名 ＋〈どing ＋ ...〉のようなＳＶＯＣのカタチとまったく同じ構造ですよね？
そして、名 ＋〈どing ＋ ...〉の部分を **S ＋ V** という**ひとつの文**って感覚でとらえるという、とらえ方自体も同じ！（→ **POINT 28-1** ［p.240～］）
それにもかかわらず、〈 名's ＋どing ＋ ...〉もOKタイプの動詞の後ろに 名 ＋〈どing ＋ ...〉が続くカタチに関しては、一般的にはＳＶＯＣのカタチとは言わないところに注意！

この辺は、「一般的にはそうなっている」と割り切って、気にしすぎないのがオススメです。

> 参考訳
> 28-3. 実は、私は部屋でタバコを吸っているあなたの友達が好きじゃありません。／実は、私はあなたの友達が部屋でタバコを吸うのが好きではありません。

Q
28-4. The researcher is sure of there being water on that planet.

* researcher（研究者）、planet（惑星）

POINT 28-4 **there being ... というカタチ**

いきなり結論を言うと、この文にある〈**there ＋ being ＋ 名**〉というカタチは基本的に「**…があること**」という意味を表し、**働きとしては名詞１個分**。
で、出てくるとしたら後ろに〈 名's ＋どing ＋ ...〉がOKな動詞や前置詞の後ろがほとんど（ **POINT 20-2** ［p.182～］も参照）。

というわけで、ここでは、「**あの惑星（の表面）に水があること（を確信している）**」とまとめるとイイ感じです♪

> 参考訳
> 28-4. その研究者は、あの惑星（の表面）に水があることを確信しています。

Q

28-5-A. Actually, I don't like your friend smoking in the room.
28-5-B. Actually, I don't like your friend's smoking in the room.
28-5-C. Actually, I don't like your friend to smoke in the room.
28-5-D. Actually, I don't like for your friend to smoke in the room.

POINT 28-5 同じ意味を表す**カタチ**のいろいろ

なんだかそっくりな文が上下に並んでるけど、28-5-A は先ほど出てきた **POINT 28-3** （p.244〜）の文と同じ！
で、28-5-B が 28-5-A と同じ意味なのは問題ないと思うし、28-5-C と 28-5-D についても、**POINT 20-1** （p.180〜）で確認したとおり。
ということで……結局、**どれも同じ「あなたの友達がタバコを吸う」という意味関係**で、**「〈あなたの友達が部屋でタバコを吸うことが〉好きではない」**とまとめればバッチリですね♪

まあ、あえて言うなら 28-5-A については、つい先ほど **POINT 28-3** （p.244）で確認したとおり**「〈部屋でタバコを吸っている〉あなたの友達」**という解釈もありうるところと、〈ど ing〉と〈to ＋ど原〉で、次のようなニュアンスの違いが無きにしも非ずですけど。

● **28-5-A と 28-5-B は、どちらかと言うと「一般的なこと、すでに事実そうであること、現実となっていること」！**

● **28-5-C と 28-5-D は、どちらかと言うと「これからのこと、仮にそうであるなら」といった感じ！**

参考訳
28-5-A 〜 D. 実は、私はあなたの友達が部屋でタバコを吸うのが好きではありません。

Q

28-6-A. She guessed her husband's intentions from him doing the household chores.
28-6-B. At first, the principal of the school denied many of the girls in the club bullying Jack daily.

* guess（推測する）、intention（ねらい／目的）、household chores（家事）、at first（最初は…［でも後で〜］）、principal（校長）、bully（いじめる）、daily（日常的に）

POINT 28-6 「 名 が…すること」タイプの 名 もやっぱり……

まず、28-6-A では from の後ろが him doing the household chores と、名 ＋〈ど ing ＋ ...〉のカタチになっていますね？
この場合、「もともと後ろに〈ど ing ＋ ...〉が OK な動詞の後ろ」や「1 セット感覚の〈動 ＋ 前 ＋ ...〉や〈形 ＋ 前 ＋ ...〉の後ろ」ではないので、**名 ＋ M 形** というとらえ方で「家事をしている彼から」！
……と考えても悪くはないけど、どちらかというと、**「彼が家事をすることから」**というふうに、名 ＋〈ど ing ＋ ...〉の部分を **S ＋ V というひとつの文**という感覚でとらえる方が妥当。
ときにはこんなこともあるので、いつも頭を柔軟にしておいてください。

で、28-6-B については、次のような構造！

... denied   many of the girls in the club   bullying ...
　動　　　　＋　　1 セットで意味上の主語に当たる 名　　　＋　〈ど ing ＋ ...〉

……というのは、まあ、これまでの内容からも余裕だと思います。

ついでに、**POINT 17-6**（p.167）や **POINT 19-4**（p.177）、**POINT 27-5**（p.239）なんかも確認しておけば、もう言うことナシです♪

参考訳
28-6-A. 彼女は、夫が家事をすることから（何らかの）ねらいを推測しました。
28-6-B. 最初、その学校の校長は、部活の女の子の多くが日常的にジャックをいじめていたことを否定しました。

(*°∀°)=3　29. コンマの後ろの〈ど ing ＋ ...〉など

Q
29-1-A.　She got angry, breaking his favorite dishes.
29-1-B.　Like always, Kentaro was playing the guitar, moving around.

＊ move around（動き回る）

POINT 29-1　**S ＋ V ＋ 〈ど ing ＋ ...〉というカタチのとらえ方**

この 29-1-A と 29-1-B を比べてみると、どちらも **S ＋ V** というちゃんとしたカタチの文の後ろに、**コンマが入ってから** 〈ど ing ＋ ...〉が続いて、そのまま文が終わり！　と意識してもらったところで、とっても大事な注意点！

→ メモメモ

❶ **S ＋ V ＋ , 〈ど ing ＋ ...〉**のように、**S ＋ V** というカタチの後ろに
　コンマが入ってから続く〈ど ing ＋ ...〉は、**M副**の働き！
　……つまり、**S ＋ V** という**内容を補足するおまけ要素**！
＊〈ど ing ＋ ...〉の中でも **M副**の働きをするものを、一般には「分詞構文」と呼ぶ。

❷〈ど ing ＋ ...〉が **M副**の働きという場合、〈ど ing ＋ ...〉の動作は普通、
　文の主語がする動作で、**述語動詞とほぼ同時進行で進む動作**や、
　S ＋ V という内容の**原因**や**結果**などを示す！
　……が、**あいまいで複数の解釈が可能**なことも多い！
→ 日本語にするなら、大体「**…して／…しつつ／…（するの）で／（S ＋ V の結果）…した**」という感じで、そのつど柔軟に判断すること！
＊いずれにしても、日本語にまとめる場合は読点で区切るイメージで。

具体的に確認すると、29-1-A は……**「彼女は怒って、（その結果）彼のお気に入りのお皿を壊した」**のように、**S ＋ V の結果**ととらえるのが自然っぽい！

一方、29-1-B は……**「…はギターを弾いていた。動き回りつつ」**というふうに、**S ＋ V と同時進行で進む動作**ととらえるのが自然っぽい！

まあ、この辺は少しずつ慣れていけば大丈夫。
ついでに、〈ど ing ＋ ...〉を M副 として使う表現はあくまで**あいまいな表現**なので、**無理に細かく考えすぎないのがオススメ**です。

なお、読点で区切るイメージといっても、29-1-B のように内容がシンプルな場合は**実際に読点を入れるとかえって目障り**ということもあるのでその辺も柔軟に対応してください。

> 参考訳
> 29-1-A. 彼女は怒って、彼のお気に入りの皿を壊しました（涙）。
> 29-1-B. いつものように、ケンタロウは動き回りながらギターを弾いていました。

Q 29-2. The guitarist, running around the stage, slipped and fell over.

*run around（走り回る）、fall over（転ぶ、転倒する）

POINT 29-2　コンマで挟まれた〈ど ing ＋ ...〉のとらえ方

この 29-2 には The guitarist, running around the stage, slipped ... と、**前後をコンマで区切られるカタチ**で〈ど ing ＋ ...〉が入ってる！
ってことで、すぐに分かったと思うけど、これは M副 に当たる〈ど ing ＋ ...〉（＝一般には「分詞構文」）を文中に**挿入**したカタチ！

このように、〈ど ing ＋ ...〉については M副 として文中に**挿入**して使うことも多いんです。

とらえ方としては、もちろん**「…は、『…で／…して／…しつつ／…するので』、…する」**という感じで、〈ど ing ＋ ...〉の部分を読点で区切るイメージがぴったり！

> 参考訳
> 29-2. そのギタリストは、ステージを走り回っていて、滑ってこけてしまいました。

Q

29-3-A.　The little girls riding double on the bike hit a telephone pole.
29-3-B.　The little girls, riding double on the bike, hit a telephone pole.

＊ride double (on ...)（…に２人乗りする）、telephone pole（電柱）

POINT 29-3　名詞と〈ど ing ＋ ...〉の間のコンマの有無による差

見た瞬間、「……どっちも同じ文じゃないの？」と思ったかもしれないけど、よく見ると、**riding double on the bike** の前後に**コンマ**があったりなかったりって違いがありますね。

その辺の違いを意識すると……

29-3-A は the little girls〈riding double on the bike〉と、名詞の後ろに be 動詞もコンマもナシで〈ど ing ＋ ...〉が続くカタチだから、**名＋ M形 の関係**と考えるのが基本。

というわけで、まとめるなら「〈自転車に２人乗りしている〉小さな女の子たちは、…」という感じが良さそう！

一方、29-3-B は、the little girls という名詞の後ろに riding double on the bike という〈ど ing ＋ ...〉が続くとはいえ、**間にコンマがある（≒〈ど ing ＋ ...〉がコンマで挟まれている）**ことから、いま **POINT 29-2**（p.249）で確認したとおり〈ど ing ＋ ...〉は M副 の働き！
よって、まとめるなら「**その小さな女の子たちは、〈自転車に２人乗りしていて〉、…**」とするのが良さそう！

……とはいえ、この 29-3-A と 29-3-B を比べた場合、**結局、２人乗りをしていたのが the little girls という点は同じ**ですよね？

そういう意味では、29-3-A を「その小さな女の子たちは、〈自転車に２人乗りしていて〉、…」のようにまとめたり、29-3-B を「〈自転車に２人乗りしていた〉小さな女の子たちは…」のようにまとめたとして、**別に間違っているというわけではありません**。

……でも、コンマが区切りを示す記号である以上、やはりその有無によって表現を調整した方がよりそれらしいニュアンスになると言えます。

なお、この 29-3-A と 29-3-B の述語動詞の hit は、見た目からは現在形なのか過去形なのか区別がつきません！　……が、内容的には過去形と判断するのが自然ということで、29-3-A は**「自転車に２人乗りしていた小さな女の子たち」**と表現を微調整するとイイ感じです♪

> 参考訳
> 29-3-A. 自転車に２人乗りしていた小さな女の子たちは、電柱にぶつかりました。
> 29-3-B. その小さな女の子たちは、自転車に２人乗りしていて、電柱にぶつかりました。

Q

29-4. I was thinking about the future sitting in a chair all day long.

* all day long（1日中）

POINT 29-4 名詞と〈ど ing ＋ ...〉の間にコンマがなくても……

この文には thinking about the future sitting in ... というつながりが！
ここから、the future sitting in ... の部分は、名＋〈ど ing ＋ ...〉で S ＋ V というひとつの文タイプとも、名＋ M形 タイプとも考えられそう。

……だけどそう考えると、それぞれ**「将来が…に座っていること？？」「…に座っている将来？？」**となって、どっちもなんだかビミョー！

……実は、名＋〈ど ing ＋ ...〉というつながりで間にコンマがなくても、〈ど ing ＋ ...〉が M副 ということもたまにあるんです。
だから、たとえ 名＋〈ど ing ＋ ...〉というつながりでも、この例のように普通のとらえ方では「なんかびみょーかも」ってときは、意識を切り替えて、〈ど ing ＋ ...〉を M副 として前の名詞と切り離す感じでとらえること！

> 参考訳
> 29-4. 私は１日中イスに座って将来のことを考えていました。

(*°∀°)=3　30.〈ど ing ＋ …〉とその他いろいろ

Q

30-1-A.　She read the comment on the BBS, gradually realizing her difficult situation.
30-1-B.　His ex-girlfriend is the girl happily eating lunch over there.

＊ BBS（[インターネット上の] 掲示板）、gradually（徐々に）、realize（悟る）ex-girlfriend（前のカノジョ）

POINT 30-1　副詞と〈ど ing ＋ …〉　その１

それぞれ構造を見てみると、

30-1-A：… the BBS,　　　gradually　　　realizing …
　　　　　　　　　　　　　　副　　＋　〈ど ing ＋ …〉

30-1-B：… the girl　　　happily　　　eating …
　　　　　　　　　　　　　副　　＋　〈ど ing ＋ …〉

というふうに、〈ど ing ＋ …〉の前に副詞がっ！
こんな場合は、〈副＋ど ing ＋ …〉で１セットというとらえ方が基本で、働きとしてはもちろんいろいろな可能性がありえますが、これまでと同じように、前後の構造などから考えれば問題なし♪

30-1-A の場合は……コンマの後ろ！　ということで、M副 の働き！
日本語にするなら「(…で、) 徐々に自身の状況を悟った」って感じですね。

一方、30-1-B の場合は……名詞の後ろで be 動詞もコンマもナシ！　ということで、名＋M形タイプ！
日本語にするなら、「〈うれしそうに…を食べている〉女の子」ってところ。

参考訳
30-1-A.　彼女は掲示板のコメントを読んで、徐々に自身の難しい状況を悟りました。
30-1-B.　彼の前のカノジョは、向こうでうれしそうに昼ごはんを食べている女の子です。

Q

30-2-A.　Quickly finishing the homework, Hideki began to write songs.
30-2-B.　After the concert, I saw some fans patiently waiting for Mirei, the singer, to come out of the building.

* quickly（素早く）、patiently（辛抱強く）

POINT 30-2　副詞と〈ど ing ＋ ...〉　その 2

30-2-A は、文頭が Quickly finishing ... という〈副＋ど ing ＋ ...〉のカタチですが、1 セットの区切りの後ろにはコンマが入ってから Hideki という名詞が続く構造。ということで、この〈副＋ど ing ＋ ...〉は M副 の働き。
「宿題を素早く終わらせて、ヒデキは…」とまとめればバッチリ。

30-2-B は、ちょっとややこしいけど……**述語動詞が知覚動詞の see の過去形 saw**！　wait は wait for＋名＋〈to ＋ど原＋ ...〉というカタチがアリ！　ということで、次のような構造！　……ってすぐに分かりましたか？

... saw　some fans　patiently　waiting　for Mirei, ... ,　to come out of...
　　　　　名 (O)　　　＋　　〈副　　＋　　ど ing　　＋　for＋名　　＋　〈to ＋ど原＋ ...〉〉

patiently から後ろが丸々 C というイメージ

つまり、**「（私は）数人のファンが、歌手のミレイが…から出てくるのを辛抱強く待っているのを見た」**ということになるんだけど……こんなふうに一気にまとめようとすると、ちょっと関係が分かりにくいですよね？

なので、日本語としては参考訳のように、2 つに分けるような感じにするのがオススメ♪
まあ、この辺の作業は**語句同士の関係がちゃんとつかめているのが前提になるし、慣れも必要**ですけど。

参考訳
30-2-A.　宿題を素早く終わらせて、ヒデキは曲を書き始めました。
30-2-B.　コンサートの後、私は数人のファンを見たんですが、彼らは辛抱強く、歌手のミレイが建物から出てくるのを待っていましたよ。

Q 30-3. Our special method makes it fun learning English!

* special（特別な）、method（方式／方法／やり方）

POINT 30-3 make＋it＋形＋〈ど ing ＋ ...〉のようなカタチ

この文は、**POINT 18-2**（p.170 ～）で見た次のカタチと同じ構造と意味関係！

● make＋it＋形／名 (C)＋〈to＋ど原＋ ...〉(O)
（S は）〈…すること〉(O) を 形／名 (C)（の状態）にする

つまり、**「形式目的語」**の it を使って、本来「目的語 (O)」に当たる〈to ＋ど原＋ ...〉や〈ど ing ＋ ...〉を補語 (C) の後ろに回したカタチってこと。
... makes it fun learning ... という部分を見た時点ですぐ気づけましたか？
なお、O が〈to ＋ど原＋ ...〉の場合、**必ず** it を使い〈to ＋ど原＋ ...〉を C の後ろに回すのがルールですが、O が〈ど ing ＋ ...〉の場合は次のように**そのままのカタチもアリ**ですので。

ex. Our special method makes learning English fun!
　　＝ Our special method makes it fun learning English!

> 参考訳
> 30-3. 私たちの特別なやり方は、英語を学ぶことを楽しくします！

Q
30-4-A. As to politics, Nao has opinions different from mine.
30-4-B. Popular with young Japanese, the artist often visits Japan.

* as to ＝ about（…については）、politics（政治）、opinion（意見／見解）

POINT 30-4 M形 や M副 の働きをする〈形＋前＋ ...〉など

この２つの例を見た瞬間、「……どこにも〈ど ing ＋ ...〉ってカタチが入ってないんですけど？」と疑問に思った人も多いかも。

254 ｜ STEP03 〈動詞 ing ＋ ...〉というカタチが入る文の傾向と対策。

……でも、ここまでの内容がちゃんと頭に入ってる人や、はるか昔 p.39 ～の内容を覚えていた人は、すぐに次のような関係と気づいたはず♪

30-4-A：... opinions　　　different from ...
　　　　　　　名　　＋　〈 形 ＋ 前 ＋ ...〉
　　　　　　　　　　　　↑
　　　　　　　　　　1セットでⓂ形

30-4-B：Popular with young Japanese,　　　the artist ...
　　　　〈 形 ＋ 前 ＋ ...〉,　　＋　名 (S) ＋ ...
　　　　　　↑
　　　　1セットでⓂ副

要するに、different from/to ... や popular with ... のような**1セット感覚で使う〈 形 ＋ 前 ＋ ...〉の組み合わせについても、Ⓜ形やⓂ副として使える**ってことで、ついでにここで扱ってみたわけです。

それぞれの意味を確認すると、30-4-A は「〈私のとは異なった〉意見」、30-4-B は「〈日本の若者に人気があるので〉、そのアーティストは…」という感じで、きっと「余裕～～～♪」って思ってもらえたと思います。

この〈 形 ＋ 前 ＋ ...〉のⓂ形やⓂ副としての使い方って学校などではほとんど教えられることがないけど、**現実にはかなり使用頻度が高い**ので、ぜひとも覚えておくように！

なお、〈 形 ＋ 前 ＋ ...〉をⓂ副として使う場合、おまけとして **being** という語を前に置いた〈**being** ＋ 形 ＋ 前 ＋ ...〉というカタチにすることも。
とはいえ、実際に文中にこの〈**being** ＋ 形 ＋ 前 ＋ ...〉が出てくるとしたら、**1セットで「主語 (S)」や「目的語 (O)」の働きという可能性が高い**です！
ま、前後の構造などに注意すれば判断に迷うことはないはずですけど。

　参考訳
　30-4-A．政治に関して、ナオは私（のもの）とは異なった意見を持っています。
　30-4-B．日本の若者に人気があるので、そのアーティストはよく日本を訪れます。

(*ﾟ∀ﾟ)=3　ど ing を使う重要表現など

実は、〈ど ing〉を使うカタチの中には定型表現として定着しているものもたくさんあります。ここでは、それらを一気に紹介します♪

● **worth 〈ど ing〉**（…する価値がある）

＊1セットで「補語 (C)」として使ったり、Mとして使ったり。

ex. In his opinion, Bulgaria is a country worth visiting.
　　彼の考えによれば、ブルガリアは訪れる価値のある国です。

● **busy (in) 〈ど ing〉**（…するのに忙しい）

＊ in は入れない方が普通。

ex. My friend Hiroshi is always busy taking care of his children.
　　私の友達のヒロシはいつも子どもの面倒を見るのに忙しいです。

● **careful (about/in) 〈ど ing〉**（注意して／気をつけながら…する）

＊ in/about は入れないことも多い。

ex. She advised me to be careful choosing the man to marry!
　　彼女は、私に注意して結婚する人を選ぶようアドバイスしました！

● **have difficulty/trouble (in) 〈ど ing〉**（…するのに苦労する）

＊前置詞の in は省くことが多い。

ex. Most of the students have difficulty (in) understanding his lecture.
　　生徒の多くは、彼の講義を理解するのに苦労しています。

ex. Like other countries, Japan has had trouble (in) surviving this deep economic recession.
　　ほかの国々と同様、日本はこのひどい不況を耐え抜くのに苦労しています。

● **prevent/stop/keep 名 from 〈ど ing〉**
　（名 が…することを妨げる／名 に…させないようにする）

＊ prevent と stop については、from を省いたカタチもアリ。でも、keep については from がないと「名 に…させ続ける」という意味になるので注意。

ex. Criminal records often prevent people from getting a job.
　　犯罪歴は、しばしば人が職を得るのを妨げます。

● **spend/waste 時間／お金 (in/on) 〈ど ing〉**
（…することに時間／お金を費やす・浪費する）
＊前置詞の in/on は入れないほうが普通。

ex. Don't spend your time exchanging such useless e-mails.
そんな無意味な E メールをやり取りすることに時間を使うな。

● **look forward to 〈ど ing〉**（…するのを楽しみにする）
＊この to は「to 不定詞」の to ではなく、前置詞の to。ということで、後ろに続くのは〈ど ing〉もしくは普通の名詞。

ex. Of course, we're all looking forward to seeing you, soon!
もちろん私たちは皆、もうすぐあなたに会えることを楽しみにしています！

● **object to 〈ど ing〉**（…することに反対する）
＊この to も「to 不定詞」の to ではなく、前置詞の to。ということで、後ろに続くのは〈ど ing〉もしくは普通の名詞。

ex. Why do you object to me quitting my job?
どうしてあなたは私が仕事をやめることに反対なんですか？

● **need 〈ど ing〉**（…される必要がある／しないといけない）
＊内容的には「(S が) …される」という関係になるところに注意。

ex. Crap! This PC needs fixing again!
クソ！ このパソコンはまた修理が必要だ！

● **Would/Do you mind 〈ど ing〉?**
（あなたは、[あなたが] …することを気にしますか？
→ [気にしないなら、あなたが] …してくれませんか？）
＊相手に何かを依頼する際の定番表現。

ex. Do you mind leaving the room for a while?
少しの間、部屋を離れてくれませんか？

● **Would/Do you mind 名's 〈ど ing〉?**
（あなたは、名 が…することを気にしますか？
→ [気にしないなら] 名 に…させてやってくれませんか？／名 が…してもいいですか？）
＊相手に許可を求める際の定番表現。

ex. Would you mind us going on a trip together?
私たちが一緒に旅行に行ってもいいでしょうか？

talk 名 into 〈ど ing〉（名 を説得して／説き伏せて…させる）
＊意味関係は p.161 の persuade ＋名＋〈to ＋ど原＋ ...〉 とほぼ同じ。

ex. In Korea, some guys tried to talk us into buying fake brand products.
韓国では、私たちを説得し偽のブランド品を買わせようとする人もいました。

talk 名 out of 〈ど ing〉（名 を説得して…するのをやめさせる）

ex. To my surprise, he talked Norio out of donating some money.
驚いたことに、彼はノリオを説得していくらかのお金を募金するのをやめさせました。

cannot help 〈ど ing〉（…するのを避けられない／…せざるをえない）
＊ cannot (help) but ＋ど原 というカタチでも同じ意味。

ex. He couldn't help refusing to accept the sweater, after all.
彼は、結局、セーターを受け取るのを拒まざるをえませんでした。

feel like 〈ど ing〉（…したい気分だ）

ex. I sometimes feel like living in this fashionable store.
ボクは、ときどきこの流行のお店に住みたい気分になります。

never ~ without 〈ど ing〉
（…することなしに、~することは決してない → ~するときは、必ず…する）

ex. He never meets with her without giving her flowers.
彼は彼女に会うときは必ず花をプレゼントします。

on 〈ど ing〉（…するとすぐ）

ex. On sitting on the seat, the passenger started reading a book.
座席に座るとすぐ、その乗客は本を読み始めました。

It is (of) no use/good 〈ど ing〉（…しても無駄だ）
＊ There is no use (in) 〈ど ing〉 としても同じ意味。

ex. In his opinion, it's no use expecting to win a lottery.
彼の意見では、宝くじに当たることを期待しても無駄だそうです。

● **There is no ⟨ど ing⟩**（…するのは無理／不可能）

ex. Is there no knowing the facts?
事実を知るのは無理でしょうか？

● **It goes without saying (that) ＋ S ＋ V**
（言うまでもなく、S ＋ V だ／S ＋ V なのは言うまでもない）

ex. It goes without saying (that) *Framboise* is a great band.
「フランボワズ」がすごいバンドなのは、言うまでもありません。

● **1 セットで M副 として使う決まり文句的な表現**

considering …	…を考慮すると
judging from …	…から判断すると
talking/speaking of …	…と言えば
generally speaking	一般的に言うと
frankly speaking	率直に言うと
strictly speaking	厳密に言うと
roughly speaking	大雑把に言うと
weather permitting	天気がよければ
according to …＊	…によれば／よると

＊ according to … は M副 と M形 のどちらとしてもよく使う。

ex. Considering the differences in their characters, it may be difficult for them to live happily together.
彼らの性格の違いを考慮すると、彼らが一緒に楽しく生活していくのは難しいかもしれません。

ex. Frankly speaking, I want her to live happily for many years to come.
率直に言うと、私は彼女にこの先ずっと幸せに暮らして欲しいんです。
　＊ years to come（これからやって来る年月→これから先／未来）

> **STEP 03** 〈動詞 ing ＋ …〉というカタチが入る文の傾向と対策。
> 英文総ざらえ♪

STEP 03 で確認したポイントを、まとめて見てみましょう。

21．述語動詞の前の〈ど ing ＋ …〉

POINT 21-1 文頭の〈ど ing ＋ …〉は、2つの可能性！（→ p.200～）

21-1-A． Listening to the speeches is always fun.
21-1-B． Listening to the speeches after lunch, we became sleepy.

POINT 21-2 文頭の〈ど ing ＋ …〉と、S V O C ⇔ M副＋S V C（→ p.202～）

21-2-A． Telling a lot of lies made the boy friendless.
21-2-B． Telling a lot of lies, the boy became friendless.

22．not と being と it

POINT 22-1 not と〈ど ing ＋ …〉の組み合わせ（→ p.204～）

22-1-A． Not knowing the answer, everyone in the class was quiet.
22-1-B． Not eating vegetables, such as onions, is, of course, not good for your health.

POINT 22-2 〈being ＋ …〉というカタチについて（→ p.206）

22-2-A． Being a top athlete for a long time is, to be sure, very difficult.
22-2-B． Being ignorant of Russian, she couldn't read the letter.

POINT 22-3 〈ど ing ＋ …〉と形式主語の it の関係（→ p.207）

22-3． It is always fun listening to the speeches.

23．動詞の後ろの〈ど ing ＋ …〉

POINT 23-1 be 動詞の後ろの〈ど ing ＋ …〉（→ p.208～）

23-1-A． In the small room some kids were watchicng a DVD.
23-1-B． One of the important rules of this class is speaking English!

POINT 23-2 be 動詞＋going＋to＋ど原 というカタチ（→ p.209）

23-2． His friend is going to come back to Greece by way of Turkey.

POINT 23-3 一般動詞の後ろの〈ど ing ＋ ...〉と〈to ＋ど原＋ ...〉（→ p210 ～）

23-3-A. To start a business in Bulgaria, his uncle began studying Bulgarian three months ago.

23-3-B. Do you remember going to Korea with me?

POINT 23-4 一般動詞と〈to ＋ど原＋ ...〉と〈ど ing ＋ ...〉の相性（→ p.214 ～）

23-4-A. Much to my annoyance, my son always avoids taking the medicine.

23-4-B. The students promised not to be late for school next time.

２４．前置詞の後ろの〈ど ing ＋ ...〉

POINT 24-1 前置詞の後ろに〈ど ing ＋ ...〉がある場合の基本（→ p.216）

24-1-A. What opinion do you have about bringing cellphones to the school?

24-1-B. Before killing the large bear, the hunter thought of its family.

POINT 24-2 名＋〈of ＋ど ing ＋ ...〉という組み合わせ（→ p.217）

24-2. Mr. Ihara, the very popular counselor, has a habit of saying "*Anoo*..." quite frequently.

POINT 24-3 動＋前＋〈ど ing ＋ ...〉という組み合わせ（→ p.218）

24-3. Thinking of their son, Ken's wife insisted on buying a new house.

POINT 24-4 これまでのおさらい（→ p.219）

24-4. In order not to make his son complain about him, Ken apologized for not staying at home on weekends.

POINT 24-5 形＋前＋〈ど ing ＋ ...〉というカタチ　その１（→ p.220）

24-5. The people in this village are good at catching fish by spears and nets.

POINT 24-6 形＋前＋〈ど ing ＋ ...〉というカタチ　その２（→ p.220 ～）

24-6-A. My friend is proud of her father, a famous musician.

24-6-B. My friend was proud of being a professional tennis player.

25．所有格の後ろの〈ど ing ＋ ...〉

POINT 25-1 所有格と〈ど ing ＋ ...〉 文頭の場合 その1（→ p.222〜）

25-1. His coming to our party will surprise our guests.

POINT 25-2 所有格と〈ど ing ＋ ...〉 文頭の場合 その2（→ p.223）

25-2-A. The singer's coming to our party will surprise our guests.

25-2-B. The singer's coming to our party by taxi now.

POINT 25-3 所有格と〈ど ing ＋ ...〉 動詞や前置詞の後ろの場合（→ p.224〜）

25-3-A. My teacher suggested my studying in Turkey for a year.

25-3-B. Haruto, Yachie's only son, complained about her not staying at home on weekend nights.

25-3-C. Back in 1990, Ronnie wasn't sure of his band's becoming famous.

25-3-D. She told me the rumor of his having a wife and a child.

POINT 25-4 所有格と〈ど ing〉の後ろの前置詞（→ p.226〜）

25-4. Toshio's enjoying of the party was very surprising to me.

POINT 25-5 冠詞と〈ど ing〉の後ろの前置詞（→ p.227）

25-5. The learning of a foreign language is both fun and troublesome.

26．名詞の後ろの〈ど ing ＋ ...〉

POINT 26-1 名詞の後ろに〈ど ing ＋ ...〉がある場合の基本（→ p.228〜）

26-1-A. The girl is playing the cello on stage.

26-1-B. The girl playing the cello on stage wants to be a professional.

POINT 26-2 いろいろなところに出てくる 名 ＋〈ど ing ＋ ...〉（→ p.230）

26-2-A. Do you know the girl talking with Saori？

26-2-B. Two days ago, I got an e-mail from my friend working in Nepal.

POINT 26-3 名詞の後ろに〈not ＋ど ing ＋ ...〉がある場合（→ p.231）

26-3. During class, there are usually some students not listening to the teacher.

27. 名詞＋〈ど ing ＋ ...〉こんな場合は注意　その１

POINT 27-1　ＳＶＯＣがOKな動詞の後ろの 名＋〈ど ing ＋ ...〉（→ p.232～）

27-1.　Why the hell do those young mothers leave the babies crying loudly?

POINT 27-2　知覚動詞の後ろの 名＋〈ど ing ＋ ...〉（→ p.234～）

27-2.　Waiting for the train to come, I saw a schoolboy reading my book on the bench.

POINT 27-3　have などの後ろの 名＋〈ど ing ＋ ...〉（→ p.236～）

27-3-A.　In the end, the police had the bureaucrat come clean about the bribery case.

27-3-B.　We are happy to have you staying with us.

POINT 27-4　make や let の後ろの構造には特に注意（→ p.238）

27-4.　Hiroshi made the children watching TV go to bed.

POINT 27-5　名(O)＋〈ど ing ＋ ...〉(C) の 名(O) に注意（→ p.239）

27-5.　The orders from the *shogun* got dogs in the city running wild.

28. 名詞＋〈ど ing ＋ ...〉こんな場合は注意　その２

POINT 28-1　「名 が…すること」とまとめる 名＋〈ど ing ＋ ...〉（→ p.240～）

28-1.　The workers sitting in front of the building insisted on the management keeping lifetime employment.

POINT 28-2　〈名's ＋ど ing ＋ ...〉＝ 名＋〈ど ing ＋ ...〉（→ p.242～）

28-2-A.　Do you mind me smoking here?

28-2-B.　Do you mind my smoking here?

28-2-C.　Chihiro complained about her boyfriend walking hand in hand with her friend Hidemi.

28-2-D.　Chihiro complained about her boyfriend's walking hand in hand with her friend Hidemi.

POINT 28-3　2通りの解釈が考えられる 名＋〈ど ing ＋ ...〉（→ p.244～）

28-3.　Actually, I don't like your friend smoking in the room.

POINT 28-4 **there being ... というカタチ**（→ p.245）

28-4. The researcher is sure of there being water on that planet.

POINT 28-5 **同じ意味を表すカタチのいろいろ**（→ p.246）

28-5-A. Actually, I don't like your friend smoking in the room.
28-5-B. Actually, I don't like your friend's smoking in the room.
28-5-C. Actually, I don't like your friend to smoke in the room.
28-5-D. Actually, I don't like for your friend to smoke in the room.

POINT 28-6 **「名 が…すること」タイプの 名 もやっぱり……**（→ p.247）

28-6-A. She guessed her husband's intentions from him doing the household chores.
28-6-B. At first, the principal of the school denied many of the girls in the club bullying Jack daily.

29. コンマの後ろの〈ど ing ＋ ...〉など

POINT 29-1 **S＋V＋〈ど ing ＋ ...〉というカタチのとらえ方**（→ p.248〜）

29-1-A. She got angry, breaking his favorite dishes.
29-1-B. Like always, Kentaro was playing the guitar, moving around.

POINT 29-2 **コンマで挟まれた〈ど ing ＋ ...〉のとらえ方**（→ p.249）

29-2. The guitarist, running around the stage, slipped and fell over.

POINT 29-3 **名詞と〈ど ing ＋ ...〉の間のコンマの有無による差**（→ p.250〜）

29-3-A. The little girls riding double on the bike hit a telephone pole.
29-3-B. The little girls, riding double on the bike, hit a telephone pole.

POINT 29-4 **名詞と〈ど ing ＋ ...〉の間にコンマがなくても……**（→ p.251）

29-4. I was thinking about the future sitting in a chair all day long.

30. 〈ど ing ＋ ...〉とその他いろいろ

POINT 30-1 副詞と〈ど ing ＋ ...〉 その1（→ p.252）

30-1-A. She read the comment on the BBS, gradually realizing her difficult situation.

30-1-B. His ex-girlfriend is the girl happily eating lunch over there.

POINT 30-2 副詞と〈ど ing ＋ ...〉 その2（→ p.253）

30-2-A. Quickly finishing the homework, Hideki began to write songs.

30-2-B. After the concert, I saw some fans patiently waiting for Mirei, the singer, to come out of the building.

POINT 30-3 make＋it＋形＋〈ど ing ＋ ...〉のようなカタチ（→ p.254）

30-3. Our special method makes it fun learning English!

POINT 30-4 M形やM副の働きをする〈形＋前＋...〉など（→ p.254～）

30-4-A. As to politics, Nao has opinions different from mine.

30-4-B. Popular with young Japanese, the artist often visits Japan.

STEP 04

「過去分詞」&「過去形」っぽいカタチが入る文の傾向と対策。

英語で「…される」という意味を表すカタチと言えば、spoken や eaten のような「過去分詞」を使った〈be 動詞＋過去分詞〉という1セットのカタチ。で、これを「受動態（＝受け身）」と言う！　と覚えている人も多いはず。

……でも、より正確には「…される」という意味は「過去分詞」が表すのであって、この意味に be 動詞は関係ありません。
つまり、「…される」と言う場合にはたまたま be 動詞と「過去分詞」を一緒に使うことが多いというだけ。
また、「過去分詞」と言えば、〈have ＋過去分詞〉という1セットのカタチで「…し終わっている」といった意味を表すこともできるけど、このカタチを「現在完了」と呼ぶというのをご存じの人も多いはず。

ここではそんな「過去分詞」のいろいろな使い方について、徹底的に分かってもらおうと思います。

「過去分詞」というカタチのとらえ方

★ 「過去分詞」というカタチの基本

1. 「動詞」には「現在形」や「過去形」のほかに、**「…される」「…し終わっている」といった意味を表す活用形**として**「過去分詞（形）」**というカタチがある（以下、**「過去分詞」**と表記）。
多くの動詞の「過去分詞」は「過去形」と同じカタチだが、動詞によっては「過去形」と「過去分詞」が違うカタチのものもある。

	現在形	過去形	過去分詞
ex.	use	used	used
ex.	eat	ate	eaten

2. **「過去分詞」には大きく分けて 4 つの使い方がある**が、それを考えるに当たって、まず英文の「実際のカタチ」を思い出すと……

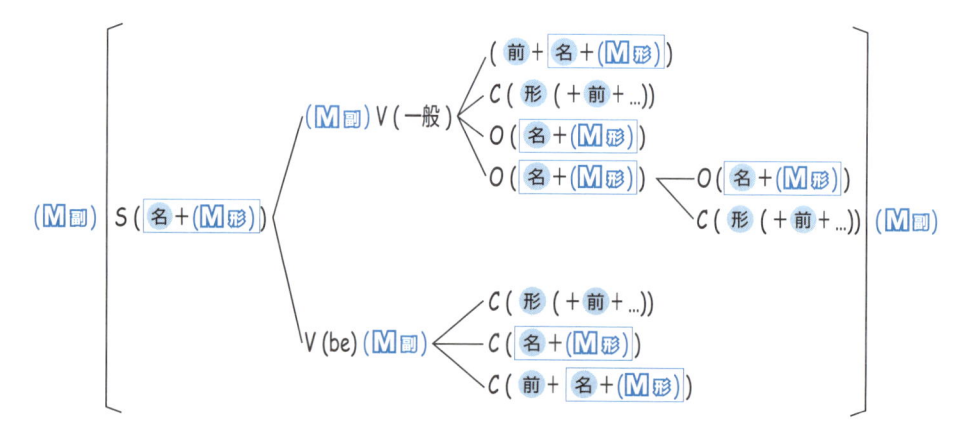

$$
(M_{副})\left[S(\,名+(M_形)\,) \left\{ \begin{array}{l} (M_副)\,V(一般) \left\{ \begin{array}{l} (\,前+\,名+(M_形)\,) \\ C(\,形\,(+\,前+…)\,) \\ O(\,名+(M_形)\,) \\ O(\,名+(M_形)\,) \!-\!\! \begin{array}{l} O(\,名+(M_形)\,) \\ C(\,形\,(+\,前+…)\,) \end{array} \end{array} \right. \\ V(be)\,(M_副) \left\{ \begin{array}{l} C(\,形\,(+\,前+…)\,) \\ C(\,名+(M_形)\,) \\ C(\,前+\,名+(M_形)\,) \end{array} \right. \end{array} \right. \right] (M_{副})
$$

* M形 ＝ 1セットで後ろから前の名詞を説明（＝修飾）する要素。
* M副 ＝ SVO、SVOCといった「基本のカタチ」に対してその枠の前か後ろ、もしくは内部（＝主に動詞の前後）に入る「おまけ要素」。

以上を念頭に「過去分詞」の使い方について整理すると次のようになる。

● **「過去分詞」は「補語 (C)」として使える！**
＝ **be 動詞の後ろに置いたり、ＳＶＯ C のカタチの C に当たるものとして使える。**

* be 動詞の後ろに「過去分詞」が続く場合、一般には〈be ＋過去分詞〉で「受動態」という「1 セットの述語動詞」のカタチ（＝「過去分詞」は「補語 (C)」ではない）と定義される。

　……が、本書では、「このようなとらえ方をしても何もメリットはなく、むしろ話がめんどくさくなるだけ」と考え、これまでに扱った〈to ＋ど原〉や〈ど ing〉が be 動詞の後ろに続く場合などと同様に、「過去分詞」が「補語 (C)」と考える（＝「受動態」という呼び名は用いないし、〈be ＋過去分詞〉で「1 セットの述語動詞」のカタチとも考えない）。

→ 日本語にすると、大体**「…される／されている／された」**といった**「受動（＋完了）」の意味**を表す。

ex. In Canada,　　two languages　　are　　used.
　　　 M　　　　　+　S(名)　　　　+　V(be)　+　C

　　　カナダでは、２つの言語が使われています。

ex. Did　　you　　see　　Nobuta　　struck　　by Shizuko?
　　　　　S(名) + V(一般) +　O(名)　+　　C

　　　キミは、ノブタがシズコに殴られるのを見ましたか？

● 「過去分詞」は Ⓜ形 として使える！
= 名詞＋〈過去分詞〉 のように名詞の後ろに置いて、**後ろから前の名詞を説明（＝修飾）する要素**として使える！

＊一般には、このような使い方を「過去分詞」の「形容詞（的）用法」と呼ぶ。

→ 日本語にすると、大体**「…される／されている／された」**といった**「受動（＋完了）」の意味**。
名詞＋〈過去分詞〉 という全体では「名詞1個分」の働きで、日本語にすると、大体**「〈…される〉＋名詞」**となる。

ex. Miso   is   traditional food eaten   in Japan.
　　　S(名)　＋　V(be)　＋　　　O(名＋Ⓜ形)

みそは、日本で食べられる伝統食です。

● 「過去分詞」は Ⓜ副 として使える！
= ＳＶＯやＳＶＯＣといった「基本のカタチ」に対して、その枠の前か後ろ、もしくは内部（＝主に動詞の前後）に**「おまけ要素」として追加する感じ**で使える！

＊一般には、このような使い方を「分詞構文／分詞節」と呼ぶ。

→ 日本語にすると、大体**「…され／…されつつ／…（されるの）で／（そして）…される」**といった**「受動（＋完了）」の意味**。

ex. Cattle   eat   grain,   eaten   by people.
　　　S(名)　＋　V(一般)　＋　O(名)　＋　　Ⓜ副

牛は穀物を食べ、人間に食べられます。

● **「過去分詞」**は**〈have ＋過去分詞〉というⅠセットのカタチ**で、**「（ずっと）…している」「…し終わっている」「…したことがある」といった意味**を表す**「述語動詞」**として使える！
この**〈have ＋過去分詞〉のカタチ**を一般に**「現在完了（形）」**と呼び、**この組み合わせでの「過去分詞」は「…される」という「受動」のニュアンスは含まない**のが特徴。

ex. We　　　　have loved　　　the band　　　for a long time.
　　　S(名)　＋　〈have ＋過去分詞〉　＋　O(名)　　＋　　M
　　　　　　　　　　　↑
　　　　　　　　1セットで「述語動詞(V)」

　　　私たちは、長い間、［ずっと］そのバンドを愛しています。

3. **「過去形」もしくは「過去分詞」っぽいカタチの語の中には、辞書を引くと「（すでに）…した／…されている（状態である）」といった意味を表す「形容詞」としても載っているもの**がある。
例えば次のようなものなど。

advanced	（すでに）発展した
broken	（すでに）壊れた → 壊されている
closed	閉じた → 閉められている
frozen	凍った → 凍らされている
married	（すでに）結婚している
spoken	話される → 口語の
used	使われた → 中古の

これらは**「過去分詞」**が形容詞化した語と言え、普通の**「形容詞」**のように**「名詞」の前に置き、前から後ろの「名詞」を修飾する感じで使える**のが特徴。
基本的には married のように「完了」のニュアンスが強いものが多いが、中には spoken のように「受動」のニュアンスが強いものもある。

ex. a used car（使われた車→中古車）＝どちらかというと完了のニュアンス
ex. frozen food（凍った／凍らされた食品→冷凍食品）＝受動／完了のニュアンス

なお、eaten のような「形容詞」として辞書に載っていない「過去分詞」に関しては、普通は「名詞」の前に置いて使わないのが特徴。

ex. × eaten food　食べられた食品？

4. 文中に「過去形っぽいカタチ」が出てきたら、次のうちのどれに当たるかの判断が大事。

＊具体的な判断基準については、本文中にて随時。

a. 「過去形」（＝１語で「述語動詞(V)」の役割を果たすカタチ）

b. **「…される／されている／された」といった「受動（＋完了）」の意味を表し、「補語(C)」や** M形 **、** M副 **の働きをする「過去分詞」**

c. haveとの組み合わせで**「(ずっと)…している」「…し終わっている」「…したことがある」**といった意味を表す**「現在完了」**というカタチを作り、**「…される」**という**「受動」のニュアンスは含まない**「過去分詞」

d. 「(すでに)…した／…されている(状態である)」といった意味を表す形容詞化した「過去分詞」

★ 「過去分詞」の後ろに続くカタチと文全体の構造

1. 「過去分詞」の中でも**「…される／されている／された」**といった**「受動（＋完了）」**のニュアンスを表し**「補語 (C)」**や Ⓜ形、Ⓜ副 の働きをするものについては、後ろに続くカタチに注意！

これらは、多くの場合、**元となる動詞に応じ、意味的なまとまりを持った「1 セットのカタチ」**を作る。
……が、この際、**「過去分詞」の後ろからは、もともと「目的語」などとして後ろに続きそうな「名詞」が 1 個抜けたようなカタチ**になるのが特徴！

具体的には次のようなパターンなどが考えられる。

ex. ⟨listen to music in the room⟩　　　部屋で 音楽を 聴く
　　→ ⟨listened to　　 in the room⟩　　部屋で聞かれる

ex. ⟨drink tea after dinner⟩　　　　　晩ご飯のあとに お茶を 飲む
　　→ ⟨drunk　　 after dinner⟩　　　　晩ご飯のあとに飲まれる

ex. ⟨show some pictures to students⟩　生徒たちに 写真を 見せる
　　→ ⟨shown　　 to students⟩　　　　生徒たちに見せられる

ex. ⟨show students some pictures⟩　　生徒たちに 写真を 見せる
　　→ ⟨shown　　 some pictures⟩　　　写真を 見せられる
　　→ ⟨shown (to) students　　　⟩　　生徒たちに 見せられる
＊ **POINT 33-1** (p.288〜) も参照。

ex. ⟨keep the bathroom clean⟩　　　　トイレを 清潔に保つ
　　→ ⟨kept　　 clean⟩　　　　　　　清潔に保たれる

2. 〈shown some pictures by his friend〉のようなカタチが**意味的なまとまりを持つ1セット**ということは、つまり「過去分詞」だけでなく**後ろに続く**語句も含めた**〈過去分詞＋…〉というカタチ全体**で**「補語(C)」**や Ⓜ形、Ⓜ副 **の働きをする1セット**ということ！

……ここから、結局、**現実の文は次のような階層構造になりうる**と言える。

ex. Miso　　　is　　　traditional food 〈eaten in Japan〉.
　　　S(名)　＋　V(be)　＋　　　名 ＋〈過去分詞＋ Ⓜ副〉
　　　　　　　　　　　　　　　　　　↑
　　　　　　　　　　　　　　名＋Ⓜ形 という1セットで「補語(C)」

みそは、〈日本で食べられる〉伝統食です。

ex. 〈Shown some pictures by his friend〉,　　　he　　　decided …
　　　　〈過去分詞＋ O2(名) ＋ Ⓜ副〉)　　　　　　S(名) ＋ V(一般) ＋…
　　　　　　　　　↑
　　　　　　1セットで Ⓜ副

〈友達から何枚かの写真を見せられて〉彼は…決心しました。

3. 「過去分詞」の中でも have との組み合わせ（＝〈have ＋ 過去分詞〉というカタチ）で、「（ずっと）…している」「…し終わっている」「…したことがある」といったニュアンスを表すものの場合、後ろには元となる動詞に応じてそのままのカタチが続く。

……つまり、「…される／されている／された」といった「受動（＋完了）」のニュアンスで**「補語(C)」**や Ⓜ形、Ⓜ副 の働きをする「過去分詞」の場合とは違って、後ろから**「名詞」が抜けたカタチにはならない！！**

ex. He wants a hotel in Bulgaria.
　　　彼はブルガリアにあるホテルを欲しがっています。

ex. He has wanted a hotel in Bulgaria.
　　　彼はブルガリアにあるホテルをずっと欲しがっています。

(*゜∀゜)=3　３１.「過去形っぽいカタチ」と「過去分詞」

Q
31-1-A.　The young pianist loved Japan.
31-1-B.　The young pianist is loved in Japan.

POINT 31-1　過去形？　それとも過去分詞？

p.268 で述べたように、動詞の「過去形」と「過去分詞」は同じカタチをしているものがほとんどです。

だけど、**「過去形」と「過去分詞」では意味が大きく異なる**ので、もし文中に「過去形っぽいカタチ」が出てきたら、両者の区別が絶対的に大事。

そう思いつつ 31-1-A と 31-1-B を見てみると、どちらにも loved という love の過去形っぽいカタチがありますが……

31-1-A の loved は**「過去形」**で、文全体は「その若いピアニストは日本を愛していた」という意味！

31-1-B の loved は**「過去分詞」**で、文全体は**「その若いピアニストは、日本で愛されている」**という意味！

「過去形っぽいカタチ」が「過去分詞」かどうかの**判断基準**は次のとおり。

> 文中の「過去形っぽいカタチ」は、**次のいずれかに当てはまれば、**
> **基本的に「…される／…されている／…された」といった「受動（＋完了）」の**
> **ニュアンスを表す「過去分詞」と言える！**
>
> ● **be 動詞の後ろに続いている**場合！
> 　（「過去分詞」が文の「補語 (C)」に当たる）
> ● **「過去形っぽいカタチ」の後ろから、もともと「目的語」などとして**
> 　**続きそうな「名詞」が１個抜けたようなカタチ**になっている場合！
> ＊ p.273 の一覧を参照。

以上を踏まえ、あらためて 31-1-B の loved について見てみると……

... is loved ... というふうに、**be 動詞の後ろ！**
さらに、love は本来、「前置詞」ナシで「目的語 (O)」に当たる名詞がひとつ続く ＳＶＯのカタチが基本なのに、ここでは ... **loved in** ... と**「後ろが前置詞」**。つまり、**「名詞が１個抜けたようなカタチ」**！
ということで、「過去分詞」に間違いないと断言できるというわけ。

ちなみに、大部分の動詞はＳＶＯのカタチが基本ですが、ここから**「…される」**という意味の「過去分詞」の後ろ**にはこの 31-1-B の例のように、「前置詞」が続くことが多い**ということが言えたりします！

そして、〈to ＋ど原〉や〈ど ing〉などと同様、**意味的なまとまりを持った〈過去分詞＋ ...〉という１セットのカタチ**になっていることが多いです！
なので、「過去分詞」を見掛けたら、１セットの終わりの部分（＝意味の区切りに当たる部分）がどこなのかを意識すること！

なお、一般的には、be 動詞の後ろに「過去分詞」が続く**〈be 動詞＋過去分詞〉という組み合わせ**は「受動態」という１セットの「述語動詞」のカタチと定義されます。

……が、実際のところ、こう定義することにはあまりメリットがなく、むしろ話がややこしくなるだけ！
それよりは、これまでの**〈to ＋ど原＋ ...〉**や**〈ど ing ＋ ...〉の例と同様に、〈過去分詞＋ ...〉**が**「補語 (C)」**とだけ考える方がすっきりしてオススメです！

ということで、本書はこのスタンスで話を進めていきますのでヨロシク♪

参考訳
31-1-A. その若いピアニストは日本を愛していました。
31-1-B. その若いピアニストは日本で愛されています。

> 31-2-A. He may break your camera in the end.
> 31-2-B. Your camera may be broken in the end.

*in the end（最終的には）

POINT 31-2 「過去分詞」の後ろから抜けた名詞は……？

まず、31-2-A が**「彼は最終的にはあなたのカメラを壊すかもしれない」**という意味なのは余裕ですよね？

一方、31-2-B には Your camera may be broken というつながりがありますが、これは、本書における定義に従えば、**「述語動詞」**が**〈助動詞＋ be〉という助動詞と be 動詞の1セット**で、その後ろに**「補語 (C)」**として**〈過去分詞＋ ...〉**が続いたカタチ！

まあ、こんなカタチになることも普通にありえるってことで、意味が**「あなたのカメラは最終的には壊されるかもしれない」**となるのも問題ないと思います。

ところで、あらためてこの 31-2-A と 31-2-B を構造と意味に注意しながら比べてみると気づくことがありません？

31-2-A： He　　may break　　your camera　　in the end.

31-2-B： Your camera　　may be broken　　in the end.

……つまり、31-2-B のような〈過去分詞＋ ...〉が「補語 (C)」に当たる文では、意味的に、**「文の主語」＝「『過去分詞』の後ろから抜けた『名詞』」**という関係が成り立つってことですね。

参考訳
31-2-A.　彼は最終的にはあなたのカメラを壊すかもしれません。
31-2-B.　あなたのカメラは最終的には壊されるかもしれません。

Q

31-3. The door is closed at night.

POINT 31-3 形容詞化した「過去分詞」 その1

この 31-3 は … is closed at … と、closed という**過去形っぽいカタチ**が be 動詞の後ろに続いていて、さらに closed の後ろも前置詞！
ここから、この closed は「閉める／閉じる」という意味の動詞 close の「過去分詞」で**「閉められる」**という意味！

……と考えて基本的に問題ないんだけど、ここでちょっと辞書を引いてみてください。すると、closed って、**「閉ざされた／閉鎖された」**とか**「閉じている／閉ざされている」**という意味を表す形容詞（つまり、形容詞化した過去分詞）としても載っていることに気づくはず。

で、このように、**過去形っぽいカタチの中でも辞書を引くと「形容詞」としても載っている語が be 動詞の後ろにある場合**はちょっと注意。
もともとの**「過去分詞」としてのニュアンスが強いこともあれば、「形容詞」としてのニュアンスが強いこともある**んです。

この辺は前後の文脈などから判断することになりますが、この 31-3 に関して言えば**どちらの解釈も可能**と言えます。

でも、まあここはあくまで「ちょっと注意」というくらいで、あまり気にしすぎなくても大丈夫です。

参考訳
31-3. 解釈その1：その扉は、夜に閉められます。
　　　　　　（「過去分詞」と考えて、「行為／動作」を述べている感じ）
　　　解釈その2：その扉は、夜は閉まっています／閉められています。
　　　　　　（「形容詞」と考えて、「状態」について述べている感じ）

Q

31-4-A. Her friend Petrovich grew up in an advanced country in Asia.
31-4-B. The magazine was popular with married women in those days.

＊Petrovich（ペトロヴィッチ：人名）、grow up（育つ）、magazine（雑誌）、in those days（当時）

POINT 31-4 形容詞化した「過去分詞」 その2

31-4-A を見ると、... an advanced country ... と、**advanced という過去形っぽいカタチ**が an と country という語の間に挟まれる感じになっているところに注目！

普通、このように an や the、my のような語と名詞に挟まれている**過去形っぽいカタチは形容詞化した過去分詞**で、後ろの名詞を修飾するという関係です。で、〈a/the/my ＋形容詞化した過去分詞＋名詞〉という全体で名詞1個分の働き！

ここでは an advanced country だから、**「発展した国」、つまり「先進国」**といったところですね（形容詞化した過去分詞と言えば、完了のニュアンスを表すものが多いというのは大丈夫？〔→ p.271〕）

また、31-4-B では ... with married women ... と過去形っぽいカタチの後ろに名詞が続いていますが、この married も**形容詞化した過去分詞**で後ろの名詞を修飾するという関係！ ……というのはすぐに分かりましたか？

このように、〈**過去形っぽいカタチ＋名詞**〉という組み合わせの前に a や the などが**ない場合**は、過去形なのか形容詞化した過去分詞なのか**多少分かりにくかったり**しますが、これも慣れ。

この 31-4-B の例なら、with married women と、前置詞の with の後ろというところがポイントで、**「前置詞の後ろなら、後ろに過去形が続くことはなく名詞が続くはず」**というふうに、前後の関係などによく気をつければ普通はちゃんと判断できますので。

参考訳
31-4-A. 彼女の友達のペトロヴィッチはアジアの先進国で育ちました。
31-4-B. その雑誌は、当時、結婚している女性たちに人気がありました。

Q

31-5-A. His wife always looks tired.
31-5-B. Many of her friends in Tokyo got married after 30.

＊tired（疲れている［状態］）

POINT 31-5 一般動詞の後ろに続く過去形っぽいカタチ

31-5-A、31-5-B ともに、**一般動詞の後ろに過去形っぽいカタチが続く構造！** ってところで、もういきなり結論です。

メモメモ

❶ 「一般動詞」の後ろに続く「過去形っぽいカタチ」は基本的に、
「過去分詞」か「形容詞化した過去分詞」で「補語 (C)」の働き！

❷ 後ろに「過去分詞」もしくは「形容詞化した過去分詞」を続けられる
「一般動詞」の数はそれほど多くないが、**代表は get、become、look、appear、seem、feel、remain、stay** など！
＊happy や good のような普通の形容詞を「補語」として続けられる一般動詞ということ。

このような「一般動詞」と「過去分詞」の組み合わせに関しては、次のような 1 セットの表現という感じで覚えておくのがオススメです。

get/become ＋〈過去分詞＋ ...〉	…（された状態）になる
look/appear/seem ＋〈過去分詞＋ ...〉	…（された状態）に見える／っぽい
feel ＋〈過去分詞＋ ...〉	…（された状態）な気分である
remain/stay/lie ＋〈過去分詞＋ ...〉	…（された状態）のままである

参考訳
31-5-A. 彼の奥さんはいつも疲れているように見えます。
31-5-B. 東京にいる彼女の友達の多くは、30 歳を過ぎてから結婚しました。

(*°∀°)=3　32. have と「過去分詞」の組み合わせ

Q

32-1.　My friend from the U.S. has visited many countries before.

＊ before（［単独で使って］以前に）

POINT 32-1　have の後ろの過去形っぽいカタチ

32-1 では、… has visited many countries … と、has の後ろに visited という過去形っぽいカタチがありますが……
普通、このように have の後ろに続く過去形っぽいカタチは過去分詞！

で、〈have ＋過去分詞〉という 1 セットで「現在完了（形）」と呼ばれ、基本的に「述語動詞」として使うカタチ！

ってところで、とっても大事な注意点。

メモメモ

❶〈have ＋過去分詞〉（＝「現在完了」）というカタチは、
　基本的に「過去に…した」という状態を「現時点で持っている」という
　意味を表す！
→ 日本語にすると「（現在までずっと）…している／…である」「（現在までに）
　…し終わっている」「（現在までに）…したことがある」など！

❷〈have ＋過去分詞〉という組み合わせでの「過去分詞」は
　「…される」という「受動」のニュアンスは含まず、
　後ろに「名詞」の抜けもできない！
→ この組み合わせの「過去分詞」の後ろには、
　元となる動詞に応じて普通どおりのカタチが続く！

参考訳
32-1.　アメリカ出身の私の友達は、以前、たくさんの国を訪れたことがあります。

Q

32-2. My friend from the U.S. had visited many countries before coming to Japan.

POINT 32-2 〈had＋過去分詞〉というカタチ

この 32-2 も 32-1 とよく似た文ですが、よく見ると … had visited … と、have が had という**過去形**になっています！
このように had の後ろに続く過去形っぽいカタチも**「過去分詞」**だけど、**「受動」の ニュアンスは表さず**、後ろに「名詞」の抜けもできなくて、〈had＋過去分詞〉で1 セット。

一般には、このようなカタチを**「過去完了（形）」**と言うんだけど、特徴は次のとおりです。

> メモメモ

❶〈had＋過去分詞〉（＝「過去完了」）というカタチは、
「過去の一時点」を基準点として、**「それよりもっと過去に…した」**という
内容を表す！
＊普通、文中に「基準点」を示す語句が入るのが前提。

❷〈had＋過去分詞〉の**表すニュアンス**を細かく考えると、
単に**「基準点よりもっと過去」のこと**というのを示すだけの場合と、
「（その時点までずっと）…していた」「（その時点までに）…し終わっていた」
など、**「現在完了」の過去バージョン**という感じの場合がある！
＊どちらの意味にも取れる（＝どちらにとっても大差ない）ことも多い。

ってことで、あらためて 32-2 を見てみると……**基準点になるのは (before) coming to Japan の部分**。つまり、**「日本に来る」その時点より前に「…した（ことがあった）」**ということですね。

参考訳
32-2. アメリカ出身の私の友達は、日本に来る前にたくさんの国を訪れた（ことがあります）。

Q

32-3-A. I will have finished writing this draft by the beginning of next month.
32-3-B. You should have given him the present at the party.

* draft（原稿）、the beginning of …（…のはじめごろ）

POINT 32-3　助＋〈have＋過去分詞〉という組み合わせ

32-3-A には … will have finished …、32-3-B には … should have given … と、助動詞の will や should の後ろに〈have＋過去分詞〉のカタチが続き、助＋〈have＋過去分詞〉という組み合わせになってるところに注目！

こんなふうに **will や should のような「助動詞」の後ろに〈have＋過去分詞〉というカタチが続くこともある**んです。

ってところでとっても大事な注意点。

メモメモ

助＋〈have＋過去分詞〉という組み合わせは、
基本的に次のどちらかの意味を表す！

● 「助動詞」のニュアンス＋「現在完了」のニュアンス！
→ 特に、**助動詞が will の場合はこの可能性**が高い！

● 「助動詞」のニュアンス＋「過去」のニュアンス！
→ 〈have＋過去分詞〉を**過去形の代わり**に使ったカタチで、特に、
助動詞が should や must、may、might などの場合はこの可能性が高い！

ここで中には「……〈have＋過去分詞〉が過去形の代わり？」という感じでピンときてない人もいるかもしれないけど、実はこれって〈have＋過去分詞〉というカタチのもう**ひとつの使い方**なんです。

どんなときにこんな使い方をするかと言うと、例えば**「…すべきだった」「…したに違いない」「…したかもしれない」**など、意味的に「助動詞」のニュアンスと過去のニュアンスを同時に表したい場合。

こんな場合、**「助動詞の後ろには過去形が続けられない」**という事情から、**過去形の代わりに〈have＋過去分詞〉を使う**んです。

なお、should や must の後ろの〈have＋過去分詞〉は過去形の代用のことが多いと言っても、普通に「現在完了」のニュアンスのこともあります。
まあ、大体のところはこのページの一覧を参照してもらえればと思いますが、一気に覚えようとすると挫折すると思うので気楽にどうぞ〜♪

ちなみに意味的に 助 ＋〈have＋過去分詞〉という組み合わせになる場合は、否定文は … will not have finished … や should not have given … のように will や should などの後ろに not が入るカタチ！
また、疑問文も Will you have finished …? のように will などが前に出るカタチなので気をつけて（p.34 〜も参照）。

● 助動詞 ＋〈have＋過去分詞〉の主な組み合わせ

will＋〈have＋過去分詞〉	（未来のある時点で）…し続けている／ し終わっている／したことになるだろう／ （現時点ですでに）…しているに違いない
may/might＋〈have＋過去分詞〉	…したのかもしれない／ …し終わっているかもしれない
must＋〈have＋過去分詞〉	…したに違いない／…し終わっていなければならない
should＋〈have＋過去分詞〉	…すべきだった／当然…するはずだった／ …し終わっているべきだ
would＋〈have＋過去分詞〉	（現実にはしなかったが、もし〜なら） …していただろう
could＋〈have＋過去分詞〉	（現実にはできなかったが、もし〜なら） …した／できただろう
can/could＋not＋〈have＋過去分詞〉	…したはずがない

参考訳
32-3-A.　私はこの原稿を来月の終わりまでには書き終えているでしょう。
32-3-B.　キミはパーティーで彼にそのプレゼントをあげるべきだったのに（あげなかった）。

Q

32-4-A. Her son in Nagoya has been busy since last year.
32-4-B. She can't have been at home last night.

POINT 32-4 〈have＋been〉というカタチ

どちらの文も **has** や **have** の後ろに **been** という語が続いてますね？
ってところで、いきなりとっても大事な注意点！

↓ メモメモ

> ❶ 述語動詞が be 動詞で「現在までずっと…している／である」など
> 「現在完了」のニュアンスの場合、〈have + been〉というカタチを使う！
> * been は be 動詞の過去分詞だけど、この〈have + been〉という組み合わせでしか使わない（文中に been があるなら、必ず対になる have も入っている）。
>
> ❷ 〈have + been〉の後ろには、形容詞や名詞、〈前置詞＋名詞〉など、
> 普通に「補語 (C)」として続きそうな語句がそのまま続く！

そんなわけで、32-4-A は **「去年からずっと忙しい」** という意味！

一方、32-4-B は、can't have been at home と 助＋〈have＋過去分詞〉の組み合わせということで、〈have + been〉は「現在完了」というより **POINT 32-3** (p.284〜) で確認した **「過去形の代用」** という感じ。
日本語にするなら、**「家にいたはずがない」** といったところですね。

なお、〈have + been〉の間には really や already のような「副詞」が割り込んだり、疑問文の場合に have が文頭に出たりで分離することもありますが、**常に〈have + been〉で１セットって感覚でとらえる**のが大事です。

参考訳
32-4-A． 名古屋にいる彼女の息子は、昨年からずっと忙しいです。
32-4-B． 彼女が昨夜家にいたはずがありません。

Q

32-5. His songs have been listened to by many people for a long time.

POINT 32-5 〈have＋been〉と「受動」や「進行」のニュアンス

32-5 は … have been listened to by … と、何やらめんどくさそうなカタチになっていますが……

まず、**have been の部分を 1 セット感覚でとらえる**のがポイント。

そして、〈have ＋ been〉の been が be 動詞である以上、その後ろに続く listened は「…される」という意味の「過去分詞」で「補語 (C)」のはず！（→ **POINT 31-1** [p.276〜]）

……つまり、次のような構造ということですね。

```
…    have  been           listened  to        by …
      〈have + been〉        +        〈過去分詞＋ …〉(C)
           ↑                              ↑
    「現在完了」のニュアンス       「受動」のニュアンスで「名詞」の抜けアリ
```

この〈have＋been〉＋〈過去分詞＋ …〉という組み合わせは、見てのとおり**「現在完了」と「受動」のニュアンスを同時に表すためのカタチ**で、日本語にするなら**「ずっと…されている」「…されてしまっている」「…されたことがある」**といったところ。
よく使う表現なので、もうこのままセットで覚えておくのがオススメです♪

また、**「ずっと…し続けている」**という意味を表す次のようなカタチもアリ。

ex. My little sisters have been watching TV since this morning.
私の小さな妹たちは、今朝からずっとテレビを見続けています。

一般には「現在完了進行形」と呼ばれるカタチですが、こちらも**とらえ方としては〈have＋been〉＋〈ど ing＋ …〉という感じ**がオススメ♪

参考訳
32-5. 彼の曲は、長い間多くの人たちによって聞かれています。

(*゜∀゜)=3　33.「過去分詞」の後ろに続くカタチ

Q
33-1-A.　My friend was sent this long love letter by Rurio.
33-1-B.　This long love letter was sent (to) my friend by Rurio.

POINT 33-1　ＳＶＯＯタイプの動詞の「過去分詞」の後ろ

33-1-Aと33-1-Bのどちらにも sent という**過去形っぽいカタチ**がありますが、いずれも be 動詞の後ろの過去形っぽいカタチということで**「…される」という意味の「過去分詞」**！

そして、**「…される」という意味の「過去分詞」**と言えば、**〈過去分詞＋ …〉という1セットのカタチ**になっていることが多く、働きとしては「補語 (C)」や M形、または M副 のいずれかで、後ろの部分からは**名詞がひとつ抜けた感じ**になるのが特徴でしたね？

……と、これまでの内容をざっと確認したところで、とっても大事な注意点。

メモメモ

give や send、show、teach、tell、buy など、
ＳＶＯＯのカタチがアリな動詞が
「…される」という意味の「過去分詞」という場合、
後ろに続くカタチとしては、大きく分けて次の3つのパターン
が考えられる！

● give など＋ 人 (O1) ＋ もの (O2) という語順をベースに、
　 人 (O1) が抜け、もの (O2) が残るパターン！

ex. send　my friend　this long love letter
　　　私の友達へこの長いラブレターを送る
　→ sent　　　　　this long love letter
　　　この長いラブレターを送られる

- give など ＋ 人 (O1) ＋ もの (O2) という語順をベースに、もの (O2) が抜け、人 (O1) が残るパターン！

  ex. send my friend this long love letter
  私の友達へこの長いラブレターを送る
  → sent my friend
  私の友達へ送られる

- give など ＋ もの ＋ to など ＋ 人 という語順をベースに、もの が抜け、人 が残るパターン！

  ex. send this long love letter to my friend
  私の友達へこの長いラブレターを送る
  → sent to my friend
  私の友達へ送られる

見てのとおり、もの が抜け、人 が残るタイプとしては、ベースにする語順に応じて、sent my friend のように 人 の前に「前置詞」が入らないカタチと、sent to my friend のように 人 の前に「前置詞」が入るカタチが考えられるところに注意！
このうちどちらがより一般的かというと、「前置詞」が入るカタチの方です。

また、 POINT 31-2 （p.278）で述べたとおり、〈過去分詞＋ ...〉が「補語 (C)」という場合、意味的には「文の主語」＝「『過去分詞』の後ろから抜けた『名詞』」という関係が成り立つというのも念のため。

参考訳
33-1-A. 私の友達は、ルリヲからこの長いラブレター送られたんです。
33-1-B. この長いラブレターは、ルリヲから私の友達に送られたんです。

(*゜∀゜)=3　33.「過去分詞」の後ろに続くカタチ

Q

33-2-A. Most public restrooms in Japan are kept very clean.
33-2-B. At first, Hiromichi was also called Hiropon in Hiroshi's class.

＊public restrooms（公衆トイレ）

POINT 33-2　ＳＶＯＣタイプの動詞の「過去分詞」の後ろ

33-2-A には kept、33-2-B には called と、これまたどちらの文にも**過去形っぽいカタチ**があるけど、いずれも **be 動詞の後ろ**ということで**「…される」という意味の「過去分詞」**！

まあ、33-2-B については … was also called … と、間に also という「副詞」が M副 として割り込んでますが、特に問題ないですよね？

で、ここで大事なのは、**keep も call も ＳＶＯＣのカタチがアリな動詞**ってところ！こんな動詞の「過去分詞」の後ろでは、**Ｏに当たる名詞が抜けて、Ｃに当たる形容詞や名詞などが残ったカタチ**になっていることが多いんです！！
ここもまさしくそんなカタチだったりして……

● 33-2-A の … kept very clean は keep＋Ｏ＋Ｃ が元のカタチ！
→ very clean は残ったＣで、**「とても清潔に保たれている」**という意味！

● 33-2-B の … called Hiropon は call＋Ｏ＋Ｃ が元のカタチ！
→ Hiropon は残ったＣで、**「ヒロポンと呼ばれる」**という意味！

文中に keep や call など、ＳＶＯＣのカタチがアリな動詞の「過去形っぽいカタチ」を見掛けたら、**「過去形ではなく『…される』という意味の『過去分詞』で、Ｃに当たる形容詞や名詞などが残ったカタチになってるかも！」**と、心の準備をするのが大事ですよ。

参考訳
33-2-A．日本のほとんどの公衆トイレは、とても清潔に維持されています。
33-2-B．最初、ヒロミチもまた、ヒロシのクラスでヒロポンと呼ばれていました。

Q

33-3-A.　Do you think of English as a useful tool to communicate with people all over the world?

33-3-B.　English is on the whole thought of as a useful tool to communicate with people all over the world.

＊think of A as B（AをBと思う／考える／みなす）、tool（道具）、communicate with ...（…と意思／考えを伝え合う）、on the whole（概して）

POINT 33-3　決まり文句的表現の動詞が「過去分詞」の場合

33-3-A に関しては、割とあっさり分かったんじゃないでしょうか？
ポイントは**「A を B と思う／考える／みなす」**という意味の think of A as B という表現。ここが分かれば、後は to communicate ... が「…するための」という意味の M形 だとかはもう言うまでもないと思います。

で、問題は、33-3-B の方。
まず、be 動詞の後ろに on the whole という**決まり文句的なカタチがコンマなしで挿入されている**のがちょっと分かりにくいですね〜。
そして、その後ろに続く thought of as ... の部分が、まあ 33-3-A からの流れで見当がつくとしても、なんとも気持ち悪いのでは？

この thought of as ... というのは、もちろん think of A as B という表現の think が「過去分詞」になったカタチで**「…と思われる／考えられる／みなされる」**という意味です。

……だけど、これってそもそも think of A as B という言い回しがあることを知らない人にとっては、頭がこんがらがってしまう可能性が高いところ！
このように、**決まり文句的な表現の中の動詞が「過去分詞」になることもある**んだけど、そういったものは**気をつけてないと分かりにくいことが多い**ので要注意です！

参考訳
33-3-A.　あなたは英語を世界中の人と意思を伝え合うための便利な道具だと思いますか？
33-3-B.　英語は、概して、世界中の人と意思を伝え合うための便利な道具と思われています。

Q

33-4-A. They told their daughter to study hard again and again.
33-4-B. Their daughter was told to study hard again and again.

＊again and again（何度も何度も）

POINT 33-4 ＳＶＯＣと told＋〈to＋ど原＋ ...〉のようなカタチ

33-4-A は **POINT 17-1**（p.160～）以降、何度も出てきたカタチですね。
動詞の中には**後ろに 名＋〈to＋ど原＋ ...〉が続いてＳＶＯＣの意味関係になる**ものがあって、tell もそのうちのひとつ！

ということで、ここでは … told their daughter〈to study …〉で「娘に勉強するように言った」という意味になります。

そして、33-4-B には … was told to study hard というつながりがありますが……こちらについても 33-4-A からの流れですぐに分かったはず。

つまり、**tell＋名(O)＋〈to＋ど原＋ ...〉(C)** というカタチが元となり、**tell が「過去分詞」のtoldになって、名(O) が抜け、〈to＋ど原＋ ...〉(C) が残った**カタチですね。

整理すると、次のとおりです♪

> メモメモ

tell や ask など、**後ろに 名＋〈to＋ど原＋ ...〉が続いてＳＶＯＣの意味関係がアリという動詞**（p.161）には注意！
これらの多くは、**ＳＶＯＣの構造をベースとして、**
次のように**「過去分詞」に〈to＋ど原＋ ...〉が続くカタチになりうる！！**

● tell＋名(O)＋〈to＋ど原＋ ...〉(C)　名(O) に C するように言う
→ told＋〈to＋ど原＋ ...〉(C)　C するように言われる

● ask＋名(O)＋〈to＋ど原＋ ...〉(C)　名(O) に C することを頼む
→ asked＋〈to＋ど原＋ ...〉(C)　C することを頼まれる

- allow＋ 名 (O)＋〈to＋ど原＋ ...〉(C)　名 (O) が C することを許す
→ allowed＋〈to＋ど原＋ ...〉(C)　C することを許される

- force＋ 名 (O)＋〈to＋ど原＋ ...〉(C)
　名 (O) に C することを強いる／ C させる
→ forced＋〈to＋ど原＋ ...〉(C)
　C することを強いられる／ C させられる

これらは働きを考えると〈過去分詞＋〈to＋ど原＋ ...〉(C)〉という全体で「補語(C)」か M形 か M副 のいずれか。
なので、もう〈過去分詞＋ to ＋ど原＋ ...〉で 1 セットの表現という感覚で覚えておくのがオススメです。

実際、〈過去分詞＋ to ＋ど原＋ ...〉で 1 セットという感じで、とってもよく使うカタチなので、まずは**このカタチがアリな動詞**（p.161）**をしっかり覚える**こと。
そして、それらの**「過去形っぽいカタチ」**を見掛けた場合は、

「ＳＶＯＣの構造をベースにした〈過去分詞＋ to ＋ど原＋ ...〉という 1 セットかも」

というのが常に意識できるように頑張って！

参考訳
33-4-A.　彼らは娘に何度も何度も熱心に勉強するように言いました。
33-4-B.　彼らの娘は何度も何度も熱心に勉強するように言われました。

Q

33-5-A. On the first day, our new English teacher made us introduce ourselves in English.

33-5-B. On the first day, we were made to introduce ourselves in English by our new English teacher from Toronto, Canada.

* introduce –self（自己紹介をする）、in English（英語で）

POINT 33-5　ＳＶＯＣと made＋〈to＋ど原＋ ...〉

33-5-A は、まあ余裕でしょ？
文頭の On the first day は M副 で、our new English teacher が主語、そしてその後ろの made us introduce ourselves ... の部分は、POINT 17-2 （p.162～）以降で何度か出てきた次のようなＳＶＯＣのカタチ！

● make＋ 名 (O)＋〈ど原＋ ...〉(C)
O が C する状態を作る → O に C させる

ということで、「…は私たちに英語で自己紹介をさせた」という意味ですね。

一方、33-5-B には ... were made to introduce ... というつながりがありますが、こちらについても 33-5-A からの流れですぐに分かったはず。
つまり、make＋ 名 (O)＋〈ど原＋ ...〉(C) というカタチが元となり、make が「過去分詞」の made になって、名 (O) が抜け、〈ど原＋ ...〉(C) が残ったカタチで「C させられる」という意味！

……と言ったところで、「ん？」と思ったりしませんか？

もし、make＋ 名 (O)＋〈ど原＋ ...〉(C) の make が「過去分詞」になって 名 (O) が抜け、〈ど原＋ ...〉(C) が残るというのであれば、**普通に考えると made＋〈ど原＋ ...〉(C) というカタチになるはず。**

それなのに！　……ここではよく見ると、made to introduce ... というふうに、**made と introduce の間に to が入ってます！！**

ってところでとっても大事な注意点！

> メモメモ

> 「OにCさせる」というmake＋名(O)＋〈ど原＋...〉(C) の構造を
> ベースにした「Cさせられる」という意味を表すカタチには、
> 〈ど原＋...〉の前にtoが入るところに注意！！
>
> ● make＋名(O)＋〈ど原＋...〉(C)　名(O)にCさせる
> → made＋〈to＋ど原＋...〉(C)　Cさせられる

このカタチについても、働きを考えると〈made＋〈to＋ど原＋...〉(C)〉という全体で**「補語(C)」**か M形 か M副 のいずれか。
だから、もう〈made＋to＋ど原＋...〉で１セットの表現という感覚で覚えておくのがオススメです。
この〈made＋to＋ど原＋...〉というカタチも比較的よく使うので、madeという語を見掛けた場合は、可能性のひとつとしてすぐにこのカタチを思い浮かべられるように！

なお、help＋名(O)＋〈(to＋)ど原＋...〉(C) というカタチを元に**「...するのを助けられる」**と言う場合も、〈helped＋to＋ど原＋...〉と、必ずtoが入るカタチになります。

一方、makeと同じく「OにCさせる」というＳＶＯＣのカタチがアリなhaveやletに関しては、have/let＋名(O)＋〈ど原＋...〉(C)のカタチを元に、**「...させられる」という意味を表すカタチになるってことは、まずありません。**

参考訳
33-5-A．最初の日、私たちの新しい英語の先生は、私たちに英語で自己紹介をさせました。
33-5-B．最初の日、私たちは、カナダのトロント出身の新しい英語の先生によって、英語で自己紹介をさせられました。

> 33-6-A. Some people walking on the street saw the two robbers run out of the bank.
> 33-6-B. The two robbers were seen to run out of the bank by some people.

* robber（強盗）、out of ...（…から／…の外へ）

POINT 33-6　ＳＶＯＣと seen＋〈to＋ど原＋ ...〉のようなカタチ

33-6-A は、まあ余裕ですよね？

文頭の Some people は前置詞の付かない名詞ということで、もちろん主語だけど、その後ろの walking on ... は**名詞の後ろに前置詞ナシで続く〈ど ing＋ ...〉**だから Ⓜ形の働き！

つまり、Some people〈walking on ...〉という１セットが丸々主語！

……と、この辺に自信がない人は、 POINT 26-1 （p.228～）を参照してもらうとして、その後ろの saw the two robbers run out of ... の部分は、 POINT 17-4 （p.164～）以降で何度か出てきた次のようなＳＶＯＣのカタチ！

● see＋名(O)＋〈ど原＋ ...〉(C)　ＯがＣするのを見る

ということで、**「(Ｓは) ２人の強盗が…走り出るのを見た」**という意味ですね。

一方、33-6-B には ... were seen to run ... というつながりがありますが、こちらについても 33-6-A からの流れですぐに分かったはず。

つまり、**see＋名(O)＋〈ど原＋ ...〉(C)** というカタチが元となり、see が「過去分詞」の seen になって、名(O) が抜け、〈ど原＋ ...〉(C) が残ったカタチで**「…するのを見られる」**という意味！

……と言ったところで、**「ん？」**と思ったりしませんか？

な〜んて、ついさっきの POINT 33-5 （p.294〜）とまったく同じような展開になったところで（笑）、とっても大事な注意点！

> メモメモ

> see/hear＋名(O)＋〈ど原＋...〉(C) という構造をベースにした
> 「…するのを見られる／聞かれる」という意味を表すカタチには、
> 〈ど原＋...〉の前に to が入るところに注意！！
>
> ● see＋名(O)＋〈ど原＋...〉(C)　OがCするのを見る
> → seen＋〈to＋ど原＋...〉(C)　Cするのを見られる
>
> ● hear＋名(O)＋〈ど原＋...〉(C)　OがCするのを聞く
> → heard＋〈to＋ど原＋...〉(C)　Cするのを聞かれる

これらも、働きを考えると〈seen/heard＋〈to＋ど原＋...〉(C)〉という全体で「補語(C)」か M形 か M副 のいずれか。
だから、もう〈seen/heard＋to＋ど原＋...〉で1セットの表現という感覚で覚えておくのがオススメです。
で、seen や heard のような語を見掛けた場合は、可能性のひとつとして、すぐにこのカタチを意識できるように！

なお、see や hear は、see/hear＋名(O)＋〈ど ing＋...〉(C) というカタチもアリでしたよね？（→ POINT 27-2 [p.234〜]）
こちらをベースにした「…するのを見られる／聞かれる」というカタチもありえるけど、その場合はそのまま 名(O) が抜けるだけ！
つまり、〈seen/heard＋ど ing＋...〉というカタチになりますので♪

参考訳
33-6-A.　通りを歩いていた何人かの人は、2人の強盗が銀行から走り出るのを見ました。
33-6-B.　2人の強盗は、銀行から走り出るのを何人かの人に見られました。

(*°∀°)=3　34. よく使う〈過去分詞＋ ...〉の1セット

Q

34-1-A.　Our new suggestion will probably satisfy you.
34-1-B.　You will probably be satisfied with our new suggestion.

＊ suggestion（提案）、probably（たぶん／おそらく）、satisfy（…を満足させる）

POINT 34-1　「気持ちを…する／させる」動詞とその「過去分詞」

34-1-A にある satisfy は、**「…を満足させる」**という意味を表す動詞で、後ろには「目的語 (O)」としてよく「人を指す名詞」が続きます。

ということで、この 34-1-A は**「私たちの新しい提案は、おそらくあなたを満足させるでしょう」**といったところですね。

また、34-1-B には satisfied という過去形っぽいカタチがあるけど、... be satidfied with ... というつながりから分かるように、これは**「受動」の意味を表す「過去分詞」**で働きは**「補語 (C)」**。

だからこの 34-1-B は、**「あなたはおそらく私たちの新しい提案によって満足させられるでしょう」**が直訳だけど……この日本語って、分からなくはないけどなんとなくびみょーな感じが。。。

というところでとっても大事な注意点♪

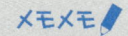

> メモメモ

「過去分詞」の中でも、satisfied や annoyed、surprised など、
主に「人の気持ちを…する／させる」という意味を表す動詞を元にしたものに関しては、次の点には注意！

● 日本語にまとめる際は「…さ（せら）れる／さ（せら）れた」といった
「受動」のニュアンスは出さずに、「…した／している」という表現にする
と落ち着きが良くなることが多い！

- **「…した／している（状態）」という意味を表す形容詞として辞書に載っている**ものが多く、**名詞の前に置いて使う**こともある！

  ex. satisfied customers ⇔ 満足した客たち

- satisfied with ... のように、**特定の前置詞との組み合わせで**（＝〈過去分詞＋前＋...〉という１セットのカタチで）、**「補語 (C)」**や **M形**、**M副** として使うことが多い！
  ＊よく使う代表的な組み合わせについては、下の一覧を参照。

ちなみに、satisfy**ing** や surpris**ing** など、**「人の気持ちを…する／させる」という意味の動詞に -ing が付いたカタチは「…する／させるような」**といった意味の形容詞として使うのが普通です（p.196 も参照）。

● １セット感覚で使うことが多い〈**過去分詞＋前＋...**〉の組み合わせ　その１

amazed at/by …	…に驚いている（状態）
annoyed with/at/by …＊1	…にイライラしている（状態）
bored with …	…に退屈している（状態）
confused at/by …	…に混乱している（状態）
disappointed in/at/about/with …＊2	…にがっかりしている（状態）
embarrassed by/at/about…	…に当惑している（状態）
interested in …	…に興味がある（状態）
surprised at/by …	…に驚いている（状態）
tired of …	…にうんざりしている（状態）
worried/concerned about …	…について心配している（状態）

＊1 with は「人」、at と by は「物事」に対して。
＊2 in は「人」、at と about、with は「物事」に対して。

参考訳
34-1-A．私たちの新しい提案はおそらくあなたを満足させるでしょう。
34-1-B．あなたはおそらく私たちの新しい提案に満足する（＝満足した状態になる）でしょう。

Q

34-2-A. The residents were, by and large, tired of the long senseless meeting.
34-2-B. On the way to Shimonoseki, we were caught in traffic jams several times.

* resident（住民）、senseless（無意味な）、on the way to ...（…へ行く途中で）、traffic jams（渋滞）、many times（何度も）

POINT 34-2　1セット感覚で使う〈過去分詞＋前＋ ...〉

34-2-A は、... were, by and large, tired of ... と、be 動詞の were の後ろに M副 に当たる by and large という表現が割り込んでいるのでちょっと分かりにくいかもしれないけど、tired は「過去分詞」ですね。

そして、tired と言えば、たったいま p.299 の一覧にあったとおり、**tired of ...** という1セットで「…にうんざりしている」という意味だから、ここでは**「住民たちは、概して、…にうんざりしていた」**ということになります。

なお、この tired の元になるのは「うんざりさせる」という意味の動詞 tire で、**tiring** なら**「（人を）うんざりさせるような」という意味の形容詞**というのも問題ないですよね？

34-2-B の caught は、... were caught in traffic jams ... というつながりから、もちろん catch の「過去分詞」。
ということで、直訳的にとらえるなら**「渋滞の中に捕まえられた」**という意味だけど……

この catch の「過去分詞」の caught と前置詞の in の組み合わせについては、もう〈**caught in ...**〉で**「（雨や渋滞など）に遭う／つかまる」といった意味を表す1セットの表現**として覚えておくのがオススメ！

このように、「人の気持ちを…する／させる」といった意味を表す動詞の「過去分詞」以外でも、**特定の前置詞と組み合わせた**〈**過去分詞＋前＋ ...**〉**という1セットのカタチ**で、**「補語 (C)」や M形、M副 としてよく使うもの**があるんです！

で、このような〈**過去分詞＋前＋...**〉に関しても、日本語にする場合は「**...される**」**というまとめ方ではぴったりこないことが多い**ので注意！
まあ、詳しくはこのページの一覧を参照ってことで。

● 1セット感覚で使うことが多い〈過去分詞＋前＋...〉の組み合わせ　その2

addicted to ...	...に依存している／はまっている
accustomed to ...	...に慣れている／熟達している
covered with ...	...で覆われている
filled with ...	...で満たされている／いっぱいである
crowded with ...	...で込み合っている／いっぱいである
concerned with ...	...と関わりがある／...に関心がある
experienced in ...	...に慣れている／熟達している
married to ...	...と結婚している
engaged in ...	...に没頭している／従事している
based on ...	...に基づいている
derived from ...	...に由来する
immersed in ...	...に没頭している／夢中になっている
made of ... (材料) /from ... (原料) *	...でできている

＊「素材の性質がそのままで、見た目で分かるようなもの」には of を、「素材の性質が変化していたりして、見た目で分からないようなもの」には from を使う。

参考訳
34-2-A．住民たちは、概して、長くて無意味な会議にうんざりしていました。
34-2-B．下関へ行く途中で、私たちは何度か渋滞に捕まりました。

Q

34-3. By the end of last summer, he was determined to have a complete physical examination.

＊determined（決意している）、complete physical examination（人間ドック）

POINT 34-3 「（形容詞化した）過去分詞」と〈to＋ど原＋ ...〉

この 34-3 の determined は「決意する」という意味の動詞 determine の「過去分詞」だけど、**「（すでに）決意している／確定した」という意味の形容詞としても辞書に載っているタイプ**。

それが、ここでは determined to have ... と、後ろに〈to＋ど原＋ ...〉が続く構造になっているというところから分かるのは……
このように**「（形容詞化した）過去分詞」の中には、後ろに〈to＋ど原＋ ...〉が続くカタチがOKというものもある**ってこと（このほかに surprised や disappointed、interested など）。
意味関係については **POINT 13-1**（p.138〜）と同じ感じ、つまり組み合わせ次第ということになりますが、**determined＋〈to＋ど原＋ ...〉**なら「**…することを決意している**」といったところです。

参考訳
34-3. 昨年の夏の終わりまでに、彼は人間ドックを受診することを決意していました。

Q

34-4. The serious immune disorder, namely AIDS, is known to be spreading rapidly now.

＊serious（深刻な）、immune disorder（免疫異常）、namely ...（すなわち…）、spread（広がる）、rapidly（急速に）

POINT 34-4 know や say、think の「過去分詞」と〈to＋ど原＋ ...〉

namely は「同格語句を明示するために使う特殊な語」です。
ってことで、この 34-4 は the serious immune disorder, namely AIDS, が丸々 1 セットで主語と言えるんだけど、ここで注目して欲しいのはその後ろの is known to be ... という部分で……とっても大事な注意点。

> メモメモ

> 動詞の中でも know や think、say などのように、
> 主に「認識」や「思考」、「発言」などを表すものの「過去分詞」に関しては、
> 後ろに〈to ＋ど原＋ ...〉を続けた次のようなカタチでよく使う！
>
> ● S ＋ be 動詞＋〈known/thought/said ＋ to ＋ど原＋ ...〉
> →（一般に）S は〈…すると知られている／思われている／言われている〉

……なお、**このカタチと同じ意味**でもう２つ、**「that 節（＝〈that ＋ S ＋ V〉というカタチ）」を使った表現というのもある**ので、参考程度にどうぞ。

● It is known/thought/said ＋〈(that ＋)＋ S ＋ V〉
＊取りあえず「形式主語」の it で文を始め、「知られている」と述べてから、後ろに具体的な内容に当たる〈(that) S ＋ V〉という１セットを続けるカタチ。

● They/People know/think/say ＋〈(that ＋)＋ S ＋ V〉
＊一般の人たちを指す they や people を使い they/people say で文を始め、後ろに具体的な内容に当たる〈(that) S ＋ V〉という１セットを続けるカタチ。

ex. 豆製品は健康に良いと思われています。
Bean products are 〈thought to be good for health〉.
＝ It is thought 〈(that) bean products are good for health〉.
＝ They/People think 〈(that) bean products are good for health〉.

参考訳
34-4．深刻な免疫異常、すなわちエイズはいま急速に広がりつつあることが知られています。

(*ﾟ∀ﾟ)=3　３５．名詞の後ろの〈過去分詞＋...〉

Q
35-1-A.　The politician invited her supporters to a secret party.
35-1-B.　The politician invited to a secret party by her supporters was very satisfied with their hospitality.

＊ invite A to B（A を B に招待する）、supporter（支持者／支援者）、hospitality（もてなし／歓待）

POINT 35-1　名詞の後ろに過去形っぽいカタチがある場合の基本

35-1-A が「その政治家は、自身の支持者たちを秘密のパーティーに招待した」という意味なのは、もう言うまでもないはず。

では、35-1-B はどうでしょう？　**the politician invited** というところまでは 35-1-A と同じ構造だから、この invited も「過去形」で「その政治家は…を招待した」という意味かと思いきや……こちらに関しては**「過去形」ではなく「…される」という意味の「過去分詞」**！

このように、**名詞の後ろに「過去形っぽいカタチ」**がある場合、**「過去形」の可能性と「…される」という意味の「過去分詞」の可能性がある**ので要注意！

ってことで、判断基準と「過去分詞」の場合の注意点をまとめると……

メモメモ

❶ 名詞の後ろに「過去形っぽいカタチ」がある場合、
　後ろから名詞が１個抜けたようなカタチなら、
　「**…される**」という意味の「**過去分詞**」！

❷ **名詞の後ろに be 動詞もコンマもナシで〈過去分詞＋...〉が続く**
　名＋〈過去分詞＋...〉というカタチでは、普通〈過去分詞＋...〉は **M形**！
　……つまり、**「後ろから前の名詞を修飾する要素」**！
→ **名＋〈過去分詞＋...〉** という全体で「**名詞１個分の働き**」！
　日本語にするなら「**〈…される／されている／された〉＋名**」という感じ！

❸ 名＋〈過去分詞＋ ...〉のカタチでは、前の「名詞」が意味的には〈過去分詞＋ ...〉の部分の動作を「『される』人」や「『される』もの」！
……つまり、前の名詞が〈過去分詞＋ ...〉の「意味上の主語」という関係！

❹ 名＋〈過去分詞＋ ...〉のカタチは、すっきりとした日本語にするなら、大体「〈…される〉＋ 名 」となるとはいえ、意味をとらえる際の流れとしては、あくまで前から順に、「 名 なんだけど、〈…される〉名 で…」という感じでとらえていくのが基本！

❺ 文中に出てくるあらゆる名詞が、この 名 ＋〈過去分詞＋ ...〉という１セットのカタチになっている可能性がある！

……35-1-B の場合、invited to ... と直後が「前置詞」＝「名詞が抜けたようなカタチ」ということで、invited は「過去分詞」。
よって、「政治家なんだけど、秘密のパーティーに招かれた政治家で…」という流れで意味をとらえていくと、supproters の後ろに「述語動詞」でしかありえない was！

ここから、the politician〈invited to a secret ...〉が丸々１セットで主語と分かるので、日本語としてまとめる場合は「〈支持者たちによって秘密のパーティーに招かれた〉政治家は、…」とすれば OK！

この「過去形」と「過去分詞」の区別は苦手な人がとっても多いところだけど、とにかく大事なのは心の準備。
名詞の後ろに「過去形っぽいカタチ」があったら、常に「どっちかな？」と上記の注意点を意識するよう心掛ければ大丈夫ですから♪

参考訳
35-1-A. その政治家は自身の支持者たちを秘密のパーティーに招待しました。
35-1-B. 自身の支持者たちによって秘密のパーティーに招かれたその政治家は、彼らのもてなしにとても満足しました。

Q

35-2. Aisha has maintained a small company, a legacy left her by her father killed in Gaza.

＊Aisha（アイシャ：女性名）、maintain（維持する）、legacy（遺産）、Gaza（ガザ）

POINT 35-2 いろいろなところに出てくる 名＋〈過去分詞＋...〉

まず、... has maintained a small company ... という部分の maintained は、**has の後ろの「過去形っぽいカタチ」ということで「過去分詞」**ですね。

……でも、「過去分詞」といっても**「…される」という「受動」の意味とは関係なくて、後ろに名詞の抜けもできないタイプ！** というのは、**POINT 32-1**（p.282）参照ってことで。
そして maintained から後ろの構造は、ちょっと複雑っぽいけど次のようなカタチになってるのが分かります？

... a small company,　　a legacy　　left her　　by her father　　killed in Gaza.
　　　名①　　　　　　　＋　名②　＋〈過去分詞＋... ＋　　名　　　＋　〈過去分詞＋...〉〉

つまり、maintained の目的語に当たる名詞 **a small company** に **a legacy** が**同格語句**として続き、その a legacy の後ろの **left her ...** が **M形** に当たる**〈過去分詞＋...〉**という構造（leave＋O1＋O2 の O2 が抜けたカタチ）。
で、〈left her ...〉という **1 セットの内部にある名詞 her father** に対して、さらに **killed in Gaza** という**〈過去分詞＋...〉**が **M形** として続く構造になっているわけですね。

以上、**文中に出てくる名詞の多くが** 名 ＋〈過去分詞＋...〉 **という 1 セットのカタチになっている可能性がある！** というのをしみじみ実感してもらえたと思います♪

参考訳
35-2. アイシャはガザで殺された父によって彼女に残された遺産である小さな会社をずっと維持しています。／アイシャは小さな会社をずっと維持していますが、それはガザで殺された父が彼女に残した遺産なのです。

Q

35-3. Can you stand eating at restaurants not cleaned well?

＊stand（耐える）

POINT 35-3 名詞の後ろに〈not＋過去分詞＋ ...〉がある場合

この 35-3 は at という前置詞の後ろが、restaurants not cleaned well というカタチになっていますね？

clean は形容詞としても使うけど、cleaned というカタチから考えれば**「清潔にする／掃除する」という意味の動詞**としての clean が**「過去分詞」になったもの**と見当がつくはず。
ここではその前に **not** がある（＝ not ＋過去分詞＋ ... というつながりになっている）わけですが……

こんな場合は〈**not**＋**過去分詞**＋ ...〉で 1 セットのカタチで、大体**「…されない／…されていない／…されなかった」**といった意味です。

で、特にこの例のように、**名詞の後ろに be 動詞もコンマもなしで〈not ＋過去分詞＋ ...〉が続く**のなら、この〈**not** ＋**過去分詞**＋ ...〉は **M形** で、

名 ＋〈not ＋過去分詞＋ ...〉という 1 セットで**名詞 1 個分の働き**！

……というのは、きっと予想通りでしょ？
結局、日本語にまとめるなら **restaurants〈not cleaned well〉**だから、**「〈十分に清潔にされていない〉レストラン」**とするといい感じ。

なお、この例の stand eating ... というカタチのように、stand は**「…するのに耐える／…するのを我慢する」**という意味で、後ろによく〈ど ing ＋ ...〉が続くというのも参考までに。

参考訳
35-3. あなたは十分に清潔にされていないレストランで食事をすることに耐えられますか？

(*°∀°)=3　36. 名詞＋〈過去分詞 ＋ ...〉とＳＶＯＣ

Q 36-1. The old man living alone has left the backyard covered with weeds since his divorce.

＊alone（ひとりで）backyard（庭／裏庭）、weed（雑草）、divorce（離婚［する］）

> **POINT 36-1** ＳＶＯＣがＯＫな動詞の後ろの 名 ＋〈過去分詞＋ ...〉

まず、この文の出だしの the old man living alone は 名 ＋ Ｍ形 という１セットで主語に当たり、「**ひとりで暮らしている**その老人は…」となるところは問題ないですね？

後ろの構造を確認すると、

... has left　　　　the backyard　　　　covered with ...
〈have ＋過去分詞〉　＋　　　　名　　　　＋　　〈過去分詞＋ ...〉

となっていて、has left の部分は「**ずっとそのままにしている／放置している**」という「現在完了」の意味。

で、その後ろの the backyard covered with ... の部分は、**covered with ...** が〈**過去分詞＋ ...**〉で Ｍ形 に当たり、 名 ＋〈過去分詞＋ ...〉**という１セットのカタチ！**つまり、「〈**雑草で覆われた**〉**庭**をずっとそのままにしている」という意味！

……だけど、ここで思い出して欲しいのは、**leave** は、「ＯをＣ（の状態のまま）にしておく」という意味を表すＳＶＯＣのカタチがアリな動詞というところと、〈過去分詞＋ ...〉は「**補語 (C)**」として使えるというところ！！

ここから、実はこの has left the backyard covered with ... の部分って、次のようなカタチと考えることもできたりします。

... has left　　　　the backyard　　　　covered with ...
〈have ＋過去分詞〉＋　　　名 (O)　　　＋　　〈過去分詞＋ ...〉(C)

つまり、「 庭(O) が 雑草で覆われている状態(C) をそのままにしておく」という、ＳＶＯＣのカタチってことですね。
……といっても、この場合どちらのとらえ方でも、結局、**前の名詞が後ろの〈過去分詞＋ ...〉の意味上の主語に当たるという関係は同じ**。
で、実質的な意味もほとんど同じってことで、気楽に考えて OK ですから♪

まとめると次のようになります。

メモメモ✏

動詞の中でも leave や keep、find などの後ろに 名 ＋〈過去分詞＋ ...〉
というつながりがある場合、次の２通りの解釈が可能！

● 〈過去分詞＋ ...〉が M形 で、名 ＋〈過去分詞＋ ...〉で
　 １セットという普通どおりの解釈！
＝ 意味的にあくまで前の 名 が中心で、後ろの〈過去分詞＋ ...〉はおまけ
　 という解釈！

● leave ＋ 名 (O) ＋〈過去分詞＋ ...〉(C) のような、
　 ＳＶＯＣのカタチという解釈！
＝ 名 ＋〈過去分詞＋ ...〉の部分を「 名 が…されている」という
　 ひとつの文という感覚でとらえる解釈！

……だけど、**どちらに解釈しても、実質的な意味はほとんど同じ！**

参考訳
36-1. ひとりで暮らしているその老人は、離婚してから、雑草で覆われた庭をずっとそのままにしています。／庭が雑草で覆われているのをそのままにしています。／庭を雑草で覆われたままにしています。

Q

36-2. Inside the crowded windmill for tourists, Rurio felt his backside touched by somebody!

＊inside ...（…の内部［で］）、crowded（込み合った／混雑した）、windmill（風車）、backside（お尻）

POINT 36-2 知覚動詞の後ろの 名 ＋〈過去分詞＋ ...〉

出だしの inside the crowded windmill という部分には crowded という**過去形っぽいカタチ**がありますが……the と windmill という名詞に挟まれていることからこれは**「形容詞化した過去分詞」**で、後ろの windmill を修飾しているというのは問題ないですね？

ここでは、inside the crowded windmill for tourists というところが１セットで M に当たり、**「観光客向けの混雑した風車の中で…」**となるのも余裕だと思います。

で、主語の Rurio の後ろを確認すると、felt his backsides touched ... と、動詞の後ろが 名 ＋〈過去分詞＋ ...〉となっているけど……
feel と言えば、**see** や **hear** などと同じく**知覚動詞**と呼ばれ、次のようなＳＶＯＣのカタチがアリ！（→ **POINT 17-4** [p.164～] & **POINT 27-1** [p.232～]）

● see/hear/feel など＋ 名 (O) ＋〈ど原＋ ...〉(C)
（Ｓは）ＯがＣするのを「最初から最後まで」見る／聞く／感じる

● see/hear/feel など＋ 名 (O) ＋〈ど ing ＋ ...〉(C)
（Ｓは）ＯがＣしているのを「部分的に」見る／聞く／感じる

ということで、ここから予測がついたと思うけど、この場合、次の２通りの解釈が可能！

- 〈過去分詞＋...〉が M形 で、名＋〈過去分詞＋...〉という１セット、つまり意味的に前の 名 が中心で、後ろの〈過去分詞＋...〉はおまけという解釈！
→「〈誰かに触られる〉お尻を を感じた」

- feel ＋ 名 (O)＋〈過去分詞＋...〉(C) のようなＳＶＯＣのカタチ、つまり 名 ＋〈過去分詞＋...〉の部分を「 名 が …される」というひとつの文という感覚でとらえる解釈！
→「 お尻 (O) が 誰かに触られるの (C) を感じた」

……と言いたいところだけど、前者の 名 ＋ M形 という解釈（＝「誰かに触られるお尻を感じた」という解釈）って、なんだかビミョーですよね？

このように知覚動詞の後ろに続く 名＋〈過去分詞＋...〉に関しては、ＳＶＯＣのＯとＣの関係という解釈の方がより一般的で、特に hear や feel などの後ろの 名＋〈過去分詞＋...〉に関してはその傾向が強いです。

以上をまとめると次のとおり。

> メモメモ
>
> 動詞の中でも、see、hear、feel のような「知覚動詞」の後ろに
> 名＋〈過去分詞＋...〉というつながりがある場合、
> ＳＶＯＣのＣに当たるものとして〈過去分詞＋...〉を使ったカタチ
> というとらえ方が基本！

参考訳
36-2. 観光客向けの混雑した風車の中で、ルリヲは誰かにお尻を触られるのを感じました。

Q

> 36-3-A. Ali, the owner of a small hotel in Istanbul, has two expensive cars made in Japan.
> 36-3-B. In front of Ayasofya, a historic building, they got their pictures taken by a stranger.
> 36-3-C. Unfortunately, at the city library, I had my wallet stolen about six years ago.

＊Ali（アリ：男性名）、owner（オーナー／所有者）、Istanbul（イスタンブール：地名）、Ayasofya（アヤソフィア：建物名）、historic（歴史的な）、stranger（見知らぬ人）、wallet（財布）、steal（盗む）

POINT 36-3 have や get の後ろの 名＋〈過去分詞＋ ...〉

「……一気に例文出し過ぎ！！」と、思わず文句をたれた人もいるだろうけど、まあそう言わず（笑）。

36-3-A は文頭の Ali が主語で、その後ろに **the owner of a small hotel in Istanbul** という長〜い１セットが**同格語句**として続くカタチ。

36-3-B は出だしの in front of Ayasofya が M副 だけど、その１セットの内部の **Ayasofya** に対して **a historic building** が同格。

また 36-3-C は unfortunately と at the city library がどちらも M副 。

と、それぞれの出だしの部分を確認したところで**「述語動詞」から後ろの構造**を比べてみると……

36-3-A：... has　　two expensive cars　　made in Japan
　　　　　have ＋　　　名　　　＋　　〈過去分詞＋ ...〉

36-3-B：... got　　their pictures　　taken by a stranger
　　　　　get ＋　　　名　　　＋　　〈過去分詞＋ ...〉

36-3-C：... had　　my wallet　　stolen about six years ago
　　　　　have ＋　　　名　　　＋　　〈過去分詞＋ ...〉

……いずれも have か get の後ろに 名 + 〈過去分詞 + ...〉 が続くという同じ構造になってますよね？
そして、**have** や **get** と言えば、**「OにCさせる」** という **「使役」** の意味を表す **SVOCのカタチがアリ**だったはず！　ということで。

> メモメモ

> 動詞の中でも **have** と **get** の後ろに 名 + 〈過去分詞 + ...〉 というつながりがある場合、次の2通りの解釈が可能！
>
> ● 〈過去分詞 + ...〉 が M形 で、名 + 〈過去分詞 + ...〉 という1セット、つまり**意味的に前の** 名 **が中心で、後ろの** 〈過去分詞 + ...〉 **はおまけ**という解釈！
> →「〈…された／される／されている〉 名 を持っている／手に入れる」
>
> ● have/get + 名 (O) + 〈過去分詞 + ...〉(C) のようなSVOCのカタチ、つまり 名 + 〈過去分詞 + ...〉 の部分を「 名 が…される」**というひとつの文という感覚でとらえる**解釈！
> →「SがOをC（された状態）にさせる／してもらう／されてしまう」
> ＊「…されてしまう」という被害のニュアンスに注意。

で、このうち**どの解釈が適当かは、文自体の内容と前後の文脈などによる**ので頭を柔らか〜くして対応してください。

この場合の解釈の可能性については、参考訳をどうぞ♪

参考訳
36-3-A. イスタンブールにある小さなホテルのオーナーのアリは、日本で作られた高価な車を2台持っています。
　　　　＊「2台の高価な車を日本で作ってもらった」という解釈は不自然。
36-3-B. 歴史的な建物、アヤソフィアの前で、彼らは見知らぬ人に自分たちの写真を撮ってもらいました。／見知らぬ人に自分たちの写真を撮られてしまいました。／見知らぬ人によって撮られた自分たちの写真を手に入れました。
36-3-C. 不幸にも、市立図書館で、私は約6年前に財布を盗まれました。＊ 文頭に unfortunately がある以上、「自分の財布を盗んでもらった」「盗まれた財布を持っていた」という解釈はありえない。

Q

36-4. Is there any way to make high school students in Japan interested in math?

POINT 36-4 make の後ろの 名＋〈過去分詞＋ ...〉

any way の後ろの **to make ...** は Ⓜ形 に当たる〈to ＋ど原＋ ...〉で「〈...する〉方法」という意味だけど、この〈to ＋ど原＋ ...〉の内部が次のような構造になっている……というのはもう余裕？

... make	high school students in Japan	interested in ...
make ＋	1セットで 名 (O) ＋	〈過去分詞＋ ...〉(C)

つまり、**「日本の高校生に、数学に興味を持たせる」**といったところ。

このように、make も have や get と同じように、**ＳＶＯＣのＣに当たるものとして〈過去分詞＋ ...〉を使うカタチ**がアリなんです！
……と言っても、実はこれって、この interested のように**辞書に形容詞として載っているようなものに限る**というのが原則だったりします。

ただし、O に当たるものとしては、主語を指す **-self** という語、C としては understand や hear の「過去分詞」を使う慣用的な表現があるので注意！
教科書などにはよく **make ＋ –self(O) ＋ understood(C)** で**「用を足す」**と書いてあるけど、分かりやすく言えば次のような感じです。

自分自身というもの（O）が（相手にとって）理解された状態（C）を作る
→ 自分の考え／言いたいことを伝える

ex. Many Japanese people learning English of course want to make themselves understood in English.
英語を学んでいる日本人の多くは、もちろん、英語で自分の考えを伝えたいと思っています。

参考訳
36-4. 日本の高校生に、数学に興味を持たせる方法はあるでしょうか？

Q

36-5-A. I want my book returned immediately!
36-5-B. Do you want their new CD sold at her CD shop?

* return（返す／返却する）、immediately（すぐに）、sell（売る）

POINT 36-5 want の後ろの 名 ＋〈過去分詞＋ ...〉

36-5-A と 36-5-B はどちらも want の後ろに 名 ＋〈過去分詞＋ ...〉というカタチが続いていますが……実は、**want もＳＶＯＣのＣに当たるものとして、〈過去分詞＋ ...〉が可能**な動詞！
ということで、36-5-A に関しては**「私の本がすぐ返却された状態になることを望む→私の本をすぐに返して欲しい！」**という意味ですね。

一方、36-5-B の want their new CD sold at her ... については、**ＳＶＯＣのカタチという解釈**と、〈過去分詞＋ ...〉が M形 で 名 ＋〈過去分詞＋ ...〉**という１セットという解釈のどちらも可能**だったりします。
どちらが妥当かは文脈によるけど、**want＋ 名 (O)＋〈過去分詞＋ ...〉(C)** だとすると**高圧的な響きになる**というのを、参考までに。

● **ＳＶＯＣと解釈すれば……**
「彼女の CD ショップで、彼らの新しい CD が売られるのを望むか？」

● 名 ＋〈過去分詞＋ ...〉**という１セットと解釈すれば……**
「彼女の CD ショップで売られている彼らの新しい CD が欲しいの？」

参考訳
36-5-A. 私の本をすぐに返してくれ！
36-5-B. 彼女の CD ショップで、彼らの新しい CD を売って欲しいのか？／彼女の CD ショップで売られている彼らの新しい CD が欲しいですか？

(*°∀°)=3　37. M副の働きをする〈過去分詞＋…〉

Q

37-1.　Asked to be quiet in the hospital, the young mothers felt a little embarrassed.

＊embarrassed（恥ずかしい／決まりが悪い）

POINT 37-1　**文頭**が**過去形っぽいカタチ**なら

この文は文頭が Asked という**過去形っぽいカタチ**。
……でも後ろに注目すると、asked to be quiet … というつながりになっていることから、この Asked は**「…される」**という意味の**「過去分詞」**だって分かりますよね？

つまり、**ask＋名(O)＋〈to＋ど原＋…〉(C)** というカタチが元で、**ask が「過去分詞」の asked になって、名(O) が抜け、〈to＋ど原＋…〉(C) が残った**カタチ（→ **POINT 33-4**［p.292〜］）。

ってところで、とっても大事な注意点！

メモメモ

❶ **文頭**にある「過去形っぽいカタチ」は、普通**「…される」**という意味の
　「**過去分詞**」で、たいてい**〈過去分詞＋…〉**という１セットになっている！
→ もともとその動詞の後ろに続く可能性があるカタチと比べた場合、
　名詞が１個抜けた感じになっている！

❷ 文頭の〈**過去分詞＋…**〉は 100 パーセント**M副**の働き（＝Ｓ＋Ｖという
　内容を補足する**おまけ要素**）で、普通その後ろにはコンマが入ってから
　「**名詞**」が続くが、その「**名詞**」が文の**主語**！

ex.　〈Asked to be quiet in the hospital〉,　　the young mothers　　felt …
　　　　　　１セットでM副,　　　　　　　　　　　　　　名(S)　　　　　＋　動＋…

316　｜　STEP04　「過去分詞」＆「過去形」っぽいカタチが入る文の傾向と対策。

❸ M副 に当たる〈過去分詞＋ ...〉は、大体「…されて／…されつつ／…（されるの）で／…されると」など、述語動詞に対して「連続して起こる動作」や「原因」「条件」などを示すが、あいまい！
→ いずれにしても文頭の M副 については、全体の内容に対しての前置きと言えるので、日本語にまとめる場合は読点で区切るイメージで！

ということで、この 37-1 の場合は、「**病院で静かにするように求められ、若い母親たちは…**」とするといい感じです。

ちなみに、〈過去分詞＋ ...〉の中でも M副 に当たるものを、一般には「分詞構文」と呼びます。（もっとも、本書ではこの呼び名は使いませんけど）。

なお、**文頭の「過去形っぽいカタチ」は、「…される」**という意味の「**過去分詞**」で、普通は〈**過去分詞＋ ...**〉という１セットになっていて M副 **の働き**といっても、ときには次のようなこともありますので。

ex. Married women are normally expected to do housework in Japan.
日本では、結婚している女性は、普通、家事をすることを期待されます。

つまり、文頭に過去形っぽいカタチがあっても、**普通の形容詞のように前から後ろの名詞を修飾するタイプ**！　ってこと。

まあ、この辺の判断についてはここまでの内容がしっかり身についているであろう皆さんなら、きっと余裕だと思います♪

参考訳
37-1.　病院で静かにするように求められ、若い母親たちは少し恥ずかしく感じました。

> **Q**
> 37-2-A. Loved by people, you will be able to love other people.
> 37-2-B. Of course, the complicated song, played by my friends, sounded a little different from the original.
> 37-2-C. Her picture books are loved by children all over the world, filled with colorful illustrations.

* complicated（複雑な）、sound（…に聞こえる）、original（原曲／原本）、picture book（絵本）、illustration（イラスト）

POINT 37-2　コンマの後ろの〈過去分詞＋ ...〉と M副

37-2-A は文頭が loved by people, you ... という構造なので、いま POINT 37-1（p.316〜）で確認したとおり loved は「過去分詞」で〈loved by people〉という1セットで M副 の働き、you が主語ですね？

まとめるなら**「人から愛され／愛されれば／愛されることで、あなたは他人を愛せるようになるでしょう」**といったところ。

また、37-2-B と 37-2-C は、大ざっぱにとらえると次のような構造ですよね？

37-2-B：... the complicated song　　　, played by my friends ,　　　sounded ...
　　　　　　　　　名 (S)　　　　　　　　〈過去分詞＋ ...〉,　　　　　動 ＋ ...

→ 文中に**前後をコンマで区切られるカタチ**で〈過去分詞＋ ...〉が入ってる！

37-2-C：Her picture books are loved by ... ,　　　filled with ... .
　　　　　　　　S ＋ V ...　　　　　　　　　　　〈過去分詞＋ ...〉.

→ **S＋V というカタチの後ろにコンマが入ってから**〈過去分詞＋ ...〉が続き、そのまま文が終わり！

……で、こんなふうに**コンマの後ろに続く**〈過去分詞＋ ...〉に関しては、普通 M副 **の働き（＝ S＋V という内容を補足するおまけ要素）！**
ということで、〈過去分詞＋ ...〉の中でも M副 の働きというものについて整理すると次のとおり。

> メモメモ

❶ 〈過去分詞＋ ...〉の中でも、文全体の構造を考えた場合に
次のような位置にあるものは、**M副**の働き！

◉ 〈過去分詞＋ ...〉＋ , S＋V のように、**文頭にあるもの**！

◉ ...,〈過去分詞＋ ...〉, ... のように、**文中で前後をコンマで区切られて
いるもの**（＝〈過去分詞＋ ...〉が文中に挿入されたカタチ）！

◉ S＋V＋,〈過去分詞＋ ...〉のように、S＋V というカタチの
後ろ（＝文末）**に、コンマで区切られてから続くもの**！

❷ **M副**に当たる〈過去分詞＋ ...〉は、普通、**文の主語がする動作**で、
述語動詞に対して「**連続して起こる動作**」や、S＋V という内容の
「**原因**」「**結果**」「**条件**」などを示す！
……が、あいまいで**複数の解釈が可能**なことも多い！
→ 日本語にするなら、大体「**…されて／…されつつ／…（されるの）で／
…されると／（S＋V で）（そして）…される**」という感じで、
そのつど**柔軟に判断**すること！
＊いずれにしても、日本語にまとめる場合は読点で区切るイメージで。

まあ、具体的には参考訳を見てもらえればと思いますが、〈過去分詞＋ ...〉を**M副**
として使うカタチは、あくまであいまいな表現。
だから、無理に細かく考え過ぎないというのがオススメです♪

参考訳
37-2-A. 人から愛され／愛されれば／愛されることで、あなたは他人を愛せるようになるでしょう。
37-2-B. もちろん、その複雑な曲は、私の友達に演奏され／演奏されたので、原曲とは少し違って聞こえました。
37-2-C. 彼女の絵本は世界中の子供たちから愛されていますが、（それらは）カラフルなイラストでいっぱいです。
　　　／彼女の絵本は、カラフルなイラストでいっぱい（なの）で、世界中の子供たちから愛されています。

Q

37-3-A.　The mountain covered with snow looks beautiful at night.
37-3-B.　The mountain, covered with snow, looks beautiful at night.

POINT 37-3 名詞と〈過去分詞＋ ...〉の間のコンマの有無による差

見た瞬間、「……どっちも同じ文じゃないの？」と思ったかもしれないけど、よく見ると covered with snow の前後にコンマがあったりなかったり。
ってことで、その辺の違いを意識すると……

37-3-A は the mountain〈covered with snow〉と、名詞の後ろに be 動詞もコンマもナシで〈過去分詞＋ ...〉が続くカタチだから、 名 ＋ M形 の関係と考えるのが基本。まとめるなら「〈雪で覆われている〉その山は、…」という感じが良さそう！

一方、37-3-B は、the mountain という名詞の後ろに covered with snow という〈過去分詞＋ ...〉が続くとはいえ、**間にコンマがある（＝〈過去分詞＋ ...〉がコンマで挟まれている）**ことから、いま POINT 37-2 （p.318 ～）で確認したとおり〈過去分詞＋ ...〉は M副 の働き！
よって、まとめるなら「**その山は、〈雪で覆われていて／雪で覆われると〉、…**」とするのが良さそう！

……でも、この 37-3-A と 37-3-B を比べた場合、**結局、雪で覆われているものが the mountain という点は同じ**ですよね？

そういう意味では、37-3-A を「その山は、〈雪で覆われていて〉、…」のようにまとめたり、37-3-B を「〈雪で覆われている〉その山は…」のようにまとめたとして、**別に間違っているというわけではありません**。

が、コンマが区切りを示す記号である以上、やはりその有無によって表現を調整した方がよりそれらしいニュアンスになると言えますので。

参考訳
37-3-A.　雪で覆われているその山は、夜に美しく見えます。
37-3-B.　その山は、雪で覆われていて／雪で覆われると、夜に美しく見えます。

Q

37-4. The tourist took no notice of their advice killed by terrorists.

＊tourist（旅行者）、take notice of ...（…を気に留める）、terrorist（テロリスト）

POINT 37-4 名詞と〈過去分詞＋ ...〉の間にコンマがなくても……

この例のように take notice of ... の notice の前におまけで no が入って take no notice of ... となると「…をまったく気に留めない」という意味ですけど、まあ余裕？

で、それより何よりここで注目して欲しいのは ... their advice killed by terrorists という部分！
こんな 名 ＋〈過去分詞＋ ...〉というつながりは、**普通なら 名 ＋ M形 という関係って考えるところ**ですよね？
……でも、ここではそう考えると**「テロリストによって殺されたアドバイス？？……彼らのアドバイスがテロリストに殺されたってこと？？」となってしまってなんだかビミョー！**

……実は、名 ＋〈過去分詞＋ ...〉というつながりで間にコンマがなくても、〈過去分詞＋ ...〉が M副 ということもたまにあるんです。

だから、たとえ 名 ＋〈過去分詞＋ ...〉というつながりでも、この例のように普通の 名 ＋ M形 というとらえ方では**「なんかびみょーかも」ってときは、意識を切り替えて〈過去分詞＋ ...〉を M副 として前の名詞と切り離す感じでとらえること！**

参考訳
37-4. その旅行者は、彼らのアドバイスをまったく気に留めず、（結果的に）テロリストに殺されてしまいました。

(*°∀°)=3　38.〈ど ing〉、〈to＋ど原〉と「過去分詞」その１

Q

38-1-A.　The number of plastic bags being used now is too large.
38-1-B.　Being praised often makes people happy.
38-1-C.　Generally speaking, children don't like being scolded by adults.
38-1-D.　The tickets of the concert are being sold at that CD shop.
38-1-E.　His role in the movie is being involved in the crime.

＊ praise（ほめる）、scold（しかる）role（役割）、involve（巻き込む）、crime（犯罪）

POINT 38-1　〈being ＋過去分詞＋ ...〉というカタチ

上の例文を見ると……

38-1-A には being used ... ！　38-1-B には being praised ！　38-1-C には being scolded ... ！　38-1-D には being sold ... ！　38-1-E には being involved ... ！
と、どれにも being の後ろに「過去分詞」が続いてるところに注目！

これってもうこの〈being ＋過去分詞＋ ...〉という組み合わせで１セットのカタチ。ってことでまとめると次のようになりますので。

＞＞＞ メモメモ

❶〈being ＋過去分詞＋ ...〉というカタチは、〈ど ing ＋ ...〉のニュアンス
　（→ **POINT 23-1** [p.208 〜]）と「過去分詞」の「…される」という「受動」の
　ニュアンスを同時に表すためのカタチ！
→ 日本語にするなら、大体「…されること」「…されている（最中）」といった
　ところ。

❷〈being ＋過去分詞＋ ...〉の使い方は、基本的に〈ど ing ＋ ...〉と同じ！

　● M形として使える！
　つまり、名＋〈being ＋過去分詞＋ ...〉のように「名詞」の後ろに置いて、
　後ろから前の名詞を説明（＝修飾）する要素として使える！
　　＊ 名＋〈being ＋過去分詞＋ ...〉という全体で「名詞１個分」の働きで、日本語にするなら、大体「〈（現在）
　　　…されている（最中の）〉＋ 名」といったところ。

- **M副 として使える！**
  つまり、ＳＶＯやＳＶＣといった「基本のカタチ」に対して、その枠の前か後ろ、もしくは内部（＝主に動詞の前後）に「おまけ要素」として追加する感じで使える！
  ＊日本語にするなら、大体「…されて／…されたので」といったところだけど、この使い方はマレ。

- **「主語(S)」や「目的語(O)」として使える＆「前置詞」の後ろにも続けられる！**
  ＊日本語にするなら、大体「…されること」といったところ。

- **「補語(C)」として使える！**
  つまり、be動詞の後ろや、keepのようなＳＶＯＣのカタチがアリな動詞のＯの後ろに置いて使える！
  ＊日本語にするなら、大体「(いま)…されている(最中)」「…されること」といったところ。

前後の語句や全体の構造に注意すると……

38-1-A は being used ... が **M形**！
38-1-B は being praised が **「主語(S)」**！
38-1-C は being scolded ... が **「目的語(O)」**！
38-1-D は being sold ... が **「補語(C)」**で、
38-1-E も being involved ... が **「補語(C)」**！

というのが余裕で分かりましたねっ？？

参考訳
38-1-A． 現在使われているビニール袋の数は多すぎます。
38-1-B． 褒められることは、よく人を幸せな気分にします。
38-1-C． 一般的に言って、子供は大人にしかられることが好きではありません。
38-1-D． そのコンサートのチケットは、あのCDショップで売られています。
38-1-E． 映画での彼の役は犯罪に巻き込まれることです。

Q

38-2. Being told to study hard by her strict parents too often, the sweet girl finally lost control and attacked them!

＊strict（厳しい／厳格な）、too often（あまりに何度も／あまりに頻繁に）、sweet（かわいらしい／愛らしい）lose control（キレる）、attack（攻撃する）

POINT 38-2　文頭が〈being ＋過去分詞＋ ...〉の場合

この 38-2 は出だしが、Being told to ... と、〈being ＋過去分詞＋ ...〉ですが、たったいま POINT 38-1 （p.322～）で述べたとおり**このカタチは〈ど ing ＋ ...〉と同じ使い方。**

……ってことは、こんなふうに文頭にあるものについては、**1 セットで主語か M副 のどちらかで、どちらなのかは後ろに続く語句で判断することになります**（ POINT 21-1 [p.200～]）。

この場合は〈being ＋過去分詞＋ ...〉に当たる部分が結構長いのでちょっと分かりにくいかもしれないけど……

Being told to study ... too often 　　, the sweet girl　　lost control ...
〈being ＋過去分詞＋ ...〉　　　　　＋　　, 名　　　＋　　動 ＋ ...

というふうに、**コンマが入ってから名詞が続いている**ので、〈being told to ...〉は M副、**the sweet girl が主語**ということになります。

日本語にするなら、**「厳しい両親にあまりに何度も熱心に勉強するように言われ、そのかわいい女の子は…」**といったところ。

……ただし、現実には〈being ＋過去分詞＋ ...〉を M副 として使うことはマレで、もし**同じ意味で** M副 **の働きというのなら、次のようなカタチを使う方が普通**だったりします。

ex.　〈Told to study hard by her strict parents too often〉, the sweet girl finally lost control and took attacked them!

つまり、「過去分詞」の前に being を置かない**〈過去分詞＋ ...〉というシンプルなカタチ**（→ POINT 37-2 [p.318～]）。

で、これって見方を変えると、仮に**文頭に**〈being ＋過去分詞＋ ...〉**があるのなら** M副 **ではなく**、38-1-B（p.322 〜）**のように主語の可能性が高い**ということ！　まあ、一応参考に。

> 参考訳
> 38-2. 厳しい両親からあまりに何度も一生懸命勉強するよう言われ、そのかわいい女の子は、最後にはキレて両親を攻撃しました！

Q 38-3. She was afraid of her son Glenn not being chosen as a regular.

＊ Glenn（グレン：男性名）、choose A as B（A を B に選ぶ）、regular（レギュラー）

POINT 38-3 〈being ＋過去分詞＋ ...〉**と** not **や意味上の主語**
この 38-3 は次のような構造！　……ってすぐに分かりましたか？

... afraid of 　　　her son Glenn　　　not being chosen 　as ...
... afraid of 　　＋　　　　名　　　　＋　〈not ＋ being ＋過去分詞＋ ...〉

つまり、〈being ＋過去分詞＋ ...〉**の前に**「意味上の主語」**と** not **が付いたカタチ**で、ここまでの話から考えれば**当然ありうるカタチ**ですよね。
まあ、実際問題としてこんな複雑なカタチが出てきたらなかなかすぐに反応するのは難しいものですが、**大事なのは心の準備**。
afraid of ... を見た時点で、

「**後ろに**〈ど ing ＋ ...〉**がアリ！**→〈ど ing ＋ ...〉と言えば、**意味上の主語**が付いたり not が付いたりするかも！→特に being なら、その後ろが『**過去分詞**』で『**受動**』**の意味タイプ**かも！」

というふうに**芋づる式に予測**していければ大丈夫！
……ってか、そうできるよう頑張るべし。

> 参考訳
> 38-3. 彼女は、息子のグレンがレギュラーに選ばれないのではないかと心配でした。

Q

38-4-A.　These toys for infants are to be washed daily.
38-4-B.　Her wish was to be loved by her parents.
38-4-C.　By contrast, her brother seemed to be loved very much.
38-4-D.　Sadly, most chickens and pigs are born to be eaten.
38-4-E.　The boy missed his last chance to be forgiven!
38-4-F.　The family of the victim wants the murderer to be executed.

＊toy（おもちゃ）、infant（幼児）、by contrast（[前文を受け] それとは対照的に）、born（産まれる）、miss（逃す）、forgive（許す）、victim（犠牲者／被害者）、murderer（殺人犯）、execute（死刑にする／処刑する）

POINT 38-4　**〈to＋be＋過去分詞〉というカタチ**

大量の例文にうんざりしたとは思うけど、よく見ると……

38-4-A には to be washed …！　38-4-B と 38-4-C には to be loved …！　38-4-D には to be eaten！　38-4-E には to be forgiven！　38-4-F には to be executed！

というふうに、どれも **to be** の後ろに**「過去分詞」が続いてる！**　と意識してもらったところで、とっても大事な注意点！

メモメモ

〈**to ＋ be ＋過去分詞＋ …**〉**というカタチ**は、〈**to ＋ど原＋ …**〉**のニュアンス**
（→ **POINT 12-1** [p.132〜]）と**「過去分詞」の「…される」という「受動」の**
ニュアンスを同時に表すためのカタチ！
→ **使い方も**〈**to ＋ど原＋ ...**〉**と基本的に同じ！**

具体的に確認していくと……

● 38-4-A は **… are**〈**to be washed …**〉と、〈**to ＋ be ＋過去分詞＋ …**〉が「補語 (C)」だから、「洗われることになっている→洗浄しないといけない」。

● 38-4-B も **… was**〈**to be loved …**〉と、〈**to ＋ be ＋過去分詞＋ …**〉が「補語 (C)」で「愛されることだった」。

● 38-4-C は **... seemed 〈to be loved ...〉** と、1セット感覚で覚えておくのがオススメな組み合わせで、「愛されているようだった」。

● 38-4-D は **... born 〈to be eaten〉** と、〈**to＋be＋過去分詞＋...**〉が「目的」を表す M副 で、「食べられるために（産まれる）」。

● 38-4-E は **... his last chance 〈to be forgiven〉** と、〈**to＋be＋過去分詞＋...**〉が M形 で「許されるための（最後のチャンス）」。

● 38-4-F は **... wants the murderer 〈to be excuted ...〉** と、**want＋ 名 ＋〈to＋be＋過去分詞＋...〉** という組み合わせなので「殺人犯が死刑にされることを望んでいる」。

＊この「want＋ 名 ＋〈to＋be＋過去分詞＋...〉」というカタチは、 **POINT 36-5** (p.315) の「want＋ 名 (O)＋〈過去分詞＋...〉(C)」を丁寧にした響き。

まあ、ほとんどの人にとっては予想通り＆余裕だったと思うけど、余裕じゃなかった人は、STEP 02 を丸々読み直した方がいいかも。
ちなみに、次のようなカタチも、もちろんアリですので♪

ex. The boy is now thinking about learning karate in order not to be bullied again.
その男の子は、またいじめられないように、空手を習うことを考えています。

参考訳
38-4-A. これらの幼児用のおもちゃは毎日洗浄しないといけません。
38-4-B. 彼女の願いは、両親から愛されることでした。
38-4-C. 対照的に、彼女の弟はとても愛されているようでした。
38-4-D. 悲しいことに、ほとんどのニワトリとブタは食べられるために産まれてきます。
38-4-E. その男の子は許される最後のチャンスを逃しました。
38-4-F. 被害者の家族はその殺人犯が死刑になることを望んでいます。

(*ﾟ∀ﾟ)=3　39.〈ど ing〉、〈to ＋ど原〉と「過去分詞」その２

Q

39-1-A.　He is proud to fight for his country.
39-1-B.　He is proud to have fought for his country.

POINT 39-1　〈to＋have＋過去分詞＋...〉というカタチ

39-1-A は「彼は国のために戦うことを誇りに思っている」という意味で、まったく問題ないと思いますが、39-1-B を見てみると……

39-1-A：... proud　　　to fight　　　for his ...
　　　　　　　　　　　　　↓
39-1-B：... proud　　　to have fought　　for his ...

というふうに、39-1-A だと〈to ＋ど原＋ ...〉に当たる部分が〈to ＋ have ＋過去分詞＋ ...〉というカタチになってます！
ってところで思い出して欲しいのは、POINT 32-3 （p.284 ～）で扱った**「過去形の代わりとしての〈have＋過去分詞〉の使い方」**！

もう分かったかもしれないけど、まとめると次のとおり。

> メモメモ📝
>
> 〈to ＋ど原＋ ...〉の動作は、**「『述語動詞』よりも未来に起きること」**か**「『述語動詞』とほぼ同時点のこと」**というのが基本。
> ……でも、〈to ＋ど原＋ ...〉を〈to ＋ have ＋過去分詞＋ ...〉というカタチにすると、「述語動詞」の時点よりも**「過去に起こったこと」**について述べることができる！

そんなわけで、この 39-1-B に関しては、**「誇りに思っている」**のは**「現時点」**だけど、**「国のために戦った」**のは**「過去」**ということになります。

つまり「(かつて) 国のために戦ったことを、誇りに思っている」ってこと。

なお、この〈to + have +過去分詞+ ...〉というカタチは**特定の語句の後ろで使われることが多いけど、どんな語句に続くかで意味が違う**(＝組み合わせによっては「述語動詞」よりも「過去」という意味でない)こともあります。

整理すると次のとおり。……まあ、**軽い気持ちで参考程度に**どうぞ♪

> メモメモ

❶ seem や appear、proud、sorry のような**一部の動詞や形容詞の後ろか**、
　POINT 34-3 (p.302) の known や said などの後ろが
　〈to＋have＋過去分詞＋ ...〉なら、基本的に「述語動詞」の時点よりも
　「過去」というニュアンス！

❷ want、hope、expect、mean、intend など、**「希望」や「意図」を表す**
　動詞の後ろが〈to + have +過去分詞+ ...〉で……

→ 動詞が「現在形」なら、
　「(未来において) ずっと…している／し終わっている」など
　「未来」＋「現在完了」の意味！

→ 動詞が「過去形」なら、
　「…するつもりだった／したかったが、できなかった」
　という意味！
　＊ただし、同じ意味では〈had +過去分詞+ to +ど原+ ...〉というカタチの方が普通。

ex. 私は去年の終わりまでにこの本を仕上げているつもりでした。
I wanted to have finished writing this book by the end of last year.
＝ I had wanted to finish writing this book by the end of last year.

参考訳
39-1-A. 彼は国のために戦うことを誇りに思っています。
39-1-B. 彼は国のために戦ったことを誇りに思っています。

> **Q**
> 39-2-A. Rob admitted breaking the law.
> 39-2-B. Rob admitted having broken the law.

＊admit（[罪・事実などを] 認める）、law（法律）

POINT 39-2　〈having ＋過去分詞〉というカタチ

39-2-A は admitted breaking ... となっていますが、p.215 の一覧にあるように、**admit の後ろに〈ど ing ＋ ...〉が続く場合は「〈(普段)…するということ〉を認める」**という意味の場合と、**「〈(過去に) …したこと〉を認める」**という意味の場合があります。

……このように、一部の動詞の後ろでは**〈ど ing ＋ ...〉が、その動詞が示す時点よりも「過去」の動作や状態を表す場合もある**んだけど、これは組み合わせ次第。
で、この 39-2-A の場合も、あいまいと言えばあいまいだけど、どちらかと言えば「『認めた』時点よりも過去のこと」と解釈するのが一般的です。

一方、39-2-B を見てみると……

39-2-A：... admitted 　　breaking　　 the law
　　　　　　　　　　　　　↓
39-2-B：... admitted 　having broken　 the law

というふうに、39-2-A だと〈ど ing ＋ ...〉に当たる部分が**〈having ＋過去分詞 ＋ ...〉というカタチ**になってます！

ってところで、もう見当がつきましたね？？

> **メモメモ**
>
> 〈ど ing ＋ ...〉の動作は、「**述語動詞と比べた場合に、その時点で実際にしている最中の動作や状態／事実である（と話者が思っている）こと**」というのが基本。

……でも、〈ど ing ＋ …〉を〈having＋過去分詞＋ …〉というカタチにすると、「述語動詞」の時点よりも**「過去に起こったこと」**について述べることができる！

* -ing が付く位置が break**ing** → hav**ing** broken というふうにずれる感じになるところに注意。

そんなわけで、この 39-2-B は、**「認めた」**時点よりも**「過去」**に法を破っていたという意味をはっきりさせたカタチ。だから**「（かつて）法を破ったことを認めた」**となります。

このカタチについて整理すると次のようになりますが、こちらについても、まあ**参考程度**にどうぞ♪

メモメモ

❶〈having＋過去分詞＋ …〉は、admit や deny など、**後ろに〈ど ing ＋ …〉を続けられる動詞の後ろや「前置詞」の後ろに続く**ことが多く、**「意味上の主語」が付いたカタチになることもある！**

ex. His wife denied his having gone there on that night.
　　彼の妻は、彼がその夜そこに行ったことを否定しました。

❷〈having＋過去分詞＋ …〉を M副 として使うこともあるが、M形 として使うことは原則としてない。

ex. He likes wearing his shoes in the house, having grown up in America.
　　彼は、アメリカで育ったので、家の中で靴を履いていることが好きです。

参考訳
39-2-A. ロブは（普段）法律を破っていることを認めました。／ロブは（かつて）法律を破ったことを認めました。
39-2-B. ロブは（かつて）法律を破ったことを認めました。

Q

39-3-A. Cleopatra is said to have been extremely beautiful.
39-3-B. Many of his novels are based on the experience of having been a police officer.

＊Cleopatra（クレオパトラ：古代エジプトの女王）、experience（経験）、police officer（警官）

POINT 39-3 〈to＋have＋been＋...〉と〈having＋been＋...〉 その１

39-3-A の ... to have been ... は、〈to ＋ ど原 ＋ ...〉の中でも特に **POINT 15-1** (p.148) で扱った〈to ＋ be ＋ ...〉が〈to ＋ have ＋過去分詞＋ ...〉になったカタチ！

だから、意味としては**「述語動詞」が示す時点よりも「過去」に「…（という状態）だった／…（という場所）にいた・あった」**ということで……

... is said to have been extremely beautiful ＝「…はきわめて美しかったと言われている」という意味ですね。

また、39-3-B の having been ... は、〈ど ing ＋ ...〉の中でも **POINT 22-2** (p.206) で扱った〈being＋...〉が〈having＋過去分詞＋...〉になったカタチ！

だから、意味としては**「述語動詞」が示す時点よりも「過去」に「…（という状態）だった／…（という場所）にいた・あった」**ということで……

the experience of having been a police officer ＝「（過去に）警察官であった（という）経験」という意味ですね。

とらえ方としては、まず〈to＋have＋been〉や〈having＋been〉が１セットとしっかり意識。
そしてその上で、〈to ＋ have ＋ been ＋ ...〉や〈having ＋ been ＋ ...〉で**「…（という状態）だった／…（という場所に）いた・あった」**という意味の１セットという感じで覚えておくのがオススメです♪

参考訳
39-3-A. クレオパトラはきわめて美しかったと言われています。
39-3-B. 彼の小説の多くは、（自分がかつて）警察官だった（という）経験に基づいています。

Q

39-4-A. The suspect appears to have been told not to answer any questions by his lawyer.
39-4-B. The refugees, not having been given food and clothes, weren't able to survive the winter.

＊suspect（容疑者）、lawyer（弁護士）、refugee（難民）、clothes（衣類）、survive（生き残る）

POINT 39-4 〈to＋have＋been＋…〉と〈having＋been＋…〉その2

この 39-4-A と 39-4-B は、**けっこう難しい**です。だから、余裕のない人は取りあえず参考程度に考えてもらって OK！

と、断った上であらためて。
まず、いま **POINT 39-3** で述べたとおり、**〈to+have+been〉や〈having+been〉が1セットという感覚**でとらえること。するとそれぞれ次のような構造って言えますよね？

39-4-A：… appears　　to have been　　told not to answer …
　　　　　　appear　 ＋ 〈to + have + been〉 ＋ 〈過去分詞＋ not ＋ to ＋ど原＋…〉

39-4-B：… , not having been　　given … , …
　　　　　　〈not + having + been〉　＋　〈過去分詞＋ …〉

つまり、〈to ＋ have ＋ been ＋ …〉や〈having ＋ been ＋ …〉に「…される」という意味の〈過去分詞＋ …〉が組み合わさったカタチ。
ということで、39-4-A は「**（過去に）…言われたようである**」、39-4-B は〈**not having been given …**〉が1セットで M副 だから「**…は、〈…を与えられなかったので〉、…**」という感じになりますね。

なお、この〈to ＋ have ＋ been ＋ …〉や〈having ＋ been ＋ …〉に〈ど ing ＋ …〉が組み合わさることなどもありますが、〈**to ＋ have ＋ been**〉や〈**having ＋ been**〉**の部分を1セット感覚でとらえる**という点を意識すれば大丈夫ですから！

参考訳
39-4-A．容疑者は、弁護士からどんな質問にも答えないように言われたようです。
39-4-B．難民たちは、食料と衣類を与えられなかったので、冬を越すことができませんでした。

(*°∀°)=3　４０. 注意すべき「過去分詞」を使う表現など

Q

40-1-A. Every day, I get lots of spam e-mail mainly written in English.
40-1-B. My friend had quite an unusual experience in his childhood, suddenly kidnapped on the way home.

＊ spam e-mail（スパムメール：不特定多数に同時に送られる営業メール）、mainly（主に）、quite（本当に）、unusual（普通でない）、childhood（子供時代）、kidnap（誘拐する）

POINT 40-1　副詞と〈過去分詞＋…〉

それぞれ構造を見てみると、次のように〈過去分詞＋…〉の前に副詞がっ！

40-1-A：… get　　lots of spam e-mail　　mainly　　written in English
　　　　　　　　　　名　　　　＋　　　副　　＋　〈過去分詞＋…〉

40-1-B：… quite an unusual experience in … ,　　suddenly　　kidnapped …
　　　　　　　　　名 ,　　　　　　　　＋　　　副　　＋　〈過去分詞＋…〉

こんな場合は、〈副＋過去分詞＋…〉で１セットというとらえ方が基本。
40-1-A の場合は、名詞の後ろで be 動詞もコンマもナシだから 名＋M形 タイプ！
日本語にするなら、「〈主に英語で書かれた〉たくさんのスパムメール」ってところですね。

40-1-B の場合は……コンマの後ろということで、M副 の働き！
……だけど、この場合、ちょっと特殊で〈suddenly kidnapped …〉の部分が前のS＋Vの内容（特に quite an unusual experience in … の部分）を言い換えたような関係（＝同格っぽい関係）ってところに注意！

S＋Vの後ろ（＝文末）にコンマが入って〈過去分詞／ど ing ＋…〉が続く場合、ときにはこんなこともありますので。

参考訳
40-1-A. 毎日、私は主に英語で書かれた大量のスパムメールを受け取ります。
40-1-B. 友人は子供のころ本当に普通でない経験をしました。帰宅途中、突然誘拐されたのです。

Q

40-2-A. Those given the tickets can order any type of curry and nan for free!

40-2-B. Today, we have prepared a couple of trial models for those attending this party.

＊nan（ナン：インドのパン）、for free（ただで／無料で）、prepare（準備する）、a couple of …（2個の…／いくつかの…）、trial model（試作品）、attend（出席する）

POINT 40-2 those＋〈過去分詞＋…〉というカタチなど

40-2-AにはThose given the tickets、40-2-Bにはthose attending …と、**thoseという語の後ろに〈過去分詞＋…〉や〈どing＋…〉が続いていますがこの場合のthoseは「人々」という意味！**

で、その後ろに M形 に当たる要素として〈過去分詞＋…〉や〈どing＋…〉などを続けたカタチだけど、とても使用頻度が高いカタチなので、もう、次のような**1セットの表現と思って覚えておく**とイイ感じです♪

● those＋〈過去分詞／どing＋…〉
→〈…された／…している〉人々／人たち

働きを考えると、もちろん**この1セットで名詞1個分**というのは言うまでもないですよね？

また、〈過去分詞＋…〉や〈どing＋…〉以外に〈前置詞＋名詞〉などを続けたカタチもアリ。まあこれも、きっと予想どおりだと思います。

参考訳
40-2-A．チケットを与えられた／受け取った人たちは、どんな種類のカレーとナンでも、ただで注文できます！
40-2-B．本日、私たちはこのパーティーに出席している人たちのために、2つ（ひと組）の試作品を用意しました。

Q

40-3. Our cat isn't used to visitors.

＊visitor（訪問者／お客）

POINT 40-3 used to ... **というカタチ　その1**

... isn't used to ... というつながりから、used は「…される」という意味の「過去分詞」で、日本語にすると**「私たちのネコはお客に対して使われません」**という意味！　……と考えると、**なんとなくビミョー**な感じ。

まあ、この解釈の可能性がゼロとは言わないけど、ここは普通なら**「私たちのネコはお客に慣れていません」**と解釈するところなんです。

なぜなら、used という語には〈used to ＋ 名／ど ing〉という1セットで「…（すること）に慣れている」という意味を表す使い方があるから。

ってことで、整理すると次のとおりです。

　　　　　　　　　メモメモ

「…（すること）に慣れている」という意味の〈used to ＋ 名／ど ing〉というカタチに関しては次の点に注意！

● **基本的に「補語(C)」として be 動詞や get、become の後ろで使う！**
＊ get や become の後ろに続く場合は、もちろん「（もともと慣れていないのが）…に慣れる」というニュアンス。

● 名＋〈used to ＋ 名／ど ing〉のように、M形 として「名詞」の後ろに続けることもある！

ex. teachers〈used to teaching little kids〉
〈小さな子供を教えるのに慣れている〉先生

参考訳
40-3.　私たちのネコはお客に慣れていません。

Q

40-4-A. Last year, a teacher used to dealing with these kinds of rude boys helped me a lot.
40-4-B. During their lunch break, they used to play cards.

* deal with …（…を扱う／…に対処する）、lunch break（昼休み）、play cards（トランプをする）

POINT 40-4 used to ... というカタチ　その2

40-4-Aの…, a teacher used to dealing …という部分は、たったいま **POINT 40-3** で確認した〈used to＋名／ど ing〉が M形 に当たるカタチですね？　ってことで、**「去年は、〈この手の行儀の悪い生徒を扱うのに慣れている〉先生が…」**といったところ。

一方、40-4-B を見ると、… they used to play … と〈used to ＋名／ど ing〉とよく似たカタチがあるけど……
こちらは**〈used to ＋ど原＋ ...〉というⅠセットで「昔は（習慣的に）…した／…だった（いまでは違うけど）」**という意味を表す別の表現で、「助動詞」と同じように主語の後ろに置いて使うのが特徴！

……紛らわしいけど、次のように**前後に続く語句に気を付ければ余裕〜♪**

メモメモ

- 名＋ be 動詞＋〈used to ＋名／ど ing〉　　名 (S) は …に慣れている

- 名＋〈used to ＋名／ど ing〉　　〈…に慣れている〉＋名

- 名＋〈used to ＋ど原＋ ...〉　　名 (S) は昔は（習慣的に）…した／…だった
  *「いまでは、もうそうではないけど」という含みが入る感じ。

参考訳
40-4-A. 去年は、この手の行儀の悪い生徒の扱いに慣れている先生が、私を大いに助けてくれました。
40-4-B. 昼休みに、彼らはよくトランプをしたものです（いまではもうしませんが）。

Q 40-5. They paid enough attention to the project at first.

＊ pay attention to ...（…に注意を払う）

POINT 40-5　pay attention to ... のようなカタチ　その１

この文を見て「……ん？　どこにも『過去分詞』が無いような？」と思った人は大正解！　ってことで、これはそのまま「**彼らは、最初はその計画に十分な注意を払った**」という意味で OK です。

この例のように、pay attention to ... のような１セットの表現の中には、**内部の名詞に no や enough、great のような形容詞を付け足したカタチで使うことが多い**ものがあるので注意！

なーんて話をしたところで「**……何でこのタイミングでこんな『過去分詞』と関係ないような文を出したわけ？**」と思ってる人もいるかもしれないけど……その理由は、この次の POINT 40-6 の例を見てもらえれば分かるはず。

参考訳
40-5. 彼らは、最初はその計画に十分な注意を払いました。

Q 40-6-A. The project was paid enough attention to at first.
　40-6-B. Enough attention was paid to the project at first.

POINT 40-6　pay attention to ... のようなカタチ　その２

この 40-6-A と 40-6-B は、どちらも pay enough attention to the project という表現を元にしたカタチ！　というのは、POINT 40-5 からの流れですぐに分かったと思いますが、成り立ちを確認すると……

40-6-A は、pay enough attention to the project の to の後ろの the project が抜けて（この場合は主語になって）、paid enough attention to 　　　　となったカタチ！

40-6-B は、pay enough attention to the project の pay と to の 間 の enough attention が抜けて（この場合は主語になって）、paid to the project となったカタチ！

このように、〈 動 ＋ 名 ＋ 前 ＋ …〉で１セットという表現を「…される」という「受動」の意味にしたカタチとしては、**「前置詞の後ろに続く名詞が抜けたタイプ」** と **「動詞と前置詞の間に挟まれる名詞が抜けたタイプ」** という２パターンが考えられるんです！

＊見た目が同じ〈 動 ＋ 名 ＋ 前 ＋ …〉という１セットの表現であっても、どちらか一方のカタチしか使わないというものもあります。

で、特に**「動詞と前置詞の間に挟まれる名詞が抜けたタイプ」**は、日本人にとっては**気持ち悪い＆分かりにくいことが多い**ので要注意！
……とはいえ、ここでぜひ覚えておいて欲しいのは**「抜けた名詞」**は、**文の主語**に当たるか、**「過去分詞」の直前**にあるというのがルールってところ。
だから、文中に「過去分詞」が出てきて「？」と感じたときは、**このルールを頼りに元となるカタチをイメージする**よう心掛ければ大丈夫です♪

それではこの「分かりにくさ」と「ルールを思い出せば何とか意味は取れる」というのをしみじみ実感してもらえる例を２つほどどうぞ！

ex. The good care 〈taken of them by the rescue party〉 saved their lives.
〈レスキュー隊により彼らになされた〉適切な処置 が彼らの命を救いました。

＊〈taken of them …〉は直前の good care を修飾する M だけど、元は take good care of them。

ex. I had good care 〈taken of me by the host family〉.
私はホストファミリーに（自分を）ちゃんと世話してもらいました。

＊〈taken of me …〉は、「O を C（の状態）にしてもらう」という have ＋ 名 (O) ＋〈過去分詞 ＋ …〉(C) のカタチの C だけど、元は take good care of me。

参考訳
40-6-A．その計画は、最初は、十分な注意を払われました。
40-6-B．最初は、十分な注意がその計画に払われました。

Q

40-7-A. He is gone without a word.
40-7-B. I'm done with my homework.
40-7-C. I'm finished with my homework.
40-7-D. His daughter isn't recovered from the flu.

＊without a word（何も言わず）

POINT 40-7　「受動」の意味ではない〈be 動詞＋過去分詞〉

見てのとおり、どれも極めてシンプルな文で、**be 動詞の後ろに「過去分詞」が続くカタチ**ですね。
ということで、この「過去分詞」はどれも「…される」という「受動」の意味かと思いきや……そうではなくて、**どれも「…し終わっている」**といった「現在完了」の意味だったりするので注意！

……実は、「過去分詞」の中には、一部〈**be 動詞＋過去分詞**〉**という組み合わせで**〈**have ＋過去分詞**〉**という「現在完了」の意味**を表すものがあって、この gone や done、finished、recovered はその代表なんです。

これらは〈have ＋過去分詞〉という普通の「現在完了」のカタチにしても同じ意味を表しますが、be 動詞との組み合わせの場合は「過去分詞」というより**「…し終わっている」という「完了」の状態を表す「形容詞」として考えるのが一般的**です。

また、done と finished に関しては、be 動詞との組み合わせでは、done/finished with ... のように、with を使いますが、have との組み合わせの場合は、with を使うカタチも使わないカタチもアリですので。

ex. 私はその仕事をやり終えています。
I'm done/finished with the work.
＝ I've done/finished (with) the work.

参考訳
40-7-A.　彼は何も言わずに行ってしまいました（いま、ここにいない状態です）。
40-7-B.　私は宿題を終わらせています。
40-7-C.　同上
40-7-D.　彼の娘はインフルエンザから回復していません。

Q

40-8. Arrived at Sirkeci Station, Agatha went to the hotel Pera Palas.

＊Sirkeci Station（シルケジ駅）、Pera Palas（ペラ・パラス：ホテル名）

POINT 40-8　come や arrive、fall などの「過去分詞」 その1

この 40-8 の出だしの Arrived は文頭の「過去形っぽいカタチ」ということで**「過去分詞」**で、働きは M副（→ **POINT 37-1** ［p.316～］）。

といっても、この場合**「…される」という「受動」の意味ではなく「…し終わって」という「完了」の意味になる**ところに注意！

なぜなら、arriveやcome、fall、happen、becomeなどの「過去分詞」というのは、もともとの意味の都合上**「…される」という「受動」の意味を表すことが絶対ない**（＝「…し終わっている」という「完了」の意味しか表さない）から。
ついでに、「過去分詞」であってもこれらの後ろには名詞の抜けもできません。

で、こんな**「受動」の意味を表さない「過去分詞」**に関しては、〈have ＋過去分詞〉という組み合わせで使うのが普通で、**「補語(C)」**や M形 や M副 **として使うことはほとんどありません！**

……つまり、この 40-8 は**かなりマレなカタチ**ということなんだけど、まあ、ときにはこんなカタチに出合うこともあるので、一応、頭の片隅に入れといてください。

参考訳
40-8. シルケジ駅に着いて、アガサはペラ・パラスホテルに向かいました。

Q

40-9. The traveler arrived at Narita Airport was very tired after the long flight from Canada.

＊flight（飛行／空の旅／飛行機に乗ること）

POINT 40-9　come や arrive、fall などの「過去分詞」 その2

いま POINT 40-8 （p.341）で述べたとおり、**arrive の「過去分詞」が「補語 (C)」や M形、M副 の働きということはかなりマレ**。

ここから、この文でも **arrived を見た時点では、「過去形」で「述語動詞」と考えるのが基本**です。

……でも、さらに後ろを見て行くと、**絶対に「述語動詞」でしかありえない was がある**！

というわけで、ここでは、arrived についての解釈を〈arrived at ...〉という1セットで前の the traveler を修飾する M形 と考え直す感じですね。

まあ、めったに出てこないカタチですけど。

参考訳
40-9. 成田空港に着いたその旅行者は、カナダからの長い空の旅でとても疲れていました。

Q

40-10-A. Have you been to a foreign country?
40-10-B. They've got six little children!
40-10-C. I've got to turn in this report tomorrow.

＊turn in ...（…を提出する）

POINT 40-10　注意すべき〈have＋過去分詞〉のカタチ

さて。本書の最後を飾る内容はコレ。

思わず、「**……最後がたったコレだけ？**」と拍子抜けするくらいシンプルなカタチですが、ここまでずっと難しかったりめんどくさかったりというカタチが続いたので、最後はこれくらいですっきりさようなら♪

ということで、どれもシンプルな〈have ＋過去分詞〉というカタチだけど、次の点に注意！

● **have been to ...** というカタチに注意！
普通、「…に行ったことがある／行って来たところだ」と言う場合は、have gone to ... ではなく have been to ... というカタチを使います。
また、この例に限らず、口語ではgoやcomeのニュアンスでbe動詞をよく使います。

> **ex.** I'll be there at eight tomorrow.
> 明日、8時にそこに行きますよ。

● have の意味の **have got ...** というカタチに注意！
口語では**「…を持っている」**という have の意味で、**have got ... というカタチ**を使うことがよくあります（特にイギリスで）。
で、この場合、I've got ... や She's got ... のように have や has を主語とくっ付けた短縮形にするのが普通です。

● have to ... の意味の **have got to ...** というカタチに注意！
口語では、**「…する必要がある／…しないといけない」**という意味の **have to ... と同じ意味**で、**have got to ... というカタチ**を使うことがよくあります（特にイギリスで）。
この場合も I've got to ... や She's got to ... のように have や has を主語とくっ付けた短縮形にするのが普通（書き言葉では have got to の音を表した gotta というカタチを使うことも）。

参考訳
40-10-A. あなたは外国に行ったことがありますか？
40-10-B. 彼らには小さな子供が6人いるんです。
40-10-C. 私は明日このリポートを提出しないといけません。

STEP 04 「過去分詞」&「過去形」っぽいカタチが入る文の傾向と対策。英文総ざらえ♪

STEP 04 で確認したポイントを、まとめて見てみましょう。

３１．「過去形っぽいカタチ」と「過去分詞」

POINT 31-1 過去形？ それとも過去分詞？（→ p.276 ～）
31-1-A.　The young pianist loved Japan.
31-1-B.　The young pianist is loved in Japan.

POINT 31-2 「過去分詞」の後ろから抜けた名詞は……？（→ p.278）
31-2-A.　He may break your camera in the end.
31-2-B.　Your camera may be broken in the end.

POINT 31-3 形容詞化した「過去分詞」 その１（→ p.279）
31-3.　The door is closed at night.

POINT 31-4 形容詞化した「過去分詞」 その２（→ p.280）
31-4-A.　Her friend Petrovich grew up in an advanced country in Asia.
31-4-B.　The magazine was popular with married women in those days.

POINT 31-5 一般動詞の後ろに続く過去形っぽいカタチ（→ p.281）
31-5-A.　His wife always looks tired.
31-5-B.　Many of her friends in Tokyo got married after 30.

３２．have と「過去分詞」の組み合わせ

POINT 32-1 have の後ろの過去形っぽいカタチ（→ p.282）
32-1.　My friend from the U.S. has visited many countries before.

POINT 32-2 〈had＋過去分詞〉というカタチ（→ p.283）
32-2.　My friend from the U.S. had visited many countries before coming to Japan.

POINT 32-3 助＋〈have＋過去分詞〉という組み合わせ（→ p.284 ～）

32-3-A. I will have finished writing this draft by the beginning of next month.
32-3-B. You should have given him the present at the party.

POINT 32-4 〈have＋been〉というカタチ（→ p.286）

32-4-A. Her son in Nagoya has been busy since last year.
32-4-B. She can't have been at home last night.

POINT 32-5 〈have＋been〉と「受動」や「進行」のニュアンス（→ p.287）

32-5. His songs have been listened to by many people for a long time.

33.「過去分詞」の後ろに続くカタチ

POINT 33-1 ＳＶＯＯタイプの動詞の「過去分詞」の後ろ（→ p.288 ～）

33-1-A. My friend was sent this long love letter by Rurio.
33-1-B. This long love letter was sent (to) my friend by Rurio.

POINT 33-2 ＳＶＯＣタイプの動詞の「過去分詞」の後ろ（→ p.290）

33-2-A. Most public restrooms in Japan are kept very clean.
33-2-B. At first, Hiromichi was also called Hiropon in Hiroshi's class.

POINT 33-3 決まり文句的表現の動詞が「過去分詞」の場合（→ p.291）

33-3-A. Do you think of English as a useful tool to communicate with people all over the world?
33-3-B. English is on the whole thought of as a useful tool to communicate with people all over the world.

POINT 33-4 ＳＶＯＣとtold＋〈to＋ど原＋ ...〉のようなカタチ（→ p.292 ～）

33-4-A. They told their daughter to study hard again and again.
33-4-B. Their daughter was told to study hard again and again.

POINT 33-5 ＳＶＯＣと made＋〈to＋ど原＋ ...〉（→ p.294 ～）

33-5-A. On the first day, our new English teacher made us introduce ourselves in English.

33-5-B. On the first day, we were made to introduce ourselves in English by our new English teacher from Toronto, Canada.

POINT 33-6 ＳＶＯＣと seen＋〈to＋ど原＋ ...〉のようなカタチ（→ p.296 ～）

33-6-A. Some people walking on the street saw the two robbers run out of the bank.

33-6-B. The two robbers were seen to run out of the bank by some people.

３４．よく使う〈過去分詞＋ ...〉の１セット

POINT 34-1 「気持ちを…する／させる」動詞とその「過去分詞」（→ p.298 ～）

34-1-A. Our new suggestion will probably satisfy you.

34-1-B. You will probably be satisfied with our new suggestion.

POINT 34-2 １セット感覚で使う〈過去分詞＋前＋ ...〉（→ p.300 ～）

34-2-A. The residents were, by and large, tired of the too long senseless meeting.

34-2-B. On the way to Shimonoseki, we were caught in traffic jams several times.

POINT 34-3 「（形容詞化した）過去分詞」と〈to＋ど原＋ ...〉（→ p.302）

34-3. By the end of last summer, he was determined to have a complete physical examination.

POINT 34-4 know や say、think の「過去分詞」と〈to＋ど原＋ ...〉（→ p.302 ～）

34-4. The serious immune disorder, namely AIDS, is known to be spreading rapidly now.

35．名詞の後ろの〈過去分詞＋...〉

POINT 35-1 名詞の後ろに過去形っぽいカタチがある場合の基本（→ p.304 ～）

35-1-A.　The politician invited her supporters to a secret party.

35-1-B.　The politician invited to a secret party by her supporters was very satisfied with their hospitality.

POINT 35-2 いろいろなところに出てくる 名＋〈過去分詞＋...〉（→ p.306）

35-2.　Aisha has maintained a small company, a legacy left her by her father killed in Gaza.

POINT 35-3 名詞の後ろに〈not ＋過去分詞＋...〉がある場合（→ p.307）

35-3.　Can you stand eating at restaurants not cleaned well?

36．名詞＋〈過去分詞 ＋ ...〉とＳＶＯＣ

POINT 36-1 ＳＶＯＣが OK な動詞の後ろの 名＋〈過去分詞＋...〉（→ p.308 ～）

36-1.　The old man living alone has left the backyard covered in weeds since his divorce.

POINT 36-2 知覚動詞の後ろの 名＋〈過去分詞＋...〉（→ p.310 ～）

36-2.　Inside the crowded windmill for tourists, Rurio felt his backside touched by somebody!

POINT 36-3 have や get の後ろの 名＋〈過去分詞＋...〉（→ p.312 ～）

36-3-A.　Ali, the owner of a small hotel in Istanbul, has two expensive cars made in Japan.

36-3-B.　In front of Ayasofya, a historic building, they got their pictures taken by a stranger.

36-3-C.　Unfortunately, at the city library, I had my wallet stolen about six years ago.

POINT 36-4 make の後ろの 名＋〈過去分詞＋...〉（→ p.314）

36-4.　Is there any way to make high school students in Japan interested in math?

POINT 36-5 want の後ろの 名＋〈過去分詞＋ ...〉（→ p.315）
36-5-A. I want my book returned immediately!
36-5-B. Do you want their new CD sold at her CD shop?

37. M副 の働きをする〈過去分詞＋ ...〉

POINT 37-1 文頭が過去形っぽいカタチなら（→ p.316 ～）
37-1. Asked to be quiet in the hospital, the young mothers felt a little embarrassed.

POINT 37-2 コンマの後ろの〈過去分詞＋ ...〉と M副（→ p.318 ～）
37-2-A. Loved by people, you will be able to love other people.
37-2-B. Of course, the complicated song, played by my friends, sounded a little different from the original.
37-2-C. Her picture books are loved by children all over the world, filled with colorful illustrations.

POINT 37-3 名詞と〈過去分詞＋ ...〉の間のコンマの有無による差（→ p.320）
37-3-A. The mountain covered with snow looks beautiful at night.
37-3-B. The mountain, covered with snow, looks beautiful at night.

POINT 37-4 名詞と〈過去分詞＋ ...〉の間にコンマがなくても……（→ p.321）
37-4. The tourist took no notice of their advice killed by terrorists.

38. 〈ど ing〉、〈to ＋ど原〉と「過去分詞」その１

POINT 38-1 〈being＋過去分詞＋ ...〉というカタチ（→ p.322 ～）
38-1-A. The number of plastic bags being used now is too large.
38-1-B. Being praised often makes people happy.
38-1-C. Generally speaking, children like being scolded by adults.
38-1-D. The tickets of the concert are being sold at that CD shop.
38-1-E. His role in the movie is being involved in the crime.

POINT 38-2 文頭が〈being ＋過去分詞＋ ...〉の場合（→ p.324 ～）
38-2. Being told to study hard by her strict parents too often, the sweet girl finally lost control and attacked them!

POINT 38-3 〈being＋過去分詞＋...〉と not や意味上の主語（→ p.325）

38-3. She was afraid of her son Glenn not being chosen as a regular.

POINT 38-4 〈to＋be＋過去分詞〉というカタチ（→ p.326～）

38-4-A. These toys for infants are to be washed daily.
38-4-B. Her wish was to be loved by her parents.
38-4-C. By contrast, her brother seemed to be loved very much.
38-4-D. Sadly, most chickens and pigs are born to be eaten.
38-4-E. The boy missed his last chance to be forgiven!
38-4-F. The family of the victim wants the murderer to be executed.

39. 〈ど ing〉、〈to＋ど原〉と「過去分詞」その2

POINT 39-1 〈to＋have＋過去分詞＋...〉というカタチ（→ p.328～）

39-1-A. He is proud to fight for his country.
39-1-B. He is proud to have fought for his country.

POINT 39-2 〈having＋過去分詞〉というカタチ（→ p.330～）

39-2-A. Rob admitted breaking the law.
39-2-B. Rob admitted having broken the law.

POINT 39-3 〈to＋have＋been＋...〉と〈having＋been＋...〉 その1（→ p.332）

39-3-A. Cleopatra is said to have been extremely beautiful.
39-3-B. Many of his novels are based on the experience of having been a police officer.

POINT 39-4 〈to＋have＋been＋...〉と〈having＋been＋...〉 その2（→ p.333）

39-4-A. The suspect appears to have been told not to answer any questions by his lawyer.
39-4-B. The refugees, not having been given food and clothes, weren't able to survive the winter.

40. 注意すべき「過去分詞」を使う表現など

POINT 40-1 副詞と〈過去分詞＋ ...〉（→ p.334）

40-1-A. Every day, I get lots of spam e-mail mainly written in English.

40-1-B. My friend had quite an unusual experience in his childhood, suddenly kidnapped on the way home.

POINT 40-2 those＋〈過去分詞＋ ...〉というカタチなど（→ p.335）

40-2-A. Those given the tickets can order any type of curry and nan for free!

40-2-B. Today, we have prepared a couple of trial models for those attending this party.

POINT 40-3 used to ... というカタチ　その1（→ p.336）

40-3. Our cat isn't used to visitors.

POINT 40-4 used to ... というカタチ　その2（→ p.337）

40-4-A. Last year, a teacher used to dealing with these kinds of rude boys helped me a lot.

40-4-B. During their lunch break, they used to play cards.

POINT 40-5 pay attention to ... のようなカタチ　その1（→ p.338）

40-5. They paid enough attention to the project at first.

POINT 40-6 pay attention to ... のようなカタチ　その2（→ p.338 〜）

40-6-A. The project was paid enough attention to at first.

40-6-B. Enough attention was paid to the project at first.

POINT 40-7 「受動」の意味ではない〈be動詞＋過去分詞〉（→ p.340）

40-7-A. He is gone without a word.

40-7-B. I'm done with my homework.

40-7-C. I'm finished with my homework.

40-7-D. His daughter isn't recovered from the flu.

POINT 40-8 come や arrive、fall などの「過去分詞」 その1（→ p.341）

40-8. Arrived at Sirkeci Station, Agatha went to the hotel Pera Palas.

POINT 40-9 come や arrive、fall などの「過去分詞」 その2（→ p.342）

40-9. The traveler arrived at Narita Airport was very tired after the long flight from Canada.

POINT 40-10 注意すべき〈have＋過去分詞〉のカタチ（→ p.342〜）

40-10-A. Have you been to a foreign country?
40-10-B. They've got six little children!
40-10-C. I've got to turn in this report tomorrow.

あとがき

皆さん、最後まで読んでいただきどうもありがとうございます。

本当にお疲れさまでした。

本書は**「英文の基礎の基礎から始め、文法項目ごとに英文のありとあらゆる可能性を網羅する」**というコンセプトのため、かなり密度が濃くて大変だったのではないかと思います。
また、そんな内容だけに、おそらく1回読んだだけですべての内容を覚えきれている人は少ないと思います。

とは言え、それでも**「英文解釈の力が格段に上がった」**という実感は多くの人に持っていただけているのではないでしょうか？

というわけで、試しに次の文の意味を考えてみてください。

Q
Generally speaking, English, the language taught as a common language in schools in many countries, is, to be sure, a useful tool used by many people all over the world to communicate with each other.

これまでの内容を組み合わせた英文ですが、構造を確認すると……
心の準備をして次ページへどうぞ♪

まず、文頭の Generally speaking が M副 で、その後ろの English が主語。で、English の後ろの the language taught as a common language in schools in many countries という長〜い1セット（= the language 〈taught ...〉で 名 ＋ M形 という1セット）が English に対しての同格語句。
で、その後ろの is が述語動詞だけど、is の後ろには to be sure という決まり文句的な〈to ＋ど原＋...〉が M副 として挿入されていて、a useful tool が「補語(C)」。
で、used から最後の other までが1セットで「補語(C)」に当たる a useful tool を修飾する M形 。

つまり、a useful tool used by many people all over the world to communicate with each other という全体が 名 ＋ M形 という1セットで「補語(C)」という感じで、M形 に当たる〈used ... other〉の内部を細かく見るなら、〈to communicate ...〉は「…するために」という M副 の働き。

以上を踏まえ、日本語にまとめるなら次のようになりますね。

「一般的に言って、多くの国で共通言語として教えられている言語である英語は、確かに、世界中の人々によってコミュニケーションをとるために使われている便利な道具なのです」

それほど難しい文ではありませんが、もし解説を読むまでもなくすんなり分かったようならたいしたものです。
実際、これくらいの英文が理解できるのなら、英字新聞の記事などでもけっこう読めたりするものなんですよ。

ってことで、さらに次のような文はどうでしょう？
ちょっとボキャブラリー的に厳しいかもしれませんが、語注を参考にどうぞ。

Q

During the first week of the New Year, a passenger jet with 154 people on board hit a flock of birds shortly after taking off from New York City. As a result, both of the plane's engines completely failed, leaving the plane virtually inoperable.
Luckily, the pilot of the aircraft, a former air force veteran, had enough experience to deal with such an emergency, and he was able to land the plane on the icy Hudson River below.
All the passengers and crew members were successfully able to escape from inside the floating plane immediately after landing, and were rescued by nearby ferries.
To people tired of reading newspapers with too much depressing news these days, it was certainly nice to read a story with such a happy outcome.

＊passenger jet（旅客機）、on board（[飛行機などに] 乗って）、flock（群れ）、shortly（間もなく）、New York City（ニューヨーク市）、fail（故障する）、virtually（事実上／ほとんど）、inoperable（操作不能な）、luckily（幸運にも）、aircraft（飛行機）、former（元／かつての）、air force（空軍）、veteran（退役軍人）、emergency（非常事態）、land（…を着させる）、icy（氷に覆われた）、Hudson River（ハドソン川：大西洋に注ぐ川）、passenger（旅客）、crew member（客室乗務員）、escape（脱出する）、floating（浮かんだ）、ferry（フェリー）、depressing（気が滅入るような）、outcome（結果）

どうでしたか？
ポイントを挙げていくともうキリがないので割愛させていただきますが、and などの使い方を除きすべて本文中で取り上げた内容で構成されているというところが大事。

語注を参照したにせよ、これが読めた人は自信持っちゃって OK！
で、念のためもう 1 回本書を最初から読み直せば、もう言うことなし！！
（訳は次ページにあるので気になる人はご確認を！）

なお、本書では関係詞や接続詞といった内容については扱いきれませんでしたが、取りあえずこれらについては拙著「英文法のトリセツ」シリーズを参照していただければと思います。
でも、もちろん機会があれば**解釈という視点から関係詞や接続詞なども扱った続編**を作りたいと思っていますのでどうぞよろしく！

阿川イチロヲ

参考訳

新年の最初の週、154名の乗客を乗せた旅客機が、ニューヨーク市を離陸して間もなく鳥の群れと衝突しました。結果として、機体の両方のエンジンが完全に故障し、事実上、飛行機は操縦不能となりました。
幸運にも、旅客機の操縦士は元空軍の退役軍人であり、そのような緊急事態に対処する経験が豊富だったので、彼は眼下の氷に覆われたハドソン川に機体を着水させることができました。
着水直後、すべての旅客と客室乗務員が（川に）浮かんだ機体の中から無事脱出することができ、近くにいたフェリーなどに救助されました。
近ごろの、非常に多くの気が滅入るようなニュースばかりの新聞を読むことに嫌気が差している人々にとって、このような幸せな結果となった話を読むことは、確かにすてきなことだったのです。

阿川イチロヲ（Ichirowo Agawa）
1976年生まれ。帰国子女でもなければ、これといった海外留学の経験もないが（というより、そもそも大の英語ギライ）、何の因果か大学時代に始めた英語の家庭教師で、英語ギライの生徒たちの心をつかみ、いつの間にか売れっ子家庭教師→塾講師へとステップアップ。
現在は、アメリカ英会話学院でネイティブ講師に混じって、英文法主任を務める。著書に「英文法のトリセツ」シリーズ（3冊、アルク）などがある。

ぜんぶ理屈で
英語があたまから分かるようになる本
英文解釈のための文法活用マニュアル

2009年4月30日　　初刷発行

著者　　　　　　阿川イチロヲ
英文校正　　　　Owen Schaefer

AD・デザイン・DTP　木戸麻実

印刷・製本　　　広研印刷株式会社

発行人　　　　　平本照麿
発行所　　　　　株式会社アルク
　　　　　　　　〒168-8611　東京都杉並区永福2-54-12
　　　　　　　　TEL　03-3327-1101（カスタマーサービス部）
　　　　　　　　TEL　03-3323-2444（英語出版編集部）
　　　　　　　　アルクの出版情報　http://www.alc.co.jp/publication/
　　　　　　　　編集部e-mailアドレス　shuppan@alc.co.jp

©Ichirowo Agawa 2009　Printed in Japan
ISBN978-4-7574-1582-9
PC：7009036

乱丁本・落丁本は、弊社にてお取り替えいたしております。弊社カスタマーサービス部（電話：03-3327-1101　受付時間：平日9時〜17時）までご相談ください。
定価はカバーに表示しております。

アルク
www.alc.co.jp

いざ、英語コミュニケーション能力の証明を。

新テスト形式に完全対応 アルクのTOEIC®テスト対策講座

2,500社を超える企業で研修用教材に選ばれているアルクの通信講座。TOEIC®テスト対策シリーズは、各レベルで伸び悩む原因を細かく分析、独自のメソッドで着実にスコアアップを実現することができます。あなたもこの機会に、アルクの講座で目標スコアと英語コミュニケーション能力の獲得を目指しませんか。

TOEIC is a registered trademark of Educational Testing Service (ETS). This product is not endorsed or approved by ETS.

忙しくても安心、1日15分で初めてのTOEIC®対策。
TOEIC®テスト超入門キット
開始レベルの目安：TOEIC350点未満　学習時間の目安：1日15分×週3日

「英語アレルギーをなんとかしたい。」という方にお薦めのコースです。1日15分、週3日の学習と週末のカンタンな復習が基本。とにかく学習を続けやすいようにカリキュラムを組み、教材もコンパクトにまとめました。無理なく英語に対する恐怖心を克服します。

■ 教材内容：コースガイド／テキスト3冊／CD4枚／テスト4回／修了証（修了時に発行）
■ 標準学習期間：3カ月
■ 受　講　料：22,050円（本体21,000円＋税）

主な学習法

「チャンツ」でリズムに乗って基本語彙を学習
チャンツとは、リズミカルな音楽に乗りながら単語をマスターする人気の学習法です。TOEICテスト頻出の36分野の単語を1日8語ずつストレスなく学習。月末のTOEIC形式テストでしっかり復習します。

例えば「passenger」という単語が、日本語→英語（女性）→英語（男性）→ポーズ（間）の順で流れます。ポーズのところで、リズムに乗りながらまねて発音すると効果的。ゲーム感覚の楽しい学習法です。

※「出勤」をテーマにした、1日目のテキストより

まずは4カ月、焦らずきっちり基礎固め。
TOEIC®テスト470点入門マラソン
開始レベルの目安：TOEIC350点、英検3級～　学習時間の目安：1日30～40分×週4日

本講座のテキストは、どの講座にも増して細かくコーナーが分かれています。これは、ちょっとした時間でのスキマ学習に、そして「取りあえず一部だけでも今日はやる」といった気持ちに応えるため。なによりも続けることこそ、英語力アップの決め手です。

■ 教材内容：コースガイド／テキスト4冊／CD11枚／『TOEICテスト攻略ハンドブック』／『TOEICテスト直前対策重要語彙集』／テスト6回／修了証（修了時に発行）
■ 標準学習期間：4カ月
■ 受　講　料：34,650円（本体33,000円＋税）

主な学習法

1.「聞くこと」で英語の感覚をつかむ
英語力の基礎を固めるには、耳からの学習が効果的。また、TOEICテストの半分はリスニング問題であることをふまえて、本講座では文法解説などの理論は必要最小限にとどめ、簡単な英文による実践練習を重視しました。

2.「チャンク・リーディング」で弱点を克服
英語初級者の弱点のひとつが「名詞の固まりの把握」。つまり、英文の切れ目、語順など文の構造をきちんと捉えられないことです。本講座では、文法事項の丸暗記ではなく、文中の意味の固まり（＝チャンク）をとらえるトレーニングを通して、470点獲得に必要な「文法・読解の基礎」を修得できます。

ただのテスト対策では終わらない、「真の英語力」を磨く。

「時間の壁」を乗り越えて、まずはキャリアアップの第一歩。

TOEIC®テスト650点突破マラソン
開始レベルの目安：TOEIC450点、英検準2級　　学習時間の目安：1日40分×週5日

多くの企業が海外業務担当の基準としている650点。スコア獲得のカギはズバリ「英語を処理するスピード」です。本コースは、英語をすばやく的確に理解するための3つのトレーニングで、本番での「時間切れ」を解消します。カリキュラムは、日常からビジネスシーンに欠かせない語彙や表現まで、もれなくカバー。実践力も養い、社会人の必須レベルを効率よくクリアします。スコアが500点前後で伸び悩んでいる方には、特にお薦めのコースです。

■教材内容：コースガイド／テキスト4冊／CD10枚／TOEICテスト受験ガイド『TOEIC Test ALL-IN-ONE』／別冊『Take-It-With-You』4冊／テスト6回／修了証（修了時に発行）

■標準学習期間：4カ月
■受　講　料：39,690円（本体37,800円＋税）

1 「直解トレーニング」で、日本語訳する時間を減らす！
英語を日本語に訳す作業を減らせば、内容を理解するまでの時間が大きく短縮されます。本講座では、英語の語順で「読み・書き・聞き・声に出す」トレーニングを採用。英語を英語のまま理解する力を鍛えることにより、問題を解くスピードが速くなります。

2 時間と場所を強化「2Wトレーニング」
リスニングセクションは、5W1Hを聞き取る問題が多くを占めます。特に正解率を上げやすいのは「時＝When」と「場所＝Where」を聞き取る問題。アポイントメントの時間や会議の場所など、実際のビジネスシーンでもこの2点を正確に聞き取る力は大切です。「2Wトレーニング」で身につけましょう。

3 長文に効く！「定型文トレーニング」
リーディング問題に頻出する「新聞・雑誌記事」「手紙」「Eメール」「広告文」などの定型文の形式を熟知しておくことが、「時間の壁」を打破する戦略となります。「どこに何が書かれているか」を知るだけで、長文読解にかかる時間はかなり減少するのです。

▶スコア、目的に合わせて選べるラインアップ　詳細は、下記記載のインターネットにてご覧いただけます。

奪取550点 TOEIC®テスト解答テクニック講座	奪取730点 TOEIC®テスト攻略プログラム
TOEIC®テスト 800点攻略プログラム	挑戦900点 TOEIC®テスト攻略プログラム

目標スコアは使える形で獲得、TOEIC対策ならアルクです。

お申し込みは今すぐ、下記の方法で！

●お支払い方法：
クレジットカード（一括払い・分割払い）／代金引換（一括払い・代引手数料630円、超入門キットのみ420円）／郵便局・コンビニ払込（一括払い・手数料無料）

▶電話　アルク・お申し込み専用フリーダイヤル
0120-120-800
24時間受付　携帯・PHSからもご利用いただけます

▶インターネット　アルク・オンラインショップ
講座の詳細もご覧になれます。
http://shop.alc.co.jp

お申し込み受付後、3営業日以内に教材を一括で発送いたします。

※お知らせいただく個人情報は、教材の発送、お支払い確認等の連絡および小社からの商品情報をお送りするために利用し、その目的以外での使用はいたしません。また、お客様の個人情報に変更がある場合は、お手数ですがカスタマーサービス部 03-3327-1101（月～金 9:00～17:00）までご連絡をお願い申しあげます。

もう「英語負け組」なんて呼ばせない！

アルク www.alc.co.jp

英文法のトリセツ シリーズ

本書著者
阿川イチロヲ 著
本のみ
各1,575円（税込）

- じっくり基礎編
- とことん攻略編
- 中学レベル完結編

元「英語負け組み」の著者による分かりやすい解説で、英文法が基礎から分かると評判の『英文法のトリセツ』シリーズ。

『じっくり基礎編』では、日本人が抱きがちな英文法の「なぜ？」を、難しい文法用語を一切使わず、じっくり丁寧に解説します。

『とことん攻略編』では、「時制の一致」「現在完了」など、英文法界の名だたる強敵の取り扱い方を完全指南！

『中学レベル完結編』では、一般的に難しいと言われる「比較、間接疑問、関係詞」を中心に、中学3年レベルから大学受験レベルの高度な知識までばっちりフォローします。

アルク・オンラインショップをぜひご利用ください！

欲しい書籍があるけど、書店に行く時間がなかなか取れない、思い立ったときに、すぐに購入したい……。それなら、24時間いつでも注文OKのアルク・オンラインショップが断然便利です。アルクの出版物や教材の最新情報も満載で、あなたの知的好奇心を刺激すること間違いなしです。ぜひご覧ください。

※画面は変更になる場合があります。

今すぐアクセス！ http://shop.alc.co.jp/

ご注文は下記の方法でも承ります。

アルク・お申し込み専用フリーダイヤル **0120-120-800** （24時間受付。携帯電話、PHSからもご利用いただけます。）

※1回あたりのご購入金額が3,150円（税込）未満の場合は、150円の発送手数料が加算されます。　〒168-8611 東京都杉並区永福2-54-12 （株）アルク